増補新版

ことば の バリアフリー

情報保障とコミュニケーションの障害学

あべ・やすし 著

はしがき

　「クレーン現象」ということばを、きいたことがあるでしょうか。わたしは、このことばを知的障害者の入所施設で知りました。わたしは2007年の4月から2010年の4月末まで、知的障害者の入所施設で生活支援員をしていました。臨時職員という収入が安定しない労働条件のなかで、さまざまな経験をしました。2010年の5月からは、身体障害者や知的障害者の訪問介助をしています。この本でとりあげることの大半は、そのふたつの経験にもとづいています。

　クレーンとは、クレーンのように人の手をつかんで、やってほしいことをしてもらうことをいいます。たとえば、このドアをあけてほしい、しめてほしいというとき。あるいは、この缶コーヒーをあけてほしいというとき。自分ではできないことを、だれかにしてもらいたいとき、そのように表現する人たちがいます。わたしは、ついつい自分を基準にして「ことばで表現できないから」といってしまいます。ですが、その人にとっては、コミュニケーションはそれでじゅうぶんなのかもしれません。それで用がたりるのですから。

　この本の第2章「言語という障害——知的障害者を排除するもの」では、知的障害者のなかでも、ことばでコミュニケーションをとることが困難な人たちのことをとりあげています。第2章は、とてもおおきな問題提起をしています。ただ、第2章だけをよんでも、なにか具体的な改善策がわかるわけではありません。

　第2章の文章は2009年に発表したものです。当時は自分でもきちんと整理できていなかった問題を、自分なりに消化して、悪戦苦闘しながらまとめたのがこの本です。

　この本のテーマは、すべての人に知る権利を保障し、だれもが意見や情報をやりとりすることができるようにすることです。そして、だれも社会から排除されないようにすることです。そのように目標を設定し、いまの現状と課題を整理すること。将来の展望をみすえること。それがこの本のねらいです。

そうしたテーマを論じるなかで、全体に共通するキーワードになっているのが、情報保障とコミュニケーションです。そこで、この本の題を『ことばのバリアフリー——情報保障とコミュケーションの障害学』にしました。この本の全体像をうまく表現できているでしょうか。

　わたしはこれまで、社会言語学と障害学の視点から、ことばをめぐる社会の問題について論じてきました。いってみれば「障害の社会言語学」と「言語問題の障害学」がわたしの研究テーマというわけです。とくに「日本語をよみかきすること」をめぐる問題について文章をかいてきました。この本では、第3章で識字問題について論じています。識字問題については2010年に『識字の社会言語学』という本にまとめました（かどや／あべ編 2010）。今回は、情報保障とコミュニケーション論が議論の中心になっています。

　この本の構成は、6本の論文と3本のコラムになっています。論文のうち4本は、すでに発表したものをすこし修正しました。コラムは、ブログや大学の講義プリントにかいてきたことをかきなおしたものです。

　この本は、むずかしい問題をとりあげています。ただ、なるべく、わかりやすいことばで論じたつもりです。

　それでは、全体のながれを紹介します。

　まず、コラム1「他者と出会う」は、この社会で多数派として生活していると気づきにくいことについて注意をよびかけています。自分を「ふつう」に分類するのではなく、相対的にとらえる重要性を論じています。

　つぎに第1章「『障害ではない』ということ——社会のなかの『ことば』と『からだ』」は、「障害とはなにか」ということを論じています。コラム1とともに、この本の問題意識を紹介する内容になっています。

　第2章「言語という障害——知的障害者を排除するもの」は、「人間はだれでも言語をはなす」という常識をといなおしています。いまの日本社会で知的障害者がおかれている状況をとりあげ、このままでいいのだろうかと問題提起しています。言語権をみんなのものにするために、言語権のユニバーサルデザインが必要であると主張しています。

つづくコラム2「だれでも参加できるじゃんけんとは」とコラム3「『コミュニケーション障害』ってなんだろう」は、言語権やコミュニケーション上の権利をみんなのものにするために、なにができるのか、どうすればいいのかを論じています。

　第3章「『識字』という社会制度——識字問題の障害学（2）」は、文字のよみかきが困難であっても社会生活の障害にならない社会をつくるためには、どうすればいいかについて論じています。

　第4章「情報保障の論点整理——『いのちをまもる』という視点から」は、言語権よりもさらにおおきな課題として、情報保障について論じています。情報保障を実現するためには、きりがないほどにさまざまな対策をとる必要があります。情報保障は、おわりのないプロセスです。

　第5章「言語学習のユニバーサルデザイン」は、第3章と第4章の応用編として、ことばを学ぶ（言語学習）という具体事例に焦点をあてて、最近の動向と課題について整理しています。

　第6章「言語権／情報保障／コミュニケーション権の論点と課題」は、題名のとおり、言語権、情報保障、コミュニケーション権について整理し、さらなる議論をよびかけています。そして、言語や障害を「家族的類似」という視点でとらえる可能性を指摘しています。ひとつの言語というもの、あるいは、健常と障害の境界は相対的なものです。どこに視点をおくかによって、変化するものです。だからといって、そういったカテゴリーをすべて否定すればいいというものでもありません。ものごとを相対的にとらえる視点を確保しながら、同時に、「ゆるやかな集合」としてとらえる視点も必要だろうとおもうのです。

　「情報弱者」という呼称でだれかをとらえるならば、そうではない人たちも同時にとらえることになります。しかし、情報弱者とはいえないからといって、情報のやりとりになにも問題をかかえていないわけではありません。社会の多数派に属しているからこそ、意識していないこと、しらないこともたくさんあります。

　抽象的に「みんなの問題」として論じるのでもなく、いくつかのマイノリティにだけ焦点をあてるのでもなく、部分と全体の両方に注目する必要があります。

　わたしの問題であると同時に、わたしたちの問題であるということ。わたし

の権利であると同時に、わたしたちの権利であるということ。わたしたちには、おなじところ、にているところ、ちがうところがあります。その3つをうまく調整する（あるいは、ぶつけあう）のが民主主義というものでしょう。

ことばの説明
(この本での定義)

識字：なにか（文書）をよみかきすること。文書（媒体、言語、表記、文体など）に注目したり、よみかきの能力に注目したり、よみかきをめぐる制度に注目したりする研究領域を「識字研究」といいます。

社会言語学：ことばは、家庭や学校などで伝承されていきます。ことばは多様です。重要なのは、ただ多様なだけではなくて、その多様性を抑圧し、均質化する力が作用しているということです。その様子を批判的に検討するのが社会言語学です。

障害学：人のからだは多様です。基本的には共通していますが、ちがうところがあります。そのちがいが社会のなかでどのようにあつかわれているのか。そして、どのような問題、差別がひきおこされているのか。それを解決するには、どうすればいいのか。このような問題を、からだを「治療」することで解消するのではなく、社会のありかたを改善することで解決していこうとするのが障害学です。

増補新版

ことばのバリアフリー

情報保障とコミュニケーションの障害学

もくじ

はしがき　3

コラム1　他者と出会う　13
　1. はじめに──多数派には名前がない　13
　2. 自分を「ふつう」に分類しない　13
　3. 発達障害と定型発達（神経学的多数派）の異文化接触　14
　4. 非連続（カテゴリー）と連続（スペクトラム）のあいだ──自閉症を例に　16
　5. おわりに　17

第1章　「障害ではない」ということ──社会のなかの「ことば」と「からだ」

　1. はじめに　19
　2. トランスジェンダーからみた「障害」　20
　3. 「ろう文化宣言」と少数者としての「障害者」　21
　4. 図書館サービスからみた「障害」　26
　5. 相対主義からみた「損傷」　27
　6. ひだりききからみた「障害」　29
　7. 社会構成主義からみた「障害」　30
　8. おわりに──「配慮の平等」にむけて　32
　ただしがき　33

第2章　言語という障害──知的障害者を排除するもの

　1. はじめに　39
　2. 言語権という理念　39
　　2.1. ひとつの言語とはなにか　39
　　2.2. 言語権のひろがり　40
　3. 知的障害と「言語」　42
　4. 言語学の倫理──ジーニーを実験台にさせたもの　44
　5. 共生の条件とされる「ことば」　47
　6. 知的障害者をとりまく社会環境──言語という障害と能力主義　49
　　6.1. 言語と世界観　49

　　　6.2. 知的障害の判定テストと言語　50

　　　6.3. 能力の個人モデルから「能力の共同性」へ　52

　7. 言語主義からの自由、そして言語権のユニバーサルデザインにむけて　53

　8. おわりに　57

　ただしがき　58

コラム2　だれでも参加できるじゃんけんとは　61

　1. はじめに　61

　2. じゃんけんのかたちをかえる　61

　3.「伝統」と人権　62

　4. じゃんけんの支援技術　63

　5. もっと多様なじゃんけんに出会うために　63

　6. おわりに　64

コラム3　「コミュニケーション障害」ってなんだろう　65

　1. はじめに　65

　2. 自閉者と自分勝手なコミュニケーション　65

　3. こだわりと自己決定　67

　4. 主体性とはなにか　68

　5. コミュニケーションに障害はありえない　71

　6. おわりに　72

　ただしがき　73

第3章「識字」という社会制度──識字問題の障害学（2）

　1. はじめに　75

　2. 障害学からみた識字問題　76

　3. 識字問題の再定義──図書館サービスの視点から　78

　　　3.1.「非識字」のとらえかた　78

　　　3.2. 視覚障害者読書権保障協議会が図書館サービスの視点をかえた　80

　4. 障害者と非識字者のちがい──みえない存在としての非識字者　81

　5. 高齢者をめぐる識字問題　83

　6. 読字障害／書字障害（ディスレクシア）のある人の学習環境　85

7. おわりに　88

ただしがき　88

第4章 情報保障の論点整理──「いのちをまもる」という視点から

1. はじめに──目的と問題意識　91
2. 五感（感覚モダリティ）と言語形態による整理　92
3. 情報保障に必要なこと　94
　　3.1. 感覚モダリティの平等（五感に配慮する）　94
　　3.2. 感覚モダリティの変換　95
　　3.3. 情報を構造化する　96
　　3.4. ユニバーサルデザインとユニバーサルサービス　97
　　3.5. 情報発信、意思表示を保障する　98
　　3.6. 情報保障の公的保障　101
4. 情報保障の対象と対策　105
　　4.1. 日本語表記がうみだす情報障害　105
　　4.2. 「図書館利用に障害のある人々へのサービス」の対象範囲　106
　　4.3. 社会的排除の視点から　108
　　4.4. 移民について──日本の入国管理政策の問題　113
5. おわりに──「あたりまえ」をひっくりかえす　116

補論：東日本大震災と情報保障── 2011 年 3 月の状況から　118

ただしがき　121

第5章　言語学習のユニバーサルデザイン

1. はじめに　127
2. 言語をやりとりするチャンネル──聴覚／視覚／触覚　128
3. 情報のユニバーサルデザイン　130
　　3.1. 映像メディアの場合　130
　　3.2. 印刷メディアの場合　130
4. 言語教材のユニバーサルデザイン　132
5. 学習環境のユニバーサルデザイン　134
6. おわりに　136

ただしがき　137

第6章　言語権／情報保障／コミュニケーション権の論点と課題

1. はじめに　139

2. 言語ってなんだろう　139

3. 障害ってなんだろう　141

4. 言語権の論点と課題　142

5. 情報保障の論点と課題　148

6. コミュニケーション権の論点と課題　152

7. 生活環境の問題　158

    7.1. 基地騒音という問題　158

    7.2. ソーシャルワークの課題　160

    7.3.「よりそいホットライン」の重要性　161

8. おわりに　162

ただしがき　165

あとがき　170

増　補

第7章　漢字のバリアフリーに むけて

1. はじめに　179

2. 漢字をよむということ——バリアとしての「テレビ型言語」　180

    2.1. みえない人の場合　181

    2.2. きこえない人の場合　184

    2.3. 視認性が不十分な日本語表記——わかちがきをしないことの問題　186

3. 漢字をかくということ　186

    3.1. 音声ワープロによる漢字変換　187

    3.2. 学校や試験の場合　188

4. 漢字のバリアフリーとは、どうすることか　189

ただしがき　191

第8章　ことばのバリアフリーと〈やさしい日本語〉

1. はじめに——全体像と位置づけ　195
2.『認知症フレンドリー社会』——ATM の問題を例に　197
3. 大学という空間の内と外　199
4. 中国帰国者にとっての日本語と医療　200
5. おわりに——単一言語主義をこえて　204
ただしがき　206

第9章　情報保障における音声・動画メディアの活用をめぐって

1. はじめに　211
2. 情報保障研究におけるテキスト・文書の位置づけと音声・動画メディアの現状　212
3. 書きことばがない言語、よみかきが苦手な人にとっての音声・動画メディア　214
　　3.1. 録音図書について　215
　　3.2. 手話動画について　216
　　3.3. わかりやすい情報について　218
4. 音声・動画メディアの活用に必要な環境整備とは　219
5. おわりに——これからの情報保障研究にもとめられること　220
ただしがき　222

増補新版あとがき　225
増補新版のための文献案内　233
初出一覧　242
参考文献　243
さくいん　279

1. はじめに——多数派には名前がない

　初対面の人に「わたしはトランスジェンダーです」と自己紹介されたら、自分はどのように自己紹介するだろうか。トランスジェンダーの意味がわからないと「わたしはトランスジェンダーではない」とはいえない（トランスジェンダーは、性別移行者のこと）。ましてや、「わたしはシスジェンダーです」といえるわけがない。自分の名前をしらないのだから。「わたしはトランスジェンダーです」という人に出会えば「わたしの名前」がもうひとつふえる。この「名前」を社会的属性、あるいはカテゴリーという。

　医者にたいして、女医ということがある。文学のなかで女流文学というジャンルがある。なぜか。医療や文学はオトコがやるものだという認識があったからだ。オトコは普遍的で、オンナは「オトコではない」というあつかいなのだ。

　記号論や社会学では、この場合の「医者」を「無徴（むちょう）」といい、それにたいして「女医」を「有徴（ゆうちょう）」という。有徴とは「しるしがついている」ということであり、無徴は「それが標準」と認識されているため「余分なラベルがついていない」。

　ふつうと認識するものには名前をつけない、特殊と認識したものには名前をつける。そこで、多数派には名前がない、少数派には名前があるという現象がおきる。少数派に名前がつけられたあとに、少数派が多数派やその文化に名前をつけることもある。だが、その名前を多数派はしらないことがある。「シスジェンダー」や「異性愛」「墨字（すみじ）」「聴者」「晴眼者」などがそうだ。社会の多数派だからこそ、無自覚なこと、しらないことがある。

　墨字とは、点字ではない、目でみる文字のことである。異性愛とは、恋愛や性的関心の対象が異性であることである。

2. 自分を「ふつう」に分類しない

シスジェンダー　：　トランスジェンダー
異性愛（ヘテロセクシャル）　：　バイセクシャル、同性愛

聴者　：　ろう者、難聴者、中途失聴者
晴眼者　：　盲人、弱視者

　これらの名前をしらずに自分を「ふつうの人」と表現してしまうことがある。「わたしたち」と表現してしまうこともある。それは相手を他者化し、特殊な存在とみなし、その一方で自分を普遍化することである。これでは公平な態度とはいえない。自分を無色透明の無徴な存在、中立的な立場、あるいは「社会で支配的な価値規範そのもの」としてとらえるのではなく、自分は、ふたつや、みっつ、あるいはそれ以上のなかの「ひとつ」であると、自分を相対化する必要がある。
　「わたしは、右ききで、異性愛者で、シスジェンダーで、晴眼者で、聴者で、定型発達で、健常者で、和人（やまとんちゅ）である」と日常的に意識している多数派の「日本人」はすくない。なぜなら、そのように意識する必要にせまられることがほとんどないからである。
　もし、いざ他者と出会っても、相手を「変な人」ととらえ、自分を「ふつう」に分類してしまうなら、自分の立場に無自覚なまま、だれかをさげすむことになってしまう。
　他者についてかんがえることは自分についてかんがえることであり、その関係のありかたをかんがえることである。そこでは自分自身がとわれる。自分をといなおすなかで自分自身のイメージが、ゆらぎ、変化する。自分が、わからなくなったりもする。そのとき理解しておくべきことは、カテゴリーはどこまでも流動的であり、その境界線はあいまいであるということだ。ゆらぎのあるものとしてカテゴリーをとらえる必要がある。

３．発達障害と定型発達（神経学的多数派）の異文化接触

　最近になって発達障害ということばがひろく認知されるようになった。発達障害にたいして、それ以外の多数派を表現する「定型発達」や「神経学的多数派」という名前も考案されている。
　発達障害が「発見」されるのは学校や職場においてである。たんに対面でコミュニケーションをしているだけではそれほど異文化を感じなくても、学校や労働現場では異文化を感じることがある。多数派にとって、その「ちがい」は、「変だ」「なまけている」と一方的に非難するものでしかなかった。発達障害という認識が普及するにつれて、人間の多様性のありかたとして理解されるようになっ

てきた。

　学校文化は発達障害の人にとって、適応しづらい面がある。逆にいえば、学校では「学校のルールに適応すべきだ」と想定されているからこそ、「不適応」が問題視され、「どうしたらいいのか」が議論されることになる。すぎむら・なおみは『発達障害チェックシート できました』で、つぎのように論じている。

　　発達障害をもつ人は、状況理解や表現方法が、「一般」的ではないからこそ、発達障害と認知される。つまり、発達障害の生徒はいわば「異邦人」であり、そのかれらにであうとは、「異文化接触」を経験することと同義なのではないか。

　　通常、人は自らの経験則で他者に対峙（たいじ）している。その状況理解のしかたは、その個人の生きてきた「文化」に依存している。つまり自らと「異なる文化」を生きている他者と対峙するとき、よほど意識的に「異文化の存在」を認知していないかぎり、自文化に存在する「文脈」で、他者の言動を推しはかろうとしてしまう。それがトラブル発生の原因となることはおおい。発達障害についての知識をえるとは、言葉をかえれば「異文化」の「文脈」を学習することでもあるのだ（すぎむら／「しーとん」編 2010 : 126）。

　すぎむらは、クラスのなかで、だれかを「特別扱い」するのは不公平だという主張に対して、つぎのように反論している。

　　発達障害の生徒に必要な配慮とは、「ふつう」の子と区別され、発達障害的要素をもつこどもの日常生活が円滑にいくよう必要な配慮がなされたうえで、発達障害があるとして差別されないよう「区別しない配慮」が必要となるのだろう。いわば、「区別して配慮する」のが、「ふつう」の子と可能なかぎり同じ学習をできる条件をととのえるための配慮（＝特別支援）であり、「区別しない配慮」が「障害児だからと課題を免除したり、参加させないという方法をとらない」『ふつう』の子とともに可能なかぎり学習に参加させる」（＝特別支援教育）ということであろう（同上 : 108）。

　つまり、なんのために区別し、なんのために区別しないのかが重要であるということだ。

　「特別扱い」というのは、おおげさな表現である。必要とされているのは、ただたんに、状況や必要に応じて、柔軟に対応することである。それだけのことが

「特別扱い」とされてしまうのは、そこが自由のない空間だからである。その場が民主主義的ではないというだけのことである。

4. 非連続（カテゴリー）と連続（スペクトラム）のあいだ——自閉症を例に

わたしは、2007年4月から2010年の5月まで知的障害者の入所施設で生活支援の仕事をした。3年のあいだ、わたしの内面は日々変化し固定されることはなかった。「その人」がよくわかるようになったとおもえば、途端に、わからなくなったりもした。知的障害や自閉症がなんとなく把握できてきたころには、あらたな疑問がうまれた。自閉症の人には、こだわりがあるとされている。そのこだわりが特徴的に感じられるからこそ、だれかを「自閉症」であるとか、そうではないというふうに判断するようになる。しかし、施設のなかでいろいろな人と接しているうちに、自閉症の人とそうでない人の境界線というものが明確に存在するわけではないことに気づくようになった。「自閉症スペクトラム」という視点である。

竹中均（たけなか・ひとし）は『自閉症の社会学——もう一つのコミュニケーション論』で、自閉症は「あれかこれか」の二者択一のカテゴリー概念よりも「『スペクトラム概念の方がふさわしい』という考え方から、『自閉症スペクトラム』という考え方」がうまれたことを指摘し、つぎのように説明している。

> 自閉症は、個々のケースが非常に異なっており多様なので、白か黒かに割り切ってしまうカテゴリー概念にはなじみにくいのです。おそらく、あらゆる障害というものが、カテゴリーにはなじまない側面を持っていると思われるのですが、自閉症の場合、この問題がとりわけ顕著なようです。このスペクトラムという考え方を突きつめれば、〈普通の〉人々と自閉症の人々との境界線も明確なものではなく、連続的な程度の差ということになってきます（たけなか 2008：34）。

施設では、日常の衣食住をささえつつ、個々人のさまざまな要求をうけ、それにこたえる。それが支援員の仕事だった。そこでは「自閉症とは」「知的障害とは」というテーマは存在しない。ただ「この人は、いま」が存在し、そして「わたしになにができるか」ということがあるだけだった。

もちろん、なんとなくのイメージとして「自閉症のイメージ」は存在し、それは支援していくうえで参考になる。けれども、一番たよりになるのは、わたしが

その人と関係してきたなかで、つみかさねてきたものだった。結局、大事なのは、自閉症がわかる／わからないの問題ではなく、「その人」がわかるかどうかだ。

　現在、自閉症についての本はたくさん出版されている。参考になる本もおおい。自閉症の人と出会えば、わたしとその人の「ちがい」が目につくこともある。しかし、連続している部分も同時にみえてくる。自閉症というカテゴリーをつかって「だれか」のことをかんがえるときには、スペクトラム（連続体）という視点を一方で維持しておきたい。

　竹中は「何のためのカテゴリーか」として、つぎのようにのべている。

　　カテゴリーはあくまで、自閉症スペクトラムの人々と〈普通の〉人々の社会的な共生のために役立つものでなければなりません。ですがカテゴリー化は、両刃の剣（りょうばのつるぎ）なのです。この剣を安全に使うためには、既存のカテゴリーを何度でも見直し、スペクトラムに立ち戻っては、新たなカテゴリー化を模索するという作業を繰り返すべきでしょう。社会学的視点が「ともに生きる」ことを大切にするのならば、自閉症スペクトラムの人々の世界と〈普通の〉人々の世界を「地続き」に捉えようとするスペクトラム概念は、つねに立ち戻るべき出発点ではないでしょうか（同上：39）。

　たしかに、だれかに対して「ちがい」を感じることはある。しかし、つきあっていくなかで、にているところ、おなじところを感じるようになる。それは、「同質」「おなじ文化を共有している」と感じていた相手にも、いえることだろう。「おなじだ」「にている」と感じていた相手に、異文化を感じることもある。

5. おわりに

　人は（正確には、この社会の多数派は）、ことばで世界を分類している。人間を分類することもある。いろいろな特徴や共通点をもつ人たちが、あるカテゴリーでまとめられ、名づけられている。そして、それ以外の人たちを名づけることもある。それは、なんのためにしているのか。排除するためなのか。敵対するためなのか。そうではなくて、現にあるちがいをふまえたうえで、共生しようということなのか。目的、問題意識によって、名づけることの意味は、おおきく変化する。ことばを、なんのために、どのように使用するのか。それが問題なのである。

第1章

「障害ではない」ということ
──社会のなかの「ことば」と「からだ」

1. はじめに

　現代社会において、なにが「障害である」とされ、なには「障害ではない」とされるのか。その境界はどのようにさだめられているのか。そして、その根拠はなんなのか。たとえば性同一性障害は、視覚障害とおなじような障害なのか。そうではないのか。性同一性障害とは、性別についての自分の認識（性自認）と自分の身体的な性が一致しないことに「たえがたい違和感」をもつ状態をさし、「性別のアイデンティティの障害」であるとされている[1]。この性同一性障害という「障害概念」や「障害あつかい」の是非について議論になることがある。

　本章の目的は、障害であること、障害ではないことをめぐる議論を分析することで、なにをもって障害ととらえるのかを再検討することにある。

　障害であると一般につよく信じられている「からだ」がある一方で、「障害」としての認識がそれほど一般的ではない「からだ」がある。いわゆる「障害者問題」という切り口では、「障害」とはみなされにくい身体的少数派をとりまく社会環境の問題が軽視されやすい。

　最近では「だれもが生活しやすい社会設計」をめざして「バリアフリー」や「ユニバーサルデザイン」という理念がとなえられている。ユニバーサルデザインの視点は障害者であるなしに関係なく、その人にとって「すみやすい社会かどうか」を重視する。以下では、障害ではないと認識されていたり、障害ではないと主張されることのある「からだ」について、ことばと社会の視点から

再検討してみたい。

2. トランスジェンダーからみた「障害」

はじめに『性同一性障害の社会学』を論じた佐倉智美（さくら・ともみ）の議論に注目したい。佐倉は「トランスジェンダーと障害学――『障害者用トイレ』からノーマライゼーションを考える」という章で、「障害学とセクシュアルマイノリティ[2]」について言及している。それは、障害学の観点から「性同一性障害」という概念をといなおす議論であるといえる。まず、佐倉は障害学の主張をつぎのように要約している。

> …社会体制や社会秩序が、障害者の存在を念頭に置いていないために、（例えば車椅子の人に対する階段や段差のような）物理的な障壁をはじめ、差別や偏見など、有形無形の阻害要因が構築されてしまっていて、それが"障害"者を生み出しているのだから、そうした社会の側が変わることが必要なのだという主張である。
> …イギリスでの障害学を代表するマイケル・オリバーによれば、現行社会のしくみに不適合な人間の排除を正当化するにあたって、医学等の知見を動員して創作された概念が「障害」であって、それは障害者と呼ばれる人々の心身の特性とは無関係である、というくらいである（さくら 2006：202）。

ここで佐倉がまとめているのは、従来どおりのスタンダードな障害学の議論である。佐倉は、こうした議論がこれまで自分が展開してきた議論と「じつにパラレルに照応する」という。その議論とは、

> …ジェンダーやセクシュアリティについての固定的な規範がセクシュアルマイノリティを生み出しているのであり、例えば「男は男らしく」などと言われることがなく、"オチンチンの有無"にかかわらず「なりたい自分」になることが広く認められているのであれば、トランスジェンダーが「ジェンダーをトランス」するという行為が顕現せず、

「性同一性障害」という概念もまた成り立たない[3]、という主張

のことである（同上）。佐倉は、「両者を、相互補完的にリンクさせることは、おおむね可能だろう」として、つぎのようにのべている。

　　　つまり「性同一性"障害"」が「障害」ではないとしたら、なんのことはない、一般的な障害者の障害も、じつは「障害」ではなかったのである。「セクシュアルマイノリティ」という用語になぞらえれば、身体障害者は身体的マイノリティ、知的障害者なら知的マイノリティだったのだ（同上：202-203）。

　「性同一性障害」というくくりに違和感をおぼえ、それを「おかしい」と感じるのは、もっともなはなしである。少数者の「からだ」を「少数であるから」という理由で病気や障害とみなすには違和感がのこる。けれども、この社会のどこかに「病的なからだ」や「欠損したからだ」をもつ人が存在するという大前提をゆるがすことなしに、「トランスジェンダーは障害じゃない」といってしまうことには、おとしあながある。否定することによって、そのほかの「障害」が「ほんとうの障害」として実体化されてしまうからである。つまり、「トランスジェンダーは障害じゃない」といってしまうことで、視覚障害や知的障害など、そのほかの障害を「ほんとうの障害」として、固定的にとらえることにつながってしまうということだ。その意味で、佐倉の議論は重要な意味をもつ。佐倉は、「障害は社会的につくられる」ということをセクシュアルマイノリティの立場から明確に論じたうえで、「障害者」を身体的／知的マイノリティとして明確に再定義したのだ。

3.「ろう文化宣言」と少数者としての「障害者」

　おなじく「障害であるかどうか」で議論になった例として、「ろう文化宣言」とそれへの批判的議論があげられる。木村晴美（きむら・はるみ）と市田泰弘（いちだ・やすひろ）は、1995年の「ろう文化宣言」において「ろう者とは、日本手話という、日本語とは異なる言語を話す、言語的少数派である」と定義し

た。木村と市田は、この「ろう者」の定義の意味するところをつぎのように説明している。

　　　これは、「ろう者」＝「耳の聞こえない者」、つまり「障害者」という病理的視点から、「ろう者」＝「日本手話を日常言語として用いる者」、つまり「言語的少数者」という社会的文化的視点への転換である（きむら／いちだ 2000a：8）。

　この主張は、「障害者」を病理的存在としてとらえる視点であるとして、さまざまな論議をうみだした[4]。ここで、この宣言における障害観をあらためて整理することで、「ろう文化宣言」の主張を再評価してみたい。はたして「ろう文化宣言」はどのような視点にたっていたのだろうか。
　まずひとつには、「ろうは治療すべき障害ではない」という視点が指摘できる。

　　　中途失聴者と違って、先天性のろう者にとって「ろう」は突然ふってわいた災難ではない。「ろう」は生まれ落ちた時からずっと自分自身の一部なのであり、まさに「自分自身であることの証し」である。そうした人にとって、「ろう」は決して治療すべき「障害」ではない（同上：12）。

　「治療すべき『障害』ではない」という主張は、なにも「そのほかの障害」を本質化してしまうような言明ではない。
　もうひとつには、実感として聴覚障害者「というよりは」言語的少数者であるというほうが「しっくりくる」という感覚がみいだせる。

　　　ろう者の国際組織、世界ろう者連盟も、ここ十数年の間に、障害者の組織というよりも、言語的少数者の組織としての立場を明確にしてきた（同上）。

　ろう者にとって、きこえないこと＝「ろう」は治療すべき障害ではない。そして、ろう者は手話を第一言語とする言語的少数者である。その点にもとづ

いて、「障害者というよりも言語的少数者」ととらえることは、それほど理解しがたい主張だとは感じられない。だが、「『障害者』という病理的視点から」「言語的少数者という社会的文化的視点への転換」といってしまうと、「障害者」は「病的なからだ」をもつ人というように定義されてしまい、社会のありかたが障害をつくるという視点がきりおとされてしまう。その点が批判されたわけである。

　最後にもうひとつ、「ろう文化宣言」は「聴覚障害者という用語の問題点」について指摘している。これは、ことなる「言語的要求」をもつろう者と中途失聴者・難聴者を「ひとくくりにすること」を批判したものである（同上：17）。これも、視覚障害者という用語が安易に使用され、弱視者などの存在やその権利がほとんど無視されていることをふりかえってみれば、それほど問題になるような主張ではない。

　したがって、問題の中心は、障害にたいする「病理的視点」にあったといえる。木村と市田は1995年発表の「ろう文化宣言」の5年後に「ろう文化宣言以後」という論考を発表し、「ろう文化宣言」にたいする批判にこたえている。そのなかで「病理的視点」への批判については、つぎのように言及している。

　　「ろう者は障害者というよりむしろ言語的少数者である」という私たちの主張は、多くの人々に「ろう者は障害者ではない」という宣言として受け止められたようである。そのため、「障害者を病理的な存在と決めつけて、自らはそこから脱しようといる」といった批判を多くいただいた。たしかに私たちは、「病理的な視点から社会的視点への転換が、ろう者を言語的少数者としてみなすことを可能にした」ということを書いた。しかし私たちは、「耳が聞こえない」ということ自体が病理的な視点から「障害」とみなされることに対して異議を唱えたわけではない（きむら／いちだ 2000b：397）。

「ろう文化宣言」には、「障害者というよりむしろ」というフレーズはなかった。だから、これは、あとづけの弁明といえなくもない。とはいえ、つぎのような障害観は注目にあたいする。

…障害者運動のほうもすでに病理的な視点から社会的視点へと転換しているのだという主張がある（長瀬修氏）。しかし、そのような「社会的視点」に立てば、すべての「障害」は相対化され、誰もがある意味では「障害者」であるということになってしまう。そのような主張に異義を唱える気はないが、そこで用いられている「障害者」という言葉は、もはや「少数者」（あるいは「社会的弱者」）という言葉と同義であることに注意する必要がある。もしも、さまざまな「少数者」（そこには「言語的少数者」も含まれる）の中で「障害者」というグループを特化しようとするならば、そこでは「病理的視点」が欠かせないはずである。まず、病理的な意味での「障害」をもつ人たちがいて、その人たちが必要に応じて（本当に「必要」なのか、誰にとって「必要」なのかが問題なのではあるが）一括りにされて「障害者」と呼ばれるのでなければ、「障害者」という言葉自体、存在意義がないのである（単に「少数者」と呼べばよい）（同上 :398）。

　この問いかけは、妥当であるように感じられる。つまり、どこに着目して、なんのために障害者というカテゴリーを使用するのかということである。
　長瀬修（ながせ・おさむ）は、「ろう文化宣言」の問題点を指摘しながら、つぎのようにのべている。

　　損傷や機能的制約を持つ個人に対して、社会が作り出す障壁や抑圧が存在する。そういった障壁や抑圧にさらされているという意味でろう者も障害者ではないだろうか（ながせ 2000：48）。

　はたして障害者とは、「損傷や機能的制約を持つ個人」のことなのだろうか。その個人にたいして社会が抑圧的な障壁をもうけているというのが、いわゆる「障害者問題」なのだろうか。ここでは、病理的視点を温存しながら、障害者問題をつくっているのは社会の障壁だという視点になっている。だが、社会制度こそが「損傷」を実体化させるのではないだろうか[5]。
　もっとも、長瀬は「いっそ、どういう状態であれ障害ではないとするならばよほどすっきりする」とのべているし、そうした議論は「ろう者からの声とし

ては出ては来ていないが、ろう者の主張の中にはそのようなラジカルな要素が含まれているのは確かだ」と指摘している（同上）。これは、木村と市田による「少数者」（あるいは「社会的弱者」）としての障害者という視点を「予知した」、あるいは「よびこんだ」議論であったといえるだろう。ともかく、「ろう文化宣言以後」における障害観は、たしかに「すっきり」している。

　かりに障害を病理的視点から社会的な視点にことばどおり「転換」するならば、視覚障害者とは情報障害者であり移動障害者であるといえる。ここで「移動障害者」には、肢体不自由の人はもちろん、妊婦や幼児、ベビーカーをおしている人、高齢者なども当然ふくまれることになるだろう。社会的な視点に転換する以上、病理的な視点はまったく必要のないものになる。だから「情報障害者」というのも、いわゆる知的障害者、聴覚障害者、視覚障害者などに限定されるものではなく、こどもや言語的少数派、あるいは貧困者もふくまれることになる。つまり、こどもも老人も妊婦も貧困者も、ある状況や観点において、なんらかの障害者であるということになる。これは障害を社会的視点によってとらえるからには当然の結果であるとおもわれる[6]。

　この点については、杉野昭博（すぎの・あきひろ）がつぎのように明確に指摘している。

　　　共生政策に必要なのは、「障害者のため」という観点ではなく、「色々な人のため」という観点ではないでしょうか。実際に、バリアフリー施策の代表と言える駅のエレベータは、車椅子以外の様々な健常者によっても利用されています。障害者用の駐車スペースも、現在のように、車椅子で乗降できる幅のスペースを確保した特別な駐車スペースをリザーブするのでなく、全ての駐車スペースを車椅子で乗降可能な横幅を確保するようにすれば、それは車椅子の人のためだけのものでなく、車庫入れが苦手なドライバーのためのものにもなるでしょう（すぎの 2008：58-59）。

　いまある社会は、さまざまな障壁（バリア）であふれている。その現実を多角的に検証していくことが必要であるといえるだろう。そして、その障壁を解消（バリアフリー）することで、共生社会をともにつくっていくことができる

のである。

4. 図書館サービスからみた「障害」

　ここで、公共図書館の理念に注目してみよう。図書館サービスは、障害を病理的視点から社会的な視点に転換していくうえで、参考になる点がある。

　公共図書館では、障害者サービスとよばれるものがある。対面朗読や録音図書の提供などをいう。この「障害者サービス」を、「図書館利用に障害をもつ人々へのサービス」と表現することがある。それはつまり、障害者にたいする図書館サービスを「特別あつかい」のようにとらえるのではなく、「だれもが図書館を利用する権利をもつ」という理念にもとづき、その理念が実現できていない現状（図書館側の問題）を改善しようとするものである。これは、障害学における障害の「医学モデル」から「社会モデル」への転換を実質的に具体化するものだったといえる。しかも、そのような発想の転換は 1975 年ごろからあったことが指摘されている[7]（やまうち 2011：22）。

　ながいあいだ図書館の障害者サービスにたずさわってきた山内薫（やまうち・かおる）は『本と人をつなぐ図書館員——障害のある人、赤ちゃんから高齢者まで』という本を出版している（やまうち 2008）。この本の「おわりに」で山内は、つぎのようにのべている。

> 　公共図書館は地域に生活するすべての人に開かれている。
> 　誰もが図書館や資料を利用する権利を有しているのだ。それは、生まれたばかりの赤ちゃんから寝たきりのお年寄りまで、目の見えない人から矯正施設に収監されている人まで、すべての人を含む。
> 　しかし、図書館や資料を利用したくても利用できない人が大勢存在する。そうした人たちに対しては、その人のもとに出かけていったり、その人が読めるように資料を変えなければならない。こうしたことを実現するのが、いわゆる障害者サービスとよばれる図書館サービスだ。
> 　図書館の障害者サービスは、心身に障害のある人へのサービスを指すわけではなく、図書館や資料を利用しようとした時に、何らかの障害が生じた場合に、その障害を取り除くサービスである（同上：186）。

ここでいう「図書館サービス」を学校教育におきかえてみると、どうだろうか。教科書や出版物、もっとひろい概念として「情報」によみかえてみると、どうだろうか。あるいは、「文字表記」や「コミュニケーション」にしてもいい。交通機関にしてもいい。公共のものは「みんなのもの」である以上、特定の人だけにではなく、「すべての人に開かれている」必要がある。それが実現できていない社会の側に、障害があるのだ。つまり、こうした問題意識からすれば、障害とはバリアのことである。

5 . 相対主義からみた「損傷」

　さて、そもそも損傷という意味での「障害」とは、いったいなんだろうか。なにをもって「損傷」とするのだろうか。浜田寿美男（はまだ・すみお）は『「私」をめぐる冒険』という本の第2章「自閉症という『私』の鏡」において、つぎのように治療と障害について論じている。

　　　私は、断念ということばは、とてもポジティブなものだと思っています。目の前に高すぎる不可視のハードルがあるときには、断念がなければ、相手を肯定したり、相手の居場所を認めたりすることができません。…中略…cure［キュア。治療、なおすという意味──引用者注］を目指すことがそのまま相手を否定することにつながることがあるし、逆に、断念することが関係の回復に直結することもあるわけです。その意味では、障害を、数ある人間の複雑なヴァリエーションのなかの一つとしてとらえる視線は大事だと思います。平たくいえば、そんな性分の人もいるというていどに考えたほうが、いいのではないかと思います（はまだ 2005：87-88）。

　「ヴァリエーション」とは言語学の用語でもある。「変異」や「変種」と訳されることもある。どんな言語であれ、けして一定で均質なわけではない。人それぞれちがったように使用している。そして、言語学の理論で重要なのは、「言語に優劣なし」という言語相対主義にあり、「洗練された言語と粗野な言

語」というように「主観による価値判断」によって言語を序列化しないということにある。言語の学ではこのような言語観が共有されている。

　それなら身体の学では、からだのバリエーションにどのような態度をしめしているだろうか。「障害を、数ある人間の複雑なヴァリエーションのなかの一つとしてとらえる視線」は、言語においては言語学の常識といえるものである。だが身体の研究では、からだの多様性を社会的事実としてうけいれるという、たったそれだけのことができていないのではないか。もちろん、「身体の社会学」や障害学ではそういった身体を序列化する視線は解消されている[8]。だが身体の「学」は、そればかりではない。医学はどうなのだろうか。

　障害学は社会的障壁の問題を全面にうちだし、身体の「損傷」の問題ではないと主張する。だが、障壁と損傷の区別に満足して、それでは「損傷」とはいったいなんなのかという問題にきりこまないならば、それは不十分な議論である。それを指摘する議論はすでにあるし、それは重要な問題提起であるといえるだろう[9]。

　ここで、からだの多様性を前提にしてみると、つぎのようにいえるだろう。

　　　その人の身体がどのような状態であり、どんなすがたをしていようとも、すべて、「人としてあたりまえのこと」である。だれかのからだが奇異にみえるのは、「人間の可能性」について無知だからである。人間の多様性は、「人間の常識」をうらぎりつづけるものである[10]。人間が、物理的な「からだ」に生命をやどして活動する以上、その可能性は、無限大である。

　たとえば、自閉症は「病気じゃない」といわれることがある[11]。だが、ものの見方によっては、自閉症だけが「病気ではない」のではなく、なにひとつとして「病気など存在しない」ということができる。かぜも白血病もダウン症[12]も自閉症も心臓病もすべて、生物として、人間としてあたりまえのことであって、特別なことではない。ただ、なにか目的があって病気と病気ではない状態を区別することがあり、それはそれぞれの文脈において正当性があり、あるいは不当な区別なのである。それゆえ、なにかを病気だとすることも、病気ではないとすることも、それぞれの観点と目的に即したもので、相対的な議論である[13]。

6. ひだりききからみた「障害」

　たとえば、ひだりききを障害とみなす議論に接したら、どのように感じられるだろうか。おそらくは、ひだりききの人は社会の少数者であるにすぎず、「障害」というのは不適切ではないかと感じるのではないだろうか。だが、この社会で障害者とみなされている人たちすべてが、たんに「少数者」であるにすぎず、だれかが「障害者」とよばれるべきなんらかの決定的な理由など、存在しないのではないだろうか。現に、ひだりききの人は病理的にあつかわれてきたではないか。ただその歴史がわすれられているだけである。

　もし、ひだりききを障害ととらえないのであれば、視覚障害も知的障害も「障害」ではない。逆に、なんらかの目的や観点から「性同一性障害」を障害とするならば、ひだりききも色盲も学習障害も障害といえるのかもしれない。それは、それぞれ個別に検討される必要がある。ただ、「性同一性障害」を障害とみなすなら、それはたんに身体的／知的マイノリティを便宜として障害とよんでいるにすぎない。だから、なにかを「障害」とみなすことにそれほど重大な意味づけをする必要はなくなる。

　大路直哉（おおじ・なおや）は、現代社会における「ひだりきき」の立場について、つぎのようにのべている。

　　左利きそのものが、障害でも異常でもないと強調すればするほど、社
　　会の関心として後回しにされやすい（おおじ 1998：213）[14]。

　これは、性別違和のある人を「性同一性障害」と認識することによって社会の認知と理解が促進されたことと、まったく対照的であるといえないだろうか[15]。一方では「性同一性障害」のように障害化（病理化）することで社会的な認知がすすみ、権利が保障されるようになるという回路、戦略、現実がある。他方で、ひだりききの人はまさに「見えざる左手」という状況におかれている。大路は「右利き社会」のありかたをつぎのように論じている。

　　合理性を追求すればするほど、利き手をめぐる周囲の環境が右利き

向けになってしまう。「たかがこのぐらいの操作なら」という意識が芽ばえたとき、〈右利き社会〉が強化されていくのだ。

　車いす使用、色弱、盲目、天才、サヴァン症候群、読字障害、左利き……。いずれも、人間社会において少数派だ。ある一定の社会で求められる"ふつう"という人間の平均像ではなかったりする。けれど、そうした人間の特徴が異常かどうかの基準は、多くの場合、社会にとって損か得かという、しごく功利的で単純な理由から決定されがちだ。

　典型的な例が左利きである。異常だとみなされなくなってきたのも、〈右利き社会〉のなかで左利きがお荷物とされるような要因が、減りつつあるか見えにくくなっているからだ。

　いったい人間にとって"ふつう"という感覚は、どこから生まれるのだろう。とにかく、そうした意識は、多数決の原理でなりたっている〈右利き社会〉のなかで承認される。ことの善悪に関係なく、多数派であれば、それが"ふつう"なのである（同上：161）。

　この「右利き社会」のありかたと、知的／身体的マイノリティを「できなくさせる」（＝障害者にする）社会のありかたは、あきらかに同質のものである。大路が主張していることは、障害学的な社会観にそっくりあてはまるものであり、そうした意味で大路は「ひだりきき」の視点から障害学をかたっているといえるだろう。

7. 社会構成主義からみた「障害」

　障害とは、あいまいな概念である。いいかえれば相対的な概念である。それは、さまざまな人がさまざまな観点や目的によって障害を論じているからである。

　ケネス・ガーゲンは社会構成主義について解説しながら、つぎのようにのべている。

　何かは、単にそこにあります。ところが、何があるのか、何が客観的な事実なのかを明確に述べようとし始めた瞬間、私たちはある言説の

世界、したがってある伝統、生き方、価値観へと入りこんでいきます（ガーゲン 2004：328）。

　ガーゲンの解説に即して論じるなら、つまり障害とはなんらかの本質や実態などではなく、「何か」でしかないものをことばで表現したもの、言語化したものにほかならない。つまり障害とは、「しょうがい」という単語、言語表現なのである。障害とは言説であり、客観的に実在する「本質」などではないのである。

　たとえば、ある場所に「何か」があるとしよう。そこにある「何か」が「ゴミ」と認識されるか、「芸術」と認識されるか「つくえ」と認識されるか、あるいは、その存在に「気づかれないか」は、あくまで相対的なものであり、その場のさまざまな状況やそれをみる人の視点や気分によって、ことなってくるものである。

　「何か」を障害と認識するかどうかよりも重要なことは、なんのためにそれを障害とみなすのか、あるいは、なぜ障害とみなさないのかという、どこまでも「主体的な目的」や問題意識にほかならない。重要なのは、状況や文脈である。たとえば性別違和のある人を「性同一性障害」と名づけたのは、医学的に「障害」と認定しなければ性再指定手術という医療行為が法的に不可能だったからである[16]。

　障害とは、「しょうがい」ということばにすぎない[17]。たったそれだけのことではあるが、しかし、「ことば」であるからこそ、これからもさまざまな人たちが「障害者」とよばれていくだろう。そして、自称としても使用されるだろう。そのゆえ「しょうがい」ということばに、どのような意味あいやニュアンスを注入しているのかをひきつづき検討していく必要がある。「障害」認識が「問題」の解決方法を規定するからである。

　色盲を個人の問題とするなら、色盲の人の就労範囲をせばめるといった対策がとられてしまうかもしれない。だが、色盲という障害をうみだすのは社会の不整備であると認識するなら、色のユニバーサルデザイン（カラー・ユニバーサルデザイン）がめざされる[18]。障害は社会がうみだすものなのだ。

8. おわりに――「配慮の平等」にむけて

　障害とは、たんに「ことば」にすぎない。それでは、ことばをかえれば問題
は解決できるのか。障害をめぐる問題は、それほど単純ではない。「障害では
ない」といえば解決するものでもない。重要なのは、やはり、障害をとらえる
視点をひっくりかえすことである。

　障害学研究者の石川准（いしかわ・じゅん）は、「配慮の平等」という視点を
提示している。石川は駅の階段とエレベータを比較してつぎのように論じている。

　　階段はあるべきものであるのに対して、一般にはエレベータは車椅子
　　の人や足の悪い人のための特別な配慮と思われている。だが階段がな
　　ければ誰も上の階には上がれない。とすれば、エレベータを配慮と呼
　　ぶなら階段も配慮と呼ばなければならないし、階段を当然あるべきも
　　のとするならばエレベータも当然あるべきものとしなければフェアで
　　はない（いしかわ 2008：93）。

　石川は「停電かなにかでエレベータの止まった高層ビルの上層階に取り残さ
れた人はだれしも一瞬にして移動障害者となる」と指摘している（同上）。

　身体的多数派が身をおいている社会の構造というものは、自分たちだけは
あたりまえのごとく配慮し、そして「一部」（少数派）をつくりあげ障害化し、
そのうえで「特別な配慮」と称してほどこすというものだ。いわゆる「特別な
配慮」とされるものは、それをうける身体的少数派以外がすでに特権的な位置
にいることの証拠でしかない。ここに不平等があり、そして、その不平等をお
おいかくす「演出」がある。

　「配慮の平等」という視点は、少数派にたいする配慮がしごく当然のこと、
あたりまえの要求であることをしめしている。なぜなら多数派はすでに配慮さ
れているからである。民主社会において、多数派だけが配慮されるべき理由は
どこにもない。階段が配慮である以上、エレベータの設置は当然の配慮なので
ある。

　現代社会における障害の問題は、社会的配慮や支援にどのような不平等が存

在するのかをあきらかにし、その格差を解消していくことによって解決すべきものである。配慮の平等という視点は、そのための根拠を提示している。問題は、公平でバリアのない社会をどのようにつくっていくのかということだ。それを検討するためには、いま現にどのようなバリアがあるのかを確認する必要がある。

ただしがき

1　具体的に一例をあげれば、「自分は女性であると感じているのにペニス（男性器）があり、それをうけいれられずに苦痛を感じている」という状態のことである。性同一性障害は医学的な診断名である。トランスジェンダーとは、「身体、性器のありかたと性自認のありかたのくみあわせ」がマジョリティ（シスジェンダー）とはことなっている人をさす概念である。トランスとは「境界を越境する」という意味であり、「性別をこえる」というニュアンスがある。トランスジェンダーは、ことばどおり性別をこえることだけをさすのではなく、「性別概念をこえる」というスタンスでかたられることもある。

2　セクシュアルマイノリティ（性的少数者）とは、異性愛中心主義や性別二元論（性別主義）など、支配的な性規範によって他者化された人たちのことをさす。

3　これは、たとえていうなら「国境がなければ『移民』は成立しない」ということである（つまり、国境がなければ、ただの移動にすぎない）。佐倉は、トランスジェンダーを「性別の越境者」と訳してみせたうえで、「越境をおこなうためには、なにより〈境〉の存在が不可欠である」と指摘する。つまり、「〈境〉がなければ、越境も成立しない」というわけだ。佐倉はつぎのように主張している。

　　…"オチンチンの有無"を根拠に男らしさ・女らしさを強いられたりせず、誰もが自由に自分の好みに合った選択ができ、そうしてなりたい自分になることができるのなら、自分の〈性別〉で悩む必要はない（というより〈性別〉自体がない）（さくら2006：81）。

つづけて、つぎのように論じている。

　　もしもそんな社会になれば、トランスジェンダーに、ことさらにそのように名付ける必然性もなくなるだろう。トランスジェンダーという概念自体が成り立たない。当然、〈性同一性障害〉などというものも、存在しないにちがいない（同上：82）。

4　現代思想編集部編（2000）を参照のこと。

5 排他的な社会制度こそが「損傷」を実体化させるという視点は、障害学ではよくみられる主張である。

6 この点はユニバーサルデザインに関する議論では常識ともいえる認識である。たとえば妊婦を障害者とみなすことはなくとも、妊婦の存在はユニバーサルデザインが必要な根拠のひとつにあげられている。

7 図書館サービスを発展させたのは、視覚障害者読書権保障協議会の功績であるといえる。くわしくは本書第3章を参照のこと。

8 たとえば、ごとう（2007）など。

9 後藤吉彦（ごとう・よしひこ）は、「障害者／健常者カテゴリーの不安定化にむけて」という論文で、障害の社会モデルに内在する問題を批判している（ごとう2005）。後藤の問題意識は、インペアメント（身体上の損傷）というものは客観的な「自然」ではなく、構築されたものであるという社会学的な視点にもとづいている。そして、その背景にあるのは人間を障害者と健常者に二分することへの違和感である。この問題意識は、しごくもっともであるように感じられる。だが、杉野昭博（すぎの・あきひろ）は『障害学——理論形成と射程』において、後藤による社会モデルの批判などを紹介し、「そうした主張は古くから存在する」と指摘し、つぎのようにのべている。

> …差別をめぐるあらゆる言説は、政治性を帯びることを免れられない。障害の社会モデルについて何かを語ることは、いやおうなく政治的言説空間に踏み込むことになる。たとえば、健常／障害という二項対立を否定する主張ですら、皮肉なことに、それを発言しているのが障害者なのか健常者なのかという二項対立的な問責を棚上げすることはできない。したがって、社会モデルをめぐる議論を正確に理解するためには、それが障害当事者によるものなのか非障害者によるものなのかといった発話のポジションや、現状の障害者福祉を維持しようとするものなのかそれを変更しようとするものなのかといった発言の政治的意図を無視するわけにはいかない（すぎの2007：115）。

これは、健常と障害という区分そのものへの疑問にたいしての批判としては、不十分な議論ではないだろうか。なぜなら、杉野は「健常と障害の線ひき問題」をあまりにあっさりと回避しているからである。もちろん、「発言の政治的意図」に注目するのは重要なことである。おそらく杉野の問題意識には、「障害者は健常／障害の差異を否定してもあまりメリットが得られるようには思えない」ということがあるのだろう（同上：248）。

もっとも、杉野が紹介するアメリカ障害学の「マイノリティ・モデル」は、ごとう（2005、2007）の議論をうけとめるうえでも参考になるはずである（すぎの2007：159-218）。杉野によれば、「イギリス障害学がインペアメントを客観的属性としてとらえているのに対して、アメリカの障害学ではそれを『記号』としてとらえていると言える」という（同上：208）。「『記号』としての『障害』」（同上：209）という視点は、本章で

のべた障害観とも通じるものである。

10 人間についての常識が「人間の多様性」にくつがえされたとき、それまでの社会制度は変革されなければならない。そうでなければ、少数派が社会制度に抑圧されることになる。そして、それがいまの現実なのである。バリアフリーやユニバーサルデザインとよばれるものは、その「社会制度の変革」をめざすものである。そこで社会制度とは、一般的な価値観をふくむものである。

　このような視点は、「人間多様性モデル」とよばれるものと同様の発想にたっている。杉野昭博は、人間多様性モデルをつぎのように説明している。

　　近代社会における効率主義に基づいた、あらゆる面での「標準化」が、あまりに狭い「人間像」を形成し、そこからはみ出る多くの「障害者」を生み出してきた。したがって、「標準」の幅を最大化して、人間のあらゆる多様な特徴を包含できるように社会を設計するという視点がこのモデルであり、ユニバーサル・デザインの運動と結びついている（すぎの 2007：70）。

　ちなみに、この「人間多様性モデル」という表現は、社会モデル理論を分類し整理する文脈でイギリスの障害学研究者のファイファーが提示した「社会モデルの分類」のひとつである（同上：66-70）。

11 ニキ・リンコは自閉症を「自閉」あるいは「自閉『症』」と表記している。ニキは、その理由をつぎのように説明している。

　　一つは、autism は障害ではあっても疾患ではないと考えるからである。重複障害の治療、心身の機能を高める訓練など「状態の良い自閉者」になるための手助けは有益だが、自閉そのものは病気ではないと考える筆者にとって、自分の原稿の中でまで、疾患を連想させる「症」という字が含まれる用語を使うのは愉快なものではない。…中略…
　　もう一つは、スペクトラムの中でも最も健常に近い人たち、ふだんは特に支援を必要とせず、自立生活が送れる人たちを排除しないためである。自閉とは連続的なものなので、非常に軽度の人々は、次第に「ちょっと偏った健常者」の中へととけ込んで消えていく。つまり、この世界には、自閉的センスや嗜好を共有しながらも、それがひどい障害にはなっていない人々がたくさんいることになる（ニキ 2002：180-181）。

　なお、引用文中の「autism（オーティズム）」とは、日本語で自閉症と訳される単語である。自閉症という訳語については、森壮也（もり・そうや）が疑問をなげかけている（もり 1999：182-183）。

12 ダウン症やアトピーについて、医師の飯沼和三（いいぬま・かずそう）は、つぎのようにのべている。

ダウン症というよび名は、病気を表すのではなくて、アトピー体質や糖尿病体質と同じ特異的な体質を表すことばとして理解したほうがより正確に実態を把握できると思います。

　　たとえばアトピー体質とよばれた赤ちゃんは、アトピー体質そのものが病気を示すのではなく、育てているなかで、がんこな皮膚炎を起こすかもしれないし、気管支炎を頻繁に起こすかもしれないし、たびたびの夜間の喘息発作で苦しむかもしれない、そうした可能性が特別に高いという体質を意味しています（いいぬま 1996：13-14）。

　　たしかに、病気と体質では、うける印象がことなるように感じられる。ダウン症の人も多様であることをふりかえってみれば、単純に病気としてとらえるよりも、体質として理解したほうがより適切であるとおもわれる。

13　その端的な例が、精神障害（精神疾患）であるといえよう。アメリカ精神医学会は、同性愛がアメリカ社会で現在よりも異端視されていた時代に、同性愛を精神疾患とみなした。アメリカ精神医学会による『精神障害の診断と統計の手引き』第一版（1952 年）では、「同性愛の診断名として使われていた『性的倒錯』は、パーソナリティ障害に含まれていた」。そして、1968 年の第二版では性的倒錯は独立した診断名となり、「ここでは、同性愛を一つの性的倒錯としていた」のである（カチンス／カーク 2002：76）。ゲイ解放運動によって『精神障害の診断と統計の手引き』から同性愛が完全に削除されたのは、1986 年の「第 3 版の改訂版」である。くわしくは、カチンスとカークによる『精神疾患はつくられる』の第 3 章「『同性愛という診断名』の浮沈」を参照されたい（同上）。

14　ラトリッジとダンリーは、「左利きになるきっかけ」にかんする研究の歴史を概観している（ラトリッジ／ダンリー 2002：83-95）。ふたりは「ここ数十年で」研究者の「アプローチ方法に 1 つの変化があった」ことを指摘している。その変化とは、

　　…左利きを「病気型」のアプローチ、すなわち、癌、自閉症または出産障害のような病気を研究するのと同じ方法で捉えていた時代から、左利きは全く無害でしかも生物学上人間にとっては潜在的に有益なヴァリエーションの 1 つであると捉え、左利きを受容する方向に変わってきたということ

である（同上：95）。最近では、自閉症についても「病気というよりは文化である」ととらえる視点がひろがってきている。

15　トランスジェンダーは、「性同一性障害」におさまりきらない。そのため、その「おさまらない」層については、まだまだ理解が不十分だといえそうだ。吉野靫（よしの・ゆぎ）はつぎのように指摘している。

　　性同一性障害医療、すなわち医師によって診断がおりるというシステムは、「疾病ならば仕方がない」という消極的な"理解"に寄与した一方、その枠組みで捉えきれないも

のを殺ぎ落としてきた（よしの 2008：126）。

16　しかし、「障害は治療すべきだ」という観念が支配的な日本社会では、「障害であるなら、なぜ手術しないのか？」といって、おしつけがましく非難されることになってしまう。三橋順子（みつはし・じゅんこ）は、「ジェンダーと身体の不一致を自らの特質のひとつ、個性と考え、『性同一性障害』という枠組みに拠らずに社会の中で生きようとする」（みつはし 2006：77）というトランスジェンダーの立場から、「治療」を自明視する発想をつぎのように批判している。

　　…性別違和感があること自体が病気であるという認識は、病気なのだから適切な治療がなされてしかるべきである、という考え方につながっていく。私はある「性同一性障害者」に「性別違和感があるというのなら、なぜちゃんと治療を受けないのか？」と詰問されたことがある。心の性と身体の性の不一致を放置してはいけない、必ず「治療」されなければならないという考え方は、医学的「治療」の形をとった、性別規範の強制にほかならない（同上：71-72）。

17　ことばであるからこそ「障害」はほかの言語に翻訳できることもあれば、できないこともある。障害概念は普遍的ではないからである。人類学者による論文集の『障害と文化』においては、つぎのように説明されている。

　　障害の概念それ自体は、当然のことと考えてはならない。多くの文化では、「障害」というカテゴリーが存在しないという単純な理由で「障害者となる」ことはありえない。盲の人々や足の不自由な人々、「遅鈍な」人々がいるが、一般的用語としての「障害」者は簡単には多くの言語に翻訳できない（イングスタッド／レイノルズ・ホワイト編 2006：22）。

18　色のユニバーサルデザインについては、いとう（2006）を参照のこと。いわゆる色盲については、高柳泰世（たかやなぎ・やすよ）の『つくられた障害「色盲」』が参考になる（たかやなぎ 2002）。

第2章

言語という障害
──知的障害者を排除するもの

1. はじめに

　わたしは「てがき文字へのまなざし」において、「これまでの社会言語学は、」「『からだの多様性』を議論の対象にしてこなかったようにおもわれる」と指摘したことがある（あべ 2003：16、あべ 2010c：115）。だが、現在では『社会言語学』誌におさめられた諸論考や『ことば／権力／差別──言語権からみた情報弱者の解放』（ましこ編 2006）をみても、「からだの多様性」や障害の視点をあつかう社会言語学的研究は、確実にふえてきている。なかでも、古賀文子（こが・あやこ）による「『ことばのユニバーサルデザイン』序説──知的障害児・者をとりまく言語的諸問題の様相から」は、言語差別や言語権という概念とユニバーサルデザインをむすびつけ「知的障害児・者をとりまく言語的諸問題」を正面から論じたという点で画期的な論考であった（こが 2006）。

　本章は、「『ことばのユニバーサルデザイン』序説」に応答するために、これまでの社会言語学や障害学の議論をふりかえり、言語権という理念の今後の展望をさぐるものである。

2. 言語権という理念

2.1. ひとつの言語とはなにか

　はじめに、「ひとつの言語」とはなにかという論点にふれておきたい。田中克彦（たなか・かつひこ）の『ことばと国家』は、「『一つのことば』とは何か」

という議論からはじまる（たなか 1981）。たなかは「ことばの数をかぞえる」ことの困難をのべる。その困難とは、「どういうふうであれば、あることばが一つのことばとして勘定できるのか、言いかえれば、ことばという単位とはいったい何かという問題」によるものである（同上：7-8）。

　この問題は、言語についての根源的な問題であるがゆえに、言語権をめぐる議論でもたえずついてまわる問題である。それは慎重に議論すればするほど、直面せざるをえない問題である。たとえば佐野直子（さの・なおこ）は、つぎのように議論している。

　　　極度に発達した文字社会である近代ヨーロッパにおいて、言語とは、書かれることを前提とした、「ひとつの（数えられる、他とは異なる）」「純粋な」存在である。…中略…
　　　一方で、日常のごくあたりまえの会話のなかでは、ことばはゆらぎやすく混沌とした存在であり、固定された純粋さや「他の言語」との境界線は持ち合わせていない（さの 1999：282）。

　近現代のヨーロッパにおいて「かきことば」をもつ言語は、社会的地位が保障されており、その一方で、「かかれないことば」は、「方言」として社会的に不当なあつかいをうけてきた。それは近現代の日本社会においても同様であったといえよう。

2.2. 言語権のひろがり

　それでは、つぎに言語権についての議論にうつろう。木村護郎クリストフ（きむら・ごろうクリストフ）によれば、「言語権はだれがどこでも好きな言語を使ってよいという権利ではなく、ある言語の話者に対して不平等・不都合がある場合に問題になりうる」ものである（きむら 2006：14）。

　言語権に関する議論においても「ひとつの言語」とはなにかという問題は意識されている。佐野は、つぎのように指摘している。

　　　…「言語的人権」を与えることによってある地域で十全な「共公用性」を持ちうるような言語は、そもそも「少数言語」とはいえない

のではないか。「共公用性」の適用から排除されかねない言語こそ保護・促進につとめなくてはいけないというのが「言語的人権」の主旨であるはずが、「言語的人権」が具体的な措置を要求すればするほど、「正常化」という一元的な価値観の下で「権利の対象になりうる言語」と「なり得ない言語」の区別が厳密になっていく。どのレベルまで公的に使用しうるのか、伝統的な地理的領域をもっているかどうか、話者の母語であるかどうか、書き言葉をもっているか（持ちうるか）どうか、そして、「固有言語」とみなされないため最初から選択肢としてほとんど考慮されていない言語の諸形態（方言、階層・年代などの変種）など、言語の社会的な在り方が乗り越えられるべき障害となり、それぞれの内在的本質として「選択されない」理由となる（さの 2001：155）。

ここで、「言語の社会的な在り方が乗り越えられるべき障害とな」るという指摘に注目したい。この点は、古賀が整理した「知的障害児・者をとりまく言語的諸問題の様相」に通じる部分があるのではないだろうか（こが 2006）。もちろん、佐野が想定していた射程は、そこまでひろがりをもつものではなかったかもしれない。だが「権利の対象に」「なり得ない言語」という問題をつきつめていくなら、知的障害にとっての「言語」という問題にたどりつくのである。

また、「言語権の社会学的意義」を論じたましこ・ひでのりも、言語権概念と障害学の接点を重要視している。ましこは、つぎのように提言している。

　　糖尿病などや加齢による失明など、視覚障碍者になる可能性を、みなかかえているのであり、いわゆる「ユニバーサル・デザイン」という観点からも、障害学的な視座をまじえた言語権的議論が必要であり、それらは、社会学への理論的貢献もあるし、社会学自体のこれら課題への貢献ももとめられているはずである（ましこ 2006：76）。

本章がめざすのは、まさに「障害学的な視座をまじえた言語権」を提示することにある。ましこは、うえの論考で「ろう者／盲人／弱視者に代表される視聴覚障碍者」をあげているが、障害学の課題はもちろん「視聴覚障碍」にとど

まるものではない。「ユニバーサル・デザインという観点から」いっても、よりひろい議論が必要とされている。

　以下では、「言語権からみた情報弱者の解放」（ましこ編 2006）のこころみとして、知的障害と「言語」という問題について検討してみたい。

3．知的障害と「言語」

　古賀によれば、「知的障害と『言語』の間にある問題とは、『言語』が自明視され、コミュニケーションツールとして言語を捉える見方が固まっているため、それができない人たちが常にはじかれているということにある」という（こが 2006：4）。古賀は「現在の知的障害者の言語権はどのような形で奪われており、どのような言語差別があるといえる」かを、つぎのように整理している。

> 知的障害児・者の障害特性と、既存の言語権と言語差別への言及から考えてみると、知的障害児・者への言語差別は、同一言語内の問題——識字的ハードル、漢字の権威、ひらがなだけの文章への侮蔑など——と、異言語間にある問題——双方がお互いの言語が出来ないのにもかかわらず、片方が多数派の言語を用いるがゆえに言語が出来て、もう片方は言語が出来ないということにされてしまうという、言語に起因する権力性の問題——の両方を併せ持つ形であるといえる。これを、「言語差別」という言葉を用いて言い換えれば、知的障害者の言語差別は、同一言語話者内で指摘される問題と、異言語話者間で指摘される問題の双方を抱合する、複合差別的様相を持つといえる（同上：8）。

　これは従来の社会言語学では注目されることのなかった問題であるといえる。古賀の問題提起に正面から応答したものとして、かどや・ひでのりによる「言語権からコミュニケーション権へ」という論考がある[1]（かどや 2006）。だが、かどやの論考は議論をいそぎすぎたきらいがある。かどやは自閉症者のコミュニケーションのありかたとして、『コミュニケーションという謎』という本（はたの／やまだ編 1998）から、別府哲（べっぷ・さとし）によるつぎのような説明を紹介している。

…自閉症という障害が、他者を拒否し自らの内に閉じ込もりたいとい
　う、性格や意志の問題ではないということです。閉じ込もりたいので
　はなく、脳の機能障害を素因とする、他者とのコミュニケーションの
　能力障害（disability）があって、実際に他者とうまくコミュニケーショ
　ンできないがために、「自らの内に閉じ込もる」ようにみえる行動を
　行わざるをえなくなっていると考えられるのです（べっぷ 1998：34-35）。

　この説明では自閉症者をみる人の「主観の問題」がきりおとされている。お
なじく『コミュニケーションという謎』に収録された鯨岡峻（くじらおか・た
かし）の文章は、「コミュニケーションの障害」を「機能障害」の問題におし
こめることに疑問をなげかけている。鯨岡は、つぎのようにのべている。

　私たちはコミュニケーションの障害を子どものもつコミュニケーショ
　ン機能の障害として子どもに帰属して考えがちですが、どこまでが子
　ども「本来の」障害なのでしょうか。障害と捉えていることのなかに、
　子どもと関わる人（自分）との関係が難しくなっていることが含まれ
　ていないかと問うてみると、答えにくい場合がしばしばあるのに気づ
　きます。…中略…私たちは暗黙のうちに健常者の機能を基準にとり、
　それに達している、達していないで「障害」を考えてきていたことが
　示唆されます。…中略…「コミュニケーションの障害」はもっぱら障
　害をもつ人の機能に帰属される問題として考えられるべきではありま
　せん。むしろ二者の関係が差し当たり難しくなっているという、より
　広い意味において考える必要があるのではないでしょうか（くじらお
　か 1998：174-175）。

　また、おなじく同書に収録された菅原和孝（すがわら・かずよし）の論文で
は、「『自閉症なる現象』を判断するのは、他の誰でもない『私の主観』である、
ということ」を強調する村瀬学（むらせ・まなぶ）の議論が引用されている（む
らせ 1983：156、すがわら 1998：105）。
　村瀬は『理解のおくれの本質』の「あとがき」で、つぎのようにのべている。

現実は驚くべき多様性にみちている。この多様性を説明する理論は
　だからもっともっと多様であってもかまわないはずである（むらせ
　1983：262）。

　これまでの「言語権」論の問題は、現実の「驚くべき多様性」に気づかない
ままに、かぎられた理論で「言語問題」がかたられてきたことにある。それを
正面から指摘したのが、古賀の「『ことばのユニバーサルデザイン』序説——
知的障害児・者をとりまく言語的諸問題の様相から」であったといえるだろう
（こが 2006）。

４. 言語学の倫理——ジーニーを実験台にさせたもの

　こが（2006）以前の文献でいえば、スタッキーの『読み書き能力のイデオロ
ギーをあばく』が重要な問題提起をしている（スタッキー 1995）。スタッキー
は「読み書き能力」を当然視する社会のありかたをといなおすこの本のなかで、
「ジーニー」の言語獲得をめぐる研究をきびしく批判している（同上：137-141）。
　ジーニーは「自宅の一室に 12 歳まで監禁され、父親以外の人間からほとん
ど隔離されていた」（同上：137）。そして、「ソーシャル・ワーカーがジーニー
の存在を突き止め、その家から救い出す。父親は自殺し、ジーニーは社会的に
保護され、同時に実験台にされることになる」（同上：138）。ジーニーの言語獲
得を研究し博士論文にしあげたカーティスは、『ことばを知らなかった少女[2]
ジーニー——精神言語学研究の記録』で、つぎのように結論づけている。

　　ジーニーの言語は、正常にはほど遠い。しかしもっと重要なことは、
　ジーニーと正常な子どものことばのあいだにある特異的な類似点と相
　違点に加えて、ジーニーのことばは規則的に支配された行動であるこ
　と、そしてかぎられた中の気まぐれな言語要素から、論理的に言えば
　きりのない新しい発話を創作しているということを、心にとどめてお
　かねばならない。これらは、ほかのあらゆる動物の伝達システムと区
　別される人間言語の一面である。
　　したがって、異常な面があるにしても、最も基本的で大切な点で、

ジーニーはことばをもっている（カーティス 1992：94）。

　スタッキーは、このカーティスの結論を引用し、つぎのように疑問をなげかけている。

　　でもジーニーが言語を持っていなかったとしたら。健常児は、ジーニーとはどのように異なるのか。ジーニーのコミュニケーション規則は、他の「動物のコミュニケーションの規則」にどれほど近いものなのか、またそれはジーニーにとってはどんな意味を持つのか。ジーニーが言語を持っているというカーティスの結論は、ジーニーの言語についての結論であるだけではなくて、言語が授ける血統についての結論である（スタッキー 1995：140）。

　つづけてスタッキーは、「問題は、」「一体なぜジーニーは人間以外のものと仮定されていたかということである」とし、つぎのように批判している。

　　この野生児の情況で明らかなのは、非人間的な生き物は父親であって、ジーニーではないということである。重要な問題は、ジーニーが健常児と同じように言語を用いることが出来るかどうかでもないし、12年間の言葉の無い状態を過ごしても言語を習得できるか、などということではないことは明らかである。真の問題は、ジーニーが、言語を使用できる者たちがこれ以上彼女を虐待しない世界で生きていけることができるかどうかである。言語研究者は、もちろん彼女の父親がしたような虐待はしない。しかし、人間、特に明らかに虐待されてきた人間を観察する方法として、言語の基準で判断することより、もっと実りのある方法はなかったのかと、厳しく問いたい（同上：140-141）。

　『ことばと国家』の冒頭で、田中克彦はつぎのようにのべている。

　　人間はふつう、だれでもことばを話している。それは、人間と他

の動物とを分ける基本的なめじるしの一つと考えられている（たなか
1981：2）。

　この「ふつう、だれでも」という想定こそが、ジーニーを実験台にさせた固
定観念、イデオロギーにほかならない。そのような想定があればこそ、「言語
の習得の過程で、彼女が他の子供たちと同じ程度に言語を習得できるかどうか
を発見するための、一連の言語テストでそれを計る」ということがおこなわれ
たのである（スタッキー 1995：138）。

　ジーニーの存在が、あまりに「めずらしい」「貴重である」と感じられたから
こそ、言語学者はジーニーを実験台にせずにはいられなかったのである。この
事例は、言語学の倫理問題として、記憶しつづける必要があるのではないか[3]。

　そうしてみれば、たとえばスーザン・シャラーの『言葉のない世界に生きた
男』（シャラー 1993）は、もうひとりのジーニーであるといえないだろうか。も
ちろん、シャラーが紹介する青年は、ジーニーのように虐待をうけてきたわけ
ではない。だが、『言葉のない世界に生きた男』という注目のされかたは、ま
さにジーニーにたいするまなざしと同様のものを感じさせる。なかでも、同書
によせられたオリバー・サックスによる序文「言葉の扉がひらかれるとき」は、
「知的興奮」にあふれた文章である。『言葉のない世界に生きた男』とされる
「メキシコの田舎育ちの、言葉を欠いた27才の聾者の青年」（サックス 1993：
15）は、シャラーとの接触によって、手話を習得するにいたった。それゆえ、
サックスの興奮もきわだっている。もしここで、サックスの興奮に「言語へ
の不変の崇拝」（スタッキー 1995：141）を感じとるならば、その興奮は、いび
つなもののように感じられる。菅原和孝（すがわら・かずよし）は、オリバー・
サックスの『手話の世界へ』の一節を、つぎのように批判的に引用している。

　　自閉症にかぎらず、知的障害という条件を自分につきつけられた問
　題として思考しようとするとき、私たちの前に立ちふさがる壁はつぎ
　のようなオリヴァー・サックス（1996：26）の断言に集約されている。
　「言語に欠陥があることは、人間にとってもっとも絶望的な不幸のひ
　とつである。言語があってはじめて、人類の遺産と文化に触れ、仲間
　とともに語らい、情報を獲得し交換することが可能となる」（すがわ

ら 1998：122）。

　うえのような「言語への不変の崇拝」が、たとえば「ことばの障害」をもつ
本人や、その親をくるしめているのではないだろうか。

5. 共生の条件とされる「ことば」

　ここで、言語権を論じた『ことばと共生——言語の多様性と市民社会の課
題』という本の冒頭部分をみてみよう。

　　　　人間はことばを使う動物である。人間はことば無しでは社会生活を
　　　営むことは難しい。ことばはわれわれの人格と深く結びついている
　　　（かつらぎ編 2003：3）。

　この一節で、同書の編著者の桂木隆夫（かつらぎ・たかお）は、はからずも
現代社会の現実を端的に表現している。現在、日本社会ではたくさんの知的障
害者が入所施設で生活している。その知的障害者のなかには、ことばが使用で
きない人たちがいる。あるいは、かんたんな声かけは理解できても、発話とし
ては、一語文が発することができるかどうかの人たちがいる。はたして、この
社会の多数派は「ことば無しでは、社会生活を」させるのが「難しい」から、
知的障害者を施設で生活させているのだろうか。多数派は「ことばを使う動物
である」と同時に、ことばをつかわない少数派を、おなじ社会では生活させな
い動物なのである。このようにかんがえてみると、安易に「ことばと共生」を
かたることの政治性がうきぼりになる。
　ここで「言語と政治」の問題をとりあげる重要性を論じる山下仁（やました・
ひとし）の主張をひいておきたい。

　　　　そもそもヨーロッパやアメリカで生まれた社会言語学の目的が、言
　　　語によって困難を強いられた人々の問題を解決することであったこと
　　　を考えると、「人間」が直面しているさまざまな問題を無視して、純
　　　粋に「ことば」の問題の究明に焦点をあてようとする態度は、本末転

倒と言わざるを得ない（やました 2006：167）。

　山下の批判をうけとめるなら、社会言語学は、言語能力が自明視される社会のなかで「言語」によって抑圧されている人間のことを無視することはできないのである。たとえば『知的障害者が入所施設ではなく地域で暮らすための本』をみると、つぎのように日本社会の現状が説明されている。

　　入所施設を出て地域で暮らす、大人になったら親元を離れて生活するということは、人としてあたりまえの生活を送るための権利です。
　　しかし、日本全国では知的障害の手帳を持つ人の約 4 人に 1 人に当たる、13 万人もの人が入所施設で生活をしています。東京都民だけに限って言えば、現在 7000 人が入所施設で生活し、そのうち半数以上の約 4000 人が東京都外の施設に送り出されているのです（ピープルファーストひがしくるめ 2007：5）。

　これまで、身体障害者は自立生活運動をくりひろげることによって、脱施設をかちとってきた経緯がある（全国自立生活センター協議会編 2001）。だが知的障害者の場合、「親・きょうだいと同居か施設か」という二者択一ばかりが自明視されてきた。現在では「地域福祉」の重要性がさけばれ、「地域移行」が今後の課題であるとされている。ピープルファースト東久留米（ひがしくるめ）は、つぎのように主張している。

　　重度の身体障害の人たちが、リハビリをすることではなく、介護者を入れることで自立生活を実現してきたように、知的や精神の仲間も、1 人でできるようになる訓練をするのではなく、一緒に考える支援者や介護者を入れて必要な支援を受けられれば、入所施設や親元でなく、地域で自立生活が実現でき、このことがもっともっと日本中にひろまっていけば、入所施設は必要なくなると確信しています（ピープルファーストひがしくるめ 2007：5）。

　現状では、「何らかの援助が必要である状態にある」人にたいする生活の支

援のありかたは、「施設で生活してもらうこと」なのである。

6. 知的障害者をとりまく社会環境──言語という障害と能力主義

　ここで、障害学の理念を再確認しておこう。障害学の視点では、いわゆる障害というものは、社会の障壁（バリア）のことをさしている。そして、その社会の障壁によって「できなくさせられている」のが、いわゆる障害者なのだとされている。これを、障害の社会モデルという。ここで障害者の権利を保障するために必要なことは、社会を変革し、バリアをなくしていくこと（バリアフリー）である。

　最近では「情報のバリアフリー」や「ことばのバリアフリー」といった理念がとなえられている（福祉労働編集委員会 2001、ましこ 2005、言語編集部 2006）。これは、さまざまな言語文化が社会的な障壁として機能し、言語的少数派を排除している現実を改善しようとするこころみであるといえる。

　だがこれまでの議論では、一部の例外をのぞけば、言語のありかたがバリアになっていることを指摘するものはあっても、「言語そのものが社会的障壁であること」はあまり指摘されてこなかった（例外として、のざわ 2006a、こが 2006、かどや 2006 など）。

　たとえば、日本社会において漢字という文字が社会的障壁として機能している現実がある。それを「漢字という障害」と表現することができる（あべ 2006）。ここで「漢字という障害」という表現になぞらえていうなら、知的障害者をはじめとする言語弱者を抑圧しているのは、「言語という障害」なのである。そして、言語が知的障害をつくっているのである。

　以下では、言語が知的障害をつくるという側面に注目してみたい。そして、能力主義の問題を再検討する。

6.1. 言語と世界観

　しばしば、人間は第一言語によって世界観を獲得するのだと主張される。そのため言語の喪失は、ひとつの世界観の喪失であるといわれている。たしかに、人が言語を身につけることによって世界観を内面につくりあげていくという点は、否定しがたいようにおもわれる。言語が世界観をつくり人間観をつくる。

社会構成主義[4]の観点にたって「知的障害」という概念について検討するならば、言語が知的障害をつくるという側面に気づかされる。

　ここで、世界観を形成するという言語の役割を再確認してみよう。『台湾・韓国・沖縄で日本語は何をしたのか』という本で編者の３人は、つぎのように「言葉による支配」のありようを論じている。

　　　近代的な権力支配にとって言葉は要（かなめ）である。人々が権力の語る言葉を了解し、受容し、その言葉を自らもが語ることにおいて、権力支配は全うされ、正統化される。権力というものを特定の個人に属する他者への強制力として想定するのではなく、社会関係のなかで作られ、社会関係を特定の形——方向——に形成する力だと想定するならば、そのような形成力を媒介するものが言葉であるといってもいいが、言葉そのものがそうした形成力なのだとも言える。言葉は人の存在を、その言葉によって紡ぎだされる社会関係のなかに位置づけ、本質化しようとする。言葉は、社会関係をいくつもの境界に区切り、人に「世界はこのように区切られている」と教える（ふるかわ／りん／かわぐち 2007：7）。

　この説明は、言語が知的障害をつくるという現実を、明確にあらわしているとはいえないだろうか。つまり、「言語は知的障害者の存在を、その言語によって紡ぎだされる社会関係のなかに位置づけ、本質化しようとする」ということである。「言語は、正常や逸脱、健常や障害など、社会関係をいくつもの境界に区切り、人に『人間の世界はこのように区切られている』と教える」のである。論理として、世界観として、知性として、そのようなものをうみだす根源として、言語が知的障害をつくるのである。
　いや、言語をつかう人間の多数派が、「知的障害」をつくっているのである。そして、あいまいな基準によって「だれか」を「知的障害者」とよんでいるのである[5]。

6.2. 知的障害の判定テストと言語
つぎに「知的障害」の判定基準をみてみよう。知的障害者の支援を研究する

古井克憲（ふるい・かつのり）は、つぎのように説明している。

　　日本において知的障害の法的な定義は明確にはなされていない。だ
　が、一般的には、知的障害の判定では、知的機能の制約と適応行動の
　問題が18歳までに発症するものという視点が重視されている。法律
　上の定義となっていないのは、身体障害と比べれば、知的機能と適応
　行動を医学的あるいは臨床的に明確に判定することが困難なためと思
　われる（ふるい 2006：75）。

　古賀によれば、「現在は、知的障害を『知的機能の障害が発達期にあらわれ、
日常生活に支障が生じているため、何らかの特別な援助を必要とする状態に
あるもの』とする、厚生省の定義がとりあげられることが多い」という（こが
2006：2）。ここでは、知的障害を「知的機能の障害」と表現してもその内実は
みえてこないこと、「何らかの特別な援助」にはさまざまな方法がありうるこ
とを指摘しておこう。
　身体障害者に「身体障害者手帳」があるように、知的障害者にも「療育手
帳」や「愛の手帳」などとよばれるものがある。この療育手帳の判定テストに
は、つぎのような問題が指摘されている。

　　制度面から言えば、知的障害者として認定を受ける「療育手帳」の
　取得基準として、IQ70以下という設定がある。が、この療育手帳取
　得基準及び知的障害者へのサービスは都道府県でばらつきがあり、判
　定員や診断する側の主観による判断という面があるのは否めない。日
　常会話の理解力が高くても、それが充分に汲み取られているとはいえ
　ない場合もある（同上：2-3）。

　有働眞理子（うどう・まりこ）は、「言語能力についての現在行われている心
理臨床的判断は言語学的な精度を欠くところがあり、この点への言語学からの
貢献が求められる状況である」と指摘している（うどう 2003：54）。
　ただ、知的障害の知能検査は、言語能力だけを測定しようとするものではな
いことも同時におさえておく必要がある。たとえばビネー式知能検査では、「言

語教示の理解や言語応答を必要とする問題とともに、動作の理解により解答できる問題から構成されている」（こいけ 2001：13）。ウェクスラー式知能検査は、言語性検査と動作性検査によって測定する。「言語性検査は、言語教示を理解し、ことばによって答える課題である」のにたいし、「動作性検査は、検査者の動作によって課題を理解することができ、動作で答えることができる課題で、言語理解が乏しくとも解答できるのが特徴である」とされている（同上：14-15）。

　このことが示唆しているのは、言語能力を絶対視しないことの重要性であり、「その人ができること」は言語能力だけではわからないということである。

6.3. 能力の個人モデルから「能力の共同性」へ

　もちろん、「知能を数値化できる」という発想（イデオロギー）をといなおすこともできる。「なんのために知能を測定するのか」を議論することもできる[6]。その目的は、さまざまなことが「できない」、あるいは「困難である」人に療育手帳を発行し、「特別な支援」を提供するためだということもできる。それは現状をみるなら、そのとおりであろう[7]。

　だが問題は、いまのような「特別な支援」のありかたで、ほんとうにいいのかということである。現状では、おおくの知的障害者が「親・きょうだいと同居か入所施設か」という選択肢しかあたえられていない。それを「特別な支援」といえるのかということだ。

　知的障害者はなぜ、「親・きょうだいと同居か入所施設か」の二者択一の選択を家族や周囲の支援者にゆだねられているのだろうか。それは「能力がたりない」からだろう。だが、能力というものを「個人の内部」にあるかないかでとらえる視点は、近代的な「個人主義」の思想にもとづく発想ではないだろうか。

　立岩真也（たていわ・しんや）が紹介しているように、「頭も借りればいいではないか」という視点もある[8]。

　竹内章郎（たけうち・あきろう）は、「そもそも、能力が個人の私的所有物だ、という感覚自身が疑わしい」とのべている（たけうち 2007：131）。そして竹内は知的障害者や認知症の高齢者の「伝達能力」についてつぎのように説明している。

　　…知的障がい者や認知症の高齢者も、たとえ部分的にせよ、立派に自

分の体調や欲求を、周囲に「伝達」しています。けれどもこの「伝達」は、ふつうの言葉がしゃべれない彼らの言語能力（私的所有物）だけによるものではありません。彼らと接する優秀な指導員による人的サポートがあってこそ、この「伝達」も実現するのです。つまり、こうした優秀な指導員が音声や繰り返される同じ単語から、障がい者たちの体調や欲求を読み取るからこそ、彼らの「伝達」能力が成り立つのです。…中略…優秀な指導員がいるか否か、またそうした指導員を育てる仕組みや社会・文化があるのか否かで、そんな「伝達」する能力は実現したりしなかったりするのです。

　つまりはこの「伝達」する能力も、個人の私的所有物としてのみあるのではなく、指導員などの他者と知的障がい者たちとの関係の中にあるのです（同上：140）。

　竹内は、こうした視点を「能力の共同性」とよんでいる（同上：141）。この視点にたつなら、言語能力を個人に要求する知能検査の問題があきらかになる。能力の共同性という視点にたつならば、協力しあうことによって、そのふたりやグループがどのような関係性をきずき、コミュニケーションをつむぐことができるかということに注目することができる。

　たとえば、肥後功一（ひご・こういち）は「コミュニケーション障害を産み出す見方」という論考で、「"できない（依存）"と"できる（自立）"との間には」「"いっしょに○○する（共同性）"という世界が豊かに広がっている」と指摘している（ひご 2000：37）。

　できる／できないを「自分の力」でできるかどうかで判断する視点こそが、障害を「個人の問題」におしこめるのだといえよう。つまり、「能力の個人モデル」から「能力の共同性」へと転換する必要があるのである[9]。

7. 言語主義からの自由、そして言語権の ユニバーサルデザインにむけて

　さいごに、あらためて言語権に関する議論にたちかえってみよう。言語権という理念は、知的障害者をはじめとする言語弱者の権利に、どのように貢献す

ることができるだろうか。言語権を議論するなら言語弱者の権利をないがしろにすることはできない。

　木村護郎クリストフは、「言語権の主体が『言語』ではなく『人間』だということ」を強調している（きむら 2006：13）。それでは、コミュニケーションに言語をもちいない少数者の言語権は、どのようにかんがえればいいだろうか。

　ここでヒントになるのが、言語差別という概念である。木村は、「もし言語権が提起する言語差別に関する認識をとばして『共生』を語るならば、『共生』は不平等を隠蔽するだけの概念になる危険性を含んでいる」と指摘している（同上：24）。

　ここまでみてきたように、人間の言語能力を自明視する発想こそが共生を「たんなる理想」にとどめてしまっている。言語能力が「共生の条件」にされてしまうという問題に「言語差別」という視点からきりこむことはできないだろうか。

　そこで、言語差別という概念を提唱したスクトナブ＝カンガスの議論にたちかえってみることにしよう。木村は、つぎのようにスクトナブ＝カンガスによる「言語差別」の定義を紹介している。

　　　言語権の代表的論者の一人であるスクトナブ＝カンガスは言語差別（linguicism）を「言語（母語）によって区別される集団の間に存在する（物質的および非物質的）権力や資源の不平等な分配を正当化し、生起させ、また再生産するために用いられるイデオロギーおよび構造」と定義している（Skutnabb-Kangas1998：13）（きむら 2006：14）。

　この定義そのものは、あまり明確でわかりやすいものであるとは感じられない。ここでは、スクトナブ＝カンガスが「レイシズム（racism）」や「セクシズム（sexism）」、あるいは「エスニシズム（ethnicism）」という用語になぞらえて「リングイシズム（linguicism）」という用語をつくった点に注目したい。レイシズムは、しばしば「人種差別」と訳される。エスニシズム（民族差別）は日本語の文献ではなじみがないが、「セクシズム（sexism）」なら「性差別」をあらわす表現として、しばしば使用されている。

　ここで「人種」という概念そのものの問題に注目するならば、レイシズム

は「人種主義」と訳すことができる。性差別と訳されるセクシズムも、性別二元論がうみだす性的少数派への差別の問題に注意するなら、「性別主義」と訳すことができる。「人間はオトコかオンナのどちらかの性別に属すものである」というのは幻想であり、少数派を抑圧するイデオロギーなのである（さくら 2006）。

それと同様に、「人間は、なんらかの言語をはなすものである」というのは、多数派の幻想であり、少数派を抑圧するイデオロギーなのである。こうした問題も言語差別のひとつなのだといえる。ここで、この「言語差別」をより適切に表現するなら、「人種主義」や「性別主義」にならって、「言語主義」あるいは「言語至上主義」といいあらわすことができる。

言語差別の概念を言語権の根拠にすえるのならば、これまで想定されてこなかった「もうひとつの言語権」として、「言語主義からの自由」を提示することができる。なぜなら、言語主義は言語差別の一形態として、さまざまな人間を抑圧しているからである。「言語主義からの自由」もまた言語権なのである。それは、「言語によって支配されない権利」と表現すれば、わかりやすいのではないだろうか。あるいは、かどや・ひでのりが主張するように「コミュニケーション権」という概念が有効であるかもしれない（かどや 2006）。

菊池久一（きくち・きゅういち）は「コミュニケーションの世界は、いわば『言語帝国主義』に支配されてしまっている」と指摘している[10]（きくち 2001：29）。菊池は、「コミュニケーションを『言語的』なものによらないものへとイメージを広げることは言語学においてはとても重要な意味を持つと思う」と主張している（同上）。

相互行為の社会言語学を専攻する井上逸兵（いのうえ・いっぺい）は、「ことばに対する過度の信頼がコミュニケーション問題の原因の一つなのではないかと思う」とのべている（いのうえ 2005：10）。この指摘を本章の問題意識でよみかえるなら、「ことばに対する過度の信頼は、言語差別の一種なのではないか」ということである。

そうしてみると、ここで「言語への不変の崇拝」をといなおす必要があるのではないだろうか。言語至上主義は、あきらかに知的障害者をはじめとする言語弱者の社会参加をはばんでいるからである。

知的障害者の支援をめぐっては、「自己決定の尊重」が提唱されてひさしい。

だが、あまりに「自己決定」というものを評価してしまうと、だれかが「自己決定できない」ことを否定的にとらえることにつながってしまう。もし、自己決定権という理念が「自己決定する能力」を要求し「重度の知的障害者」にたいして排他的に機能するならば、それは「権利をかたった排除」になってしまう。

　同様に、言語権が「言語能力」を要求し「重度の知的障害者」などにたいして排他的に機能するならば、それは能力主義的な「自己決定権」の議論と同様の「おとしあな」にはまってしまう。だから「言語権という理念」は否定されるべきだと主張したいのではない。言語権という理念を論じるには、これまでの議論にとどまらず、「ことばのユニバーサルデザイン」と「手さぐりのコミュニケーション」を模索し、最終的に「言語権のユニバーサルデザイン」をめざすことが必要なのだということだ。

　寺本晃久（てらもと・あきひさ）は「自己決定にこだわりつつ、こだわらない」という論考で、つぎのように主張している。

　　近年、しばしば「自己決定の尊重」が語られるが、それだけでは、何か抽象的な理想や思想としては語れても、それ自体は何も言っていないことと同じである。例えば具体的に、利用者と援助者の置かれる場所のあり方や、資金や人手や知識の配分や構造を問題にしていくことが優先されなければならない（てらもと 2003：99）。

　本章もまた、「言語主義からの自由」や「言語権のユニバーサルデザイン」という理念を提示してはいるが、具体的にどのようにすればいいのかについては、あいまいさをのこしている。具体的な議論は、今後の課題としたい[11]。

　ただ、ひとつ重要な点がある。それは、寺本が主張しているように、「知的障害者にとっての言語」という問題にとどまることなく、知的障害者をとりまく社会環境そのものをといなおす視点が必要だということだ。社会から排除／隔離されがちな少数派がどのような場所で生活し、どのような支援によって、どのような日常をおくるのがいいのか。それを、社会全体の問題として再検討するということだ。そうでなければ、社会から隔離されたまま、出会うことすらむずかしい人たちがいるからである。

これは「言語権」におさまりきらない問題のように感じられるかもしれない。だが、こうした社会的排除の問題も、「コミュニケーション権」の課題としなくてはならない。なぜなら、コミュニケーションが一方的に制限されるということは、あきらかに「コミュニケーション権」の問題であるからだ。

8. おわりに

　古賀文子は、「『ことばのユニバーサルデザイン』序説」で、「言葉を用いて論じる以上、その価値観の外部に立ち得ないという行き止まりにはまってしまう」と指摘している（こが 2006：13）。だが、「わたし」が言語を使用する人間であること自体に問題があるのだろうか。そうではなく、「わたし」が「その人（たち）」と「どのような関係にあるのか」、「どのようにかかわっているのか」という「関係性」に問題があるのではないだろうか。たとえ「わたしにとって言語は重要である」という「価値観の外部に立ち得な」くとも、関係のありかたをかえることはできる。

　とはいえ、「なにをもってよしとするのか」のこたえがだせないのも事実である。目のまえに「ことば」ではコミュニケーションが成立しないようにみえる相手がいる。そこで、さまざまなアプローチをこころみる。相手のメッセージをうけとめようと努力する。そのように「こころがける」だけでいいのか。どうしても相手の意思をくみとる必要があるとき、あるいは、どうしてもつたえたいことがあるとき、「わたし」は自分が努力したことをもって満足することはできないだろう。

　だが、それでもなお、手さぐりのコミュニケーションを模索する必要がある。言語主義によってコミュニケーションの可能性を制限してはならないのである。

　「ことばのユニバーサルデザイン」を模索するこころみは、結果として「『わたし』のコミュニケーション（観）をふりかえる」という作業になる。言語研究者はこれまで、言語能力を当然のものとする言語観をうたがいもしなかった。ふりかえることで、やっと議論のスタート地点にたつことができる。古賀の議論をふまえて、これからの社会言語学は「言語にこだわりつつも、こだわらない」という姿勢をたもつ必要があるといえる。言語研究者の言語態度がとわれているのだといえよう。

ただしがき ―――

1 ほかには、仲潔（なか・きよし）による「言語観教育序論――ことばのユニバーサル
 デザインへの架け橋」がある（なか 2008）。ただ、これは知的障害をめぐる問題をあつ
 かっていないため、ここでは検討しない。

2 日本語版の書名は「少女」となっている。しかし、原書の題を直訳すると『ジーニー
 ――現代の「野生児」の心理言語学的研究』である。この「野生児」という書名は、
 ジーニーの母親を傷つけたという（ライマー 1995：250）。しごく当然であろう。

3 最近では、言語学者の久保田正人（くぼた・まさひと）が「一つの不幸な事件が思わぬ
 証拠を与えてくれた」として、ジーニーを紹介している（くぼた 2007：182-183）。

4 ケネス・ガーゲンは『あなたへの社会構成主義』で、つぎのように説明している。

 　　何かは、単にそこにあります。ところが、何があるのか、何が客観的な事実なのか
 　を明確に述べようとし始めた瞬間、私たちはある言説の世界、したがってある伝統、
 　生き方、価値観へと入りこんでいきます（ガーゲン 2004：328）。

 　ガーゲンの解説に即して論じるなら、つまり、障害とはなんらかの本質や実態などで
 はなく、「何か」でしかないものをことばで表現したもの、言語化したものにほかなら
 ない。つまり障害とは、「しょうがい」という単語、言語表現にしかすぎないのである。
 障害とは言説なのであり、客観的に実在する身体上の「本質」などではない。知的障害
 もおなじである。つまり、「知的障害」とは「だれか」を「われわれ」から選択的に排
 除し、社会的弱者にしたうえで、その人たちに「われわれ」がくだす診断（名づけ）な
 のである。「なにか」ができて当然とかんがえるとき、「われわれ」は「だれか」を排除
 してしまう危険をはらんでいる。そのようにして「われわれ」は、「だれか」を「われ
 われ」と区別した「障害者」にしてしまうのである。

5 「知的障害」が多数派による「名づけ」であることをかんがえれば、佐倉智美（さくら・
 ともみ）が指摘するように、「知的障害者」は「知的マイノリティ」であるといえる
 （さくら 2006：203）。「知的障害」は、「知恵おくれ」や「精神遅滞」ともよばれてきた。
 この「おくれ」「おくれる」ということについて、村瀬学（むらせ・まなぶ）がするど
 い指摘をしている。

 　　文明の中では、私たちは例外なく「おくれる存在」なのである。障害があろうがな
 　かろうが、そんなことには関係なく、私たちは「おくれる存在」なのである。私たち
 　の「前」に文明がある以上、私たちはそれにつねに「おくれ」まいとしてきているの
 　だが、すでに後から「文明世界」に入るものとして、私たちは本質的に「世界」から
 　は「おくれ」ているのである。…中略…
 　…世界の中に「おくれる人」と、「おくれない人」がいるなどと考えるのは馬鹿げて
 　いる。「おくれない人」がいるというのは、「いる」のではなく、「いる」ように見せ

かけているだけで、そういうふうに見せかける権力機構の中で「おくれていないように見せる位置」をキープされているだけにすぎない。…中略…一見すると「世界」の最先端をすすんでいて、「おくれ」とは無縁のように見えている人たちがいるが、彼らもりっぱに「おくれ」ているのである。ただそれを隠して、自分は誰よりもすすんでいるんだと見せかける術（権力的な位置）をもっているにすぎない（むらせ 2006：224-225）。

その「権力的な位置」を確保するために利用されているのが、権威化された言語（むずかしそうなことば）である。

6　知能検査をめぐる議論としては、グールド（2008a、b）、サトウ（2006）、むらかみ（2007）、おもだ（2003）などがくわしい。

7　歴史をふりかえるなら、就学時健診による知能検査によって「だれが普通学校にかよい、だれは養護学校にかようのか」を選別してきたのだ（おがさ 1998）。

8　北村小夜（きたむら・さよ）の発言であるとのこと（たていわ 1997：369、たていわ 2000：99-100）。北村は分離教育を批判してきた人物である（きたむら 1987）。

9　立岩は「頭も借りればいいじゃないか」という発言について、なかば肯定しつつ、現状では「実際には認められない。試験では頭を借りることはできないことになっている。他人のではなく、その『個人』の力能が求められる（試験であれば試される）」としている（たていわ 2000：99-100）。もちろん、「頭を借りる」のは現状ではみとめられていない。ただ、立岩の視点では「他人と個人」のあいだにあるものが欠落していることに気づかされる。つまり、"できない（依存）"と"できる（自立）"との間」にあるものへの視点が必要なのである。それが「"いっしょに○○する（共同性）"という世界」なのである（ひご 2000：37）。

　　テストは能力を測定するものである。なにをテストするのかは、どのような能力がもとめられているのかによって左右される。それだけでなく、テストのありかたに能力観がすでに内在していることに注意する必要がある。いまあるテスト以外にも、ちがった方法はありえるのだ。他人に「頭を借り」つつ、協力しながら問題をとくという方法もあるということだ。にたような視点をはやくから提示していたのがヴィゴツキーである（チョン 2008：122-125、ヴィゴツキー 2001：297-303 参照）。

10　おなじような指摘として、新井孝昭（あらい・たかあき）による「ろう文化宣言」の批判がある（あらい 2000）。木村晴美（きむら・はるみ）と市田泰弘（いちだ・やすひろ）による「ろう文化宣言」では、シムコム（いわゆる日本語対応手話／手指日本語）への批判がつぎのようにのべられていた。

　　…中途失聴者や難聴者にとって、それが最善のコミュニケーション手段であろうと、シムコムが"不完全"なコミュニケーション手段であることには変わりがない。シムコムは、日本語の単語に対応したジェスチャーの集合にすぎず、読話の補助手段にな

る程度で、それ自体、言語としての構造を備えていない…後略…（きむら／いちだ 2000a：16）。

こうした「ろう文化宣言」の論述にたいして、新井はつぎのように批判している。

　いったい、この「言語帝国主義的」な物言いが「ろう文化宣言」の文章かと思うと、愕然とする。本来コミュニケーションは、その当事者どうしにとって適したものかどうかということが最も重要なことであって、それが「言語」であるかどうかの証明を必要とするものではない。そして、コミュニケーションのなかに「ことば」があるのであり、まさにそのことが一人一人の存在を示すものである（あらい 2000：66）。

　新井の批判のすべてを引用することはできないが、なかでもつぎの批判は「ろう文化宣言」だけではなく、言語学のありかたそのものへの批判として言語研究者はうけとめる必要があるだろう。

　言語であることのお墨付をもたない「コミュニケーション手段」は、「不完全」なものであるという論法は、「言語学的尺度」の押し付けである。また、言語であるのか、言語でないのかということを根拠に、相手のコミュニケーションの質を論ずるような論法は「言語学エリート主義」の現われでもある（同上）。

11　コミュニケーション論の再検討については、本書のコラム 2 と 3 を参照のこと。「言語権のユニバーサルデザイン」については、あべ（2010e）と本書の第 4 章と第 6 章を参照のこと。

1. はじめに

　グーは石。パーは紙。チョキはハサミ。グーは、手をにぎる。パーは、指をのばす。チョキは、人さし指と中指をだして、のこりの指をにぎる。

　じゃんけんは、かんたんなようにみえて、だれでもできるわけではない。たとえば、からだの特性でパーしかできない人がいる。グーしかできない人もいる。つまり、「だれでもグーやチョキができるはずだ」というのは幻想なのだ。

　それでは、どうすればいいのか。ここでは、コミュニケーションと人権という視点から「だれでも参加できるじゃんけん」を模索してみたい。

　たとえば、あるグループでじゃんけんしようというとき、そのなかのだれかが、グーやチョキができないとする。そのとき、どうするのか。いくつか選択肢があるだろう。

　(1) その人は参加させない。
　(2) その人も参加できるように工夫する。

　その人は参加させないというのは、安易な選択である。参加させないのは排除することであり、不公平である。そのような視点にたつならば、「だれでも参加できるように工夫する」必要がある。

2. じゃんけんのかたちをかえる

　ここで、工夫の一例を紹介しよう。つぎのように、パーのかたちだけでグーチョキパーを表現する方法である。

　・手のひらをしたにむけて、グー。
　・手のひらをうえにむけて、パー。
　・手のひらをたてにして、チョキ。

このようにすれば、指をひろげたままでじゃんけんができる。グーしかできない人でも、グー（にぎりこぶし）のむきをかえてグーチョキパーを表現することもできる。ほかにも、足でするじゃんけんもある。口や舌をつかったじゃんけんや、グーチョキパーの絵をつかう方法もある。じゃんけんには、いろいろな方法がある。

3.「伝統」と人権

　だが、つぎのような批判をうけたら、どのようにかんがえることができるだろうか。

　　じゃんけんには意味がある。たとえばチョキは、はさみである。それをすべてパーのかたちで表現するのは邪道である。じゃんけんは、ふるくからの伝統的な文化であり、勝手にねじまげてはいけない。

　ほとんど非現実的な想定に感じられるかもしれない。だが、たとえば色つきの柔道着が「伝統に反する」といって問題視する声があがったように、どのようなことにも保守的な伝統主義者は存在するものだ。じゃんけんの伝統を重んじる人も、なかにはいるだろう。だがここでは、そのような可能性もあるということだけを想定するにとどめて、伝統主義者との共存の模索というテーマにはふれないことにする。
　ここで問われるべきなのは、「なんのためのじゃんけんか」ということである。じゃんけんをするとき、目的があるはずである。単純に二分すれば、「じゃんけんをたのしむ」ためと「なにかをする人、しない人をえらぶため」の２つがあげられる。じゃんけんで、だれが片づけをするかをきめるような場合である。だれかを「えらぶ」のが目的であれば、あみだくじなど、くじをすることもできる。じゃんけんにこだわる必要はない。一方、みんなでじゃんけんがしたいときには、だれでも参加できるように、じゃんけんを工夫すればいい。みんなが「ひとつのじゃんけんのかたち」にあわせることもあるだろうし、それが物理的にできないこともあるだろう。きちんと判定する人がいれば、それぞれが各自の方法でじゃんけんをしても、こまることはない。ここで判定をする人が通訳の役割をはたす。
　ここで問題が生じる。じゃんけんのルールが理解できない人は、どうすればよいのだろうか。
　じゃんけんのルールさえ理解できれば、口や目のうごきだけでも、じゃんけん

はできる。手足をつかう必然性はない。だが、理解力は必要なのだ。頭脳をつかうゲームであるかぎり、だれかにはできない。知的障害者や認知症の人のなかには、できない人がでてくる。それを、どう工夫できるか。

4. じゃんけんの支援技術

そこで、機械にたよるという方法がある。その人にボタンをおしてもらう。すると、ランダムにじゃんけんの機械が絵と音声で「グー、チョキ、パー」のどれかをつたえる。これで解決する。

おもしろいことに、ここでひとつあたらしい「あそびかた」ができる。じゃんけんの機械をつかう人は、みんなと同時にださなくてもいい。つまり、従来のじゃんけんのように、みんなと同時にだすというルールのほかに、あとだしじゃんけんが可能になるのである。ほかのみんながだしたあとに、機械をつかう人がだす。その時間差が、従来のじゃんけんにはなかった緊張感をうみだす。

もっとも、じゃんけんの機械をつかう人にとって、それがたのしめるものであるかは個々の状況で検討しなければならない。だが、ひとまずは公平であることが重要である。

そして、そのつぎに「みんながたのしめるじゃんけん」にするために、もういちど、「なんのためのじゃんけんか」を議論する必要がある。もちろん、どんなことであれ、みんながたのしめるということは、ほとんどない。めざすとしても、実現はしないかもしれない。だが、すくなくとも「あなたには参加させない」というじゃんけんよりは、よりよいものである。

5. もっと多様なじゃんけんに出会うために

さまざまな地域をフィールドワーク（現地調査）して、世界のじゃんけんの多様性を研究する。そうすることで、じゃんけんの文化人類学ができる。そのとき必要になるのが「からだの多様性」に注目することである。そして、社会参加をはばまれている人たちの「現場」にいってみることである。そうしなければ、じゃんけんの多様性を発見することはできない。いまでも、ほとんど外出できないような状況におかれている人たちがいる。

わたしは具体的な出会いのなかで「だれでも参加できるじゃんけんとは」という問いに直面した。いろいろな人と出会うことがなければ、このようなことは想

像してみることすらできない。この社会は、教育の場から生活の場まで、完全に隔離されてきた。均質化され、標準化された社会であるといえる。そのような社会では、無意識のうちに、いろんな固定観念をつくりあげてしまう。出会うことがないから、工夫する経験をえることもできない。ただ、日常を自分にとって都合のよいコミュニケーションですませてしまう。

　文化人類学は、出会いからはじまる。それなら、社会的排除を批判する視点をわすれてはならないはずだ。

6. おわりに

　じゃんけんは、コミュニケーションである。コミュニケーションを人権の視点からかんがえるとき、参加と排除という問題にたどりつく。コミュニケーションに参加する。コミュニケーションから排除される。その線ひきは、だれがきめているのか。意識していなくても、この社会にはコミュニケーションから排除されている人たちがいる。そして、排除を批判し、コミュニケーションへの参加を実現しようというとりくみもある。コミュニケーションへの参加を実現するためには、コミュニケーションのありかたをかえることも必要になる。工夫が必要になる。ルールをかえる必要も生じるだろう。

　そのときそのとき、状況に応じて。そのときの参加者にあわせて。そのように、相手と状況にあわせて工夫するのがコミュニケーションであるはずだ。

コラム3 「コミュニケーション障害」ってなんだろう

1. はじめに

　この文章は、わたしが知的障害者の施設で経験したことにもとづいている。ここにかくことは、知的障害をもつ自閉症の人たちとの具体的な出会いによるものである。登場する人や例はすべて、わたしの経験のなかから再構成されたものである。実在するだれかのことではない。その点をことわっておきたい。

　ひとことで「自閉症」といっても、さまざまな人がいる。わかりやすい自閉症の人もいれば、自閉症なのか、そうでないのか区別がつかない人もいる。わたしは当初、自閉症者は非自閉症者とまったくことなる集団であると感じていた。だが、いつのまにか自閉と非自閉は連続していることに気づくようになった。そして時間とともにわたしは、自閉症という本質的な実体が存在するわけではないことを理解するようになった。そして、「自閉症」をゆるくあいまいな「家族的類似[1]」としてとらえるほうが適切だということに気づかされたのだった。

2. 自閉者と自分勝手なコミュニケーション

　はるきさんという人がいる。はるきさんは、くちうるさく指示をだされると突発的に不安定になり、ほかの人をつきとばしてしまうことがある。とはいえ、人とのコミュニケーションをいやがっているわけではなく、むしろ「かまってほしい」くらいのところがある。いってほしいことを、周囲の人に何度もいわせたり、ほめてもらおうとしたり、逆に「だめ」といわせようとして「よくないこと」をわざとしてみせる。けれども、それは「自分が満足できればそれでいい」という、あくまで一方通行が基本になっているようにみえる。はるきさんは人からの指示がきけない、わからないのではない。だが、自分がすでにやったことをもう一度させようとされると、それはイヤなのだ。すでに「つぎのモード」にうつっているのに、自分としては「すでにおわっていること」をさせられるのは納得できないのである。そんなとき、はるきさんは、顔をそむけて、手で相手をおいはらおうと、ジェスチャーをする。また、人とのコミュニケーションはすきだが、あまりに接近されるのは、きらっているところがある。つまりは、自分の生活リズム

とテリトリーをまもって生活している。

　自閉症者はコミュニケーションに障害があるといわれている。その障害とは、うまく他人とコミュニケーションがとれないことだとされている。

　自閉症は「孤立症」ではない。たしかに孤立傾向のつよい人もいる。だが、それは自閉症のひとつの類型であって、自閉症のすべてではない。人と接するのがすきな自閉者[2]はたくさんいる。ただ、その「かかわりかた」が非自閉者にとっては「奇妙にみえる」ということなのだ[3]。

　わたしは、自閉者と接するようになった当初、「なんてこの人たちのコミュニケーションは自分勝手なんだろう」と感じたことがあった。それが「わるい」とおもったのではなく、ただそう感じたのだった。

　そして、しばらくして気がついた。なぜ、わたしは自閉者を「自分勝手だ」と感じたのだろうか。それは、わたしが「このように接したら、このように反応してほしい」と期待していたからであった。「このようなとき、人は『ふつう』このように反応するものだし、それが当然だ。そうしないのは勝手だ」。ごうまんにも、わたしは、そのようにかんがえていたのだ。

　そこで、わたしの頭はひっくりかえった。「なんてわたしは自分勝手なコミュニケーションをしていたのだろうか」と、むしろ自分の勝手さに気づかされたのだ。文化人類学の用語でいえば、わたしは自文化中心主義にとらわれていたのだ。わたしの常識は、自閉者の非常識であり、わたしの「ものさし」を、身勝手にも、おしつけていたのである。

　よくかんがえてみると、そもそも、だれかを「自分勝手」とみなすこと自体が、無邪気な発想にもとづいている。「あの人は勝手だ」。じつは、そのようにいうことはできないのではないか。なぜなら、「勝手だ」と感じるのは、「こういうときは、こう反応するべきだ」「それがあたりまえだ」という想定を、勝手に自分のなかにつくりあげているからである。それこそ身勝手な期待と想定であるといえるのではないか。

　わたしは、「漢字という障害」という論文で、つぎのようにかいた。

　　知的障害者のなかには、ことばでコミュニケーションをとること自体に困
　難をもつひともいる。コミュニケーションとは、相互行為によってなりたつ
　ものである。それゆえ、その「困難」の原因を一方だけに課すことはできな
　い。いうなれば関係性の問題である（あべ 2006：151）。

なんと「しらじらしい」ことだろう。自分でもよく理解できていないのに、あたかも自分は「理解ある」人間であるかのように「論じて」いる。「わかる」ということは、なにか失敗してみないことには、わかりえないのかもしれない。

　身勝手なコミュニケーションとは、片方だけが身勝手であることによって成立するのではない。双方がひとしく身勝手で、自分さえよければいいという態度にもとづいて行動していることによって成立するのだ。そして、さらに大事なことは、わたしたち人間すべてが、いつもどこでも身勝手にいきている、ということだ。

　なにが身勝手かというのは、人それぞれで相対的であり、人はみな、ひとしく身勝手だということだ。ただ、「身勝手」のありかたが、それぞれちがうというだけのことなのだ。おなじような「身勝手さ」をもつ人同士では、自分が「身勝手」なことに気がつかない、気がつけないのだ。

　自閉者ではないわたしが、自閉者のコミュニケーションが自分勝手であると感じるとき、それはまさに、「鏡」にうつった自分のすがたを発見するときである。それに気づけないままでは、うまくいかないコミュニケーションの責任を、片方だけにおしつけてしまうことになる。その片方とは、いつも、少数者、社会的弱者ではなかっただろうか。そしてそれが、自閉者の「コミュニケーション障害」とよばれるものの実態なのではないだろうか。

　「非自閉者であるわたしは、自分勝手なことはしないし、自閉者よりもコミュニケーションが上手である」。そんな根拠はどこにもない。もし、わたしがそのように自覚してしまっていたなら、それは、非自閉者と自閉者との、不平等な関係がうみだしたものであり、それはつまり、非自閉者のつよい立場（権力）が可能にしたものだったのだ。

　したがって、ここで重要なのは、「だれが（よりいっそう）自分勝手なのか」を判断することなどではなく、「どちらに（よりいっそう）権力があるか」をふまえることである。コミュニケーションを抑圧するのは、そういった「権力のちがい」であって、「どちらが勝手か」ではないのである。

3. こだわりと自己決定

　入所施設のような集団生活を余儀なくさせられる空間では、自閉症の特徴は、孤立傾向などではなく、いかに「こだわる」か、なにに「こだわる」かという点

に関心がむけられる。それぞれの自閉者は、それぞれちがったかたちで、なにか
に、こだわりをもっている。こだわりがたくさんある自閉者もいれば、すこしし
かない自閉者もいる。神経質にこだわる人もいれば、おおざっぱにこだわる人も
いる。

　比較的こだわりがつよい人の場合は、周囲の人がそれをうけいれるしか方法が
ないことがある。その場合、その人の自己決定はそのまま保障されることになる。
なぜなら、周囲の人があきらめるからである。パンツをはこうとしない「こだわ
り」もあれば、そのときしていることをおわらせなければ、つぎのモードにうつ
れないということもある。

　おなじことばかりをするのは、自閉者が不安のなかで生活しているからだと、
よく推測で説明されている。だが、「のんき」にみえる自閉者もたしかにいる。
そうした人は「不安だから」ではなく、ほんとうに「すきだから」おなじことを
しているようにみえる。

　こうした「こだわり」が周囲との関係において問題が生じるとき、あるいは、
「こだわり」と「こだわり」が衝突するようなとき、そこで「勝利」するのは「こ
だわりのつよい人」である。けっして「言語をつかえるかどうか」などではない。

　言語をつかわない人は、相手の手をとるなどして、ジェスチャーで要求をとお
そうとする。その内容は、おなじ場所にいるかぎり、わかりやすいことがほとん
どである。つまり、そのときその場所での状況で、その人の表情と身ぶり、その
人のうごきなどをみていれば、なにに「こだわっているのか」は、明確にわかる
ことがほとんどなのである。その人の特徴をよくしっていれば、なおさらである。

　ただ、みていないうちに不安定になり、声をあげておこっているところにかけ
つけたような場合、なにが問題になったのか、わからないことがある。

　知的障害者の支援においては、見守りが必要であるといわれている[4]。見守り
支援は、ことばがはなせない人の自己決定を実現していくためにも、必要なこと
である。それがなければ、なにでこまっているのか、なにが必要であるのかを支
援者が把握できずに、結果として、その人の主体的な自己決定が制限されること
になってしまう。

4. 主体性とはなにか

　さて、では「主体的」とは、どういうことをいうのだろうか。しばしば自主性
の尊重がさけばれる。積極的であるとか、自主的、主体的ということは、いつも

肯定的に評価されている。それならその逆の状態は、よくないこと、あまり肯定できないことなのだろうか。

　あまりに主体的であることを評価してしまうと、意図せぬ「おとしあな」に、はまってしまうのではないだろうか。自主性を過大に評価している現在の価値観をふりかえり、主体的とはどういうことかを再検討する必要があるのではないか。

　たとえば、「アイデンティティをもつこと」に、主体性はあるのだろうか。じつは、アイデンティティというものは、自分がどのような環境、集団のなかにおかれるかによって、外部からおのずと規定されるものであって、そこに積極的なものはない。その規定が「自分はこういう人だ」という自己認識をうみだしているのだ。

　自己認識にしっくりこないものを感じるとき、人はあらたにアイデンティティをえらびなおしたり再発見したりする。そして、あらたな自分を発見して興奮することがある。けれどもそれは、アイデンティティが救世主であるからではない。身にそぐわないアイデンティティをあてがわれてきたからである。あわないから、えらびなおすのだ。もちろんそれは、「よりよく」はなる。だが、その作業はじつは、「えらびなおす」という積極的な行為でありながら、同時に、依存的で非主体的な行為でもあるのだ。「そのときの状況」という外部がなければ、自己認識をもちようがないからだ。他人との比較をとおさないことには、人はだれも自分を規定したりはしないものである。このように、主体的と受動的、積極的と消極的というものは、「コインのうらおもて」であり、せなかあわせのものである。

　みちおさんという自閉者がいる。認知能力は「比較的に」たかいといえるが、いつも「声かけ」をまっている。顔色をうかがうように支援者のほうをむき、声かけをまつのだ。そうしないと動けないことが日常的にあるのだ。

　この人が声かけに依存的になったのは、そだてかた、「教育」のありかたに原因があったのだろうか。そして、もし主体性を重視する教育をうけていたなら、積極的な人になっていたのだろうか。たとえそうだとして、現在このようであることを、どのようにとらえたらいいのだろうか。

　もっと重要なことは、そうした特徴を「そのままうけいれる」ということだろう。そして、積極的、自主的、主体的ということをあまりに肯定的に評価する視点を、反省してみる必要があるだろう。

　だが、ちがった視点もありうるのではないか。

　その人は、声かけをまつとき、あからさまに「わかりやすい表情」をする。「無

言で、うったえかけてくる」のだ。これが「積極的な表現」でなくてなんだろうか。そうすると、わたしの「積極的」のとらえかたが、あらためてとわれることになる。

　知的障害者のなかには、たとえば水道の水を自分でだせない人がいる。その人にとって「学習」とは、水道のだしかたを身につけることだけではなく、そばにいるだれかが水道の水をだしてくれるという経験をすること、自分が水道に手をもっていくことで、周囲のだれかが「わかってくれる」という経験をすること。それもまた、その人にかなった学習であるはずだ。そして、そのようにして、できないことは支援してもらいながらも、自分ができることをひろげていくことができる。そのさいに、支援してくれる「だれか」が、そばにいる必要がある。そして、その人を支援するひとは、その人の意志をよみとる必要がある。これも「学習」のひとつのかたちであり、コミュニケーションである。

　たしかに、水道を「だしてもらう」という点では依存的かもしれない。けれども、だれかに「ださせる」という点では、積極的だといえるのだ。

　自閉者のなかには、どこまでも積極的な人がいる。自分でしないと気がすまない人がいる。その反面、声かけをまつ人もいる。その場合は、支援者がその人の要望をよみとって支援していかないかぎり、その人の自己決定は実現しない。

　声かけされると、積極的に応答するのだから、よみとりの「まちがい」は、それほどまでに生じない。その応答は、おうむがえしであったり、すぐさま行動にでるという直接的な表現であったり、「うん」ということばであったりする。「自発的にはなす」ということがあまりない人でも、「はたらきかける」ことによって能動的になることができる。これも「積極的であること」の、ひとつのありかたであろう。

　そうしてかんがえてみると、積極的、自主的ということをあまり肯定しすぎないことが肝心であるのがわかる。そして、依存的で受動的にみえる人の行動も、よくみてみると積極的なところがあるということだ。そしてそれを「よみとる」ことが重要なのだといえるだろう。

　自己決定は、イエスとノーを相手につたえることからはじまる。はなしかけられて、あるいは行動で直接はたらきかけられて、あるときは無視をし、あるときは行動でこたえているならば、その人は「イエスとノー」、「いいよとダメだ」をつたえることができている。そして、単語文や「おうむがえし」しか声にできなくとも、コミュニケーションはきちんと成立するのである。なぜなら、たがいに「その場の状況」を共有しているからである。「おうむがえし」にしても、イエス

のときだけ「おうむがえし」をして、ノー（ちがう）のときは無反応でいるという「つかいわけ」がされているからである。どちらか判断しづらい場合も、もちろんあるだろう。だがそれは、本人にとってもイエスとノーが明確ではない可能性もふくめて判断を保留するか、そこをあえて判断をくだすかを決断する必要がある。

5. コミュニケーションに障害はありえない

　そもそも、どのようなかたちであれ、人と人とが接するならば、それはコミュニケーションである。「無言による応答」もコミュニケーションのひとつのありかたであるように、どのような接しかた、応答のしかたをするにせよ、「コミュニケーションできない」ということは、ありえないのだ。だれもがコミュニケーションしているし、そのよしあしを論じることはできない。

　たとえば、だれかを人質にとって、「ちかよるな！　こいつをころすぞ！」とさけんでいる人にたいして、どのように接したらいいのか。その質問に「ひとつの正解」などは存在しない。強盗との接しかたに、いいもわるいも、正解もない。結果がうまくいけば、よかったとはいえる。だがそれは結果論にすぎず、一般論として、理想的な接しかたなどあるはずがないのである。

　人の数だけ接しかたがあるし、「コミュニケーションに正解はない」のだ。「おはよう」といわれて「バカ」とかえすことも、ありえることである。そして、それがきっかけになって親友になるということも、ありえることである。つまり、すべてがコミュニケーションなのだ。そして、コミュニケーションに必然のすがたというものは存在しないのだ。

　したがって、「コミュニケーションに障害がある」という表現は、視覚障害や聴覚障害というときの「障害」とは質的に意味がことなっているということに注意する必要がある。目が完全にみえないとか、みえづらいというのは本質的なものだが、「コミュニケーションの障害」は相対的なものである。多数の人たちとコミュニケーションのとりかたが、ちがうというだけのことなのだ。

　もちろん、「みえない」とか、「みえにくい」というのも「目がみえる」ことを基準にし、そこからの逸脱を指摘する表現であるから、相対的な側面をもっている。その点では、やはり「視覚障害」という表現にも権力関係が反映している。だが、だれかにとって「みえない」のは、否定しがたい事実なのだ。それにたいし、コミュニケーションに障害があるということは、客観的な事実などではない。

主観による評価なのである。それにもかかわらず、ときとして「主観による評価」が制度化されて、それが自明視される場合がある。そうなると、もはや「たんなる評価」ではなくなり、絶対的な実体になってしまう。

　ここで重要なのは、「だれが人を評価するのか」という問題である。「だれが人を評価できるのか」という問題である。神様のような視点にたたなければ、人が人を評価するなど、だれにもできないことではないだろうか。

　だが、「コミュニケーション障害」というものを、「だれか」から感じとってしまうなら、その人は人間の「審査員」や「神」になってしまっているのである。人間のコミュニケーションを評価し、点数をつけ、あたかも自分はすばらしいコミュニケーションをとっているかのように、錯覚しているのである。

　人はそれぞれちがうのだから、そもそも「コミュニケーションに正解はありえない」。それゆえ、コミュニケーションに点数をつけることもできない。ただ、いえることは、「わたしにとって、こういったコミュニケーションは都合がわるい」「わたしの利益に反する」「だから、いやだ」という「わたしの意見」だけである。

　コミュニケーションに障害は、ありえないのだ。そして、コミュニケーションに正解がないのであれば、「のぞましいコミュニケーション」という理論やマニュアルは成立しない。「わたしにとって、あなたにこのようにされるのは都合がわるい」といっても、ちがう人になら、ゆるせるのかもしれず、ちがう状況においては「あなたにこのようにされても気にしない」ということは、じゅうぶんにありえる。人はただ、人と接していくうえでの倫理観を自分のなかにつくっているだけである。いくらコミュニケーションのマニュアルを参考にしてみても、現実には、わたしの倫理をその場その場で主体的につくっていくしかできないのである。

6. おわりに

　ただたんに、人に「理解されること」をのぞんでコミュニケーションをとるならば、人はだれも、間接的で「とおまわし」なことばづかいをしたりはしないはずである。だが現に非自閉者は皮肉や、ほのめかし、あるいはお世辞など、「つたえる」と「つたえない」のつかいわけを日常的にしている。「意図するわたし」のむこうには、「解釈するわたし」が存在する。人は、比喩的にはなしたり、はなしを深読みしようとしたりする。そして同時に、ことばどおりの意味で表現し

たり、ことばどおりに理解したりもしている。それでいつも、会話は複雑になってしまう。理解しあうことが困難になる。もし「つたえたいこと」を「つたえること」がコミュニケーションなら、社会はコミュニケーション障害であふれているといえるだろう。だれかになにかを「つたえる」だけがコミュニケーションではないのだ[5]。

　だれもが共有しているものを「障害」とよぶならば、これは公平な視点であり、なにも問題ではないだろう。だが、この不公平な社会では、少数者だけに「障害」がおしつけられている。「つたえたいことをつたえることができない」ということを「障害」とみなすなら、なぜ一部の人たちだけが「コミュニケーションに障害がある」とみなされているのか。それをといなおす必要がある[6]。

　つまるところコミュニケーションとは、「関係をつくっていくこと」ではないだろうか。もちろん、一瞬の関係というものもある。ちょっとした一瞬の関係であっても、それはコミュニケーションである。だが、ここでとわれているのは、コミュニケーションの「すれちがい」をどのようにとらえるかという問題である。コミュニケーションの障害を個人のなかに発見することなく、おたがいが「すれちがっている」事実をきちんと認識するなら、その関係をかえていこうとめざすことができる。だれかの内部に「コミュニケーション障害」をみいだすのではなく、「わたしとあなた」の「すれちがい」ととらえるなら、コミュニケーションの問題は、どちらか一方だけにあるのではなく、関係性の問題であると、発想を転換することができる。

　わたしは今も関係をつくるプロセスのただなかにいる。けれども今の時点でふりかえるならば、「自分勝手なコミュニケーション」も、コミュニケーションの障害も、「おたがいさま」であることがよくわかる。「すれちがう」関係を「むきあう」関係にするためには、時間をかけたコミュニケーションが必要なのである。

ただしがき

1　哲学者のウィトゲンシュタインは、ゲーム（遊戯）を例にあげ、「盤ゲーム、カード・ゲーム、球戯、競技」など、これら「すべてに共通なもの」はみられないが、これらには「類似性、連関性」がみられると指摘する。そして、「互いに重なり合ったり、交差し合ったりしている複雑な類似性の網目」や「大まかな類似性やこまかな類似性」を「家族的類似性」と表現している（ウィトゲンシュタイン 1976：70）。

2　ここでは、医学的な視点よりも文化人類学的な視点から自閉症者と非自閉症者の関係性を論じたいとおもう。そのため、以下では「自閉者」「非自閉者」と表現する。

3 ローナ・ウイングは自閉症者の社会性の障害（「社会的相互交渉の障害」）を、「孤立群」「受動群」「『積極・奇異』群」「『形式ばった大仰な』群」の４つのグループに分類している（ウイング 1998：43-46）。一般的な自閉症理解からすれば、「孤立群」「受動群」はイメージしやすいだろう。一方で、「『積極・奇異』群」や「『形式ばった大仰な』群」の場合、知的障害者とだけ認知され、自閉症者であることが気づかれないことがある。だが関係をかさねていくことで、自閉者に共通する「こだわり」のありかたに気づかされ、「自閉症」がゆるやかな「家族的類似」によって構成されているのがわかる。

4 くわしくは、「『見守り』という介護」（すえなが 2008）を参照のこと。

5 つたえることをコミュニケーションの基本とみなすコミュニケーション論を「伝達モデル」という（すがわら 2004：89-91）。

6 もちろん、自閉者を理解するために自閉者の特徴に「コミュニケーションの障害」や「社会性の障害」といった名前をつけ、説明しようと試みられているわけである。自閉者を理解不能な存在として、とおざけるためではなく、ちかづくためにこそ、コミュニケーションの障害が論じられているのだ。その点を否定するつもりはない。ただ、そうはいっても、コミュニケーション障害が一面的に説明されたり、一方的に理解されつづけるならば、むしろ自閉者をとおざけることにつながってしまうのではないだろうか。自閉症を解説するさいに、「自閉症は他人に興味がないということではない」と、しばしば指摘されている。それは一般的な自閉症理解が、そのレベルにとどまっていることをあらわしている。コミュニケーション障害の「かたりかた」についても、ここで再検討する必要があるのではないだろうか。

第3章

「識字」という社会制度
——識字問題の障害学（2）

1. はじめに

　本章の目的は、識字運動や識字問題を障害学や図書館サービスの視点から再検討することである。これは 2010 年にまとめた「識字問題の障害学——識字活動と公共図書館をむすぶ」（『識字の社会言語学』収録）の続編（解題）である（あべ 2010d）。前半では、あべ（2010d）の内容を補足しつつ確認する。後半では、『識字の社会言語学』以後の状況や文献を確認しながら『識字の社会言語学』ではくわしく論じることができなかった点について検討してみたい[1]。

　部落解放・人権研究所が発行する『月刊ヒューマンライツ』の 2003 年 4 月号は「これからのリテラシー——国連識字の 10 年」という特集をくんでいる。特集によせられた原稿のひとつに鈴木祐司（すずき・ゆうじ）による「グローバリゼーションと識字」がある（すずき 2003）。この文章は「さるが人間になった」という見出しからはじまる。

　はたして、どのような意味だろうか。鈴木はつぎのように説明している。

　　インド南部のマンガロールで、被差別民衆のための識字教室を開いた日本人女性は、くしくもこう言っています。「さるが人間になった」。背を丸め、濁った目をして、昼食目当てに参加した彼らは、教室に通ううち、背筋をしゃんと伸ばし、貧しいながらもこざっぱりした身なりをするようになったそうです（同上：11）。

ここで鈴木は、識字運動をたかく評価するために、識字学習以前の状態を「悪魔化」している。識字学習「以前」を悪魔化することで、識字運動の「劇的な効果」を宣伝しようとしている。非識字者を「非人間化」しているといってもいいだろう。

　これははたして、人権団体の刊行物に掲載する文章として適切だといえるだろうか。編集部の注記として「本稿は、2月26日、第17回人権啓発研究集会全体会でのご講演要旨です」と説明がある（同上：12）。講演のその場で、だれも批判しなかったのだろうか。鈴木は、日本の識字運動をつぎのようにとらえている。

　　　日本の被差別部落で行われてきた識字は、文字を獲得することに
　　よって、自分自身を変え、自らの歴史を変えることを目指すものでし
　　た（同上）。

　日本の識字運動は、なによりも「学習者をかえる」ことに主眼をおいてきた。文字中心の社会のありかたをといなおすものではなかった。日本の識字運動は社会変革という視点がよわく、問題のありかを学習者個人の側におしつけてきたといえる。

　識字問題を論じる研究者は、「非識字者」をうみだしたのは差別であるという。「原因」は社会の問題としながらも、非識字者が社会生活をおくるうえでの不利益を「解決」する方法は、識字学習でしかなかった。それ以外の対策は検討されてこなかった。

　ここに、これまでの識字運動の問題がある。それを正面から批判したのが『識字の社会言語学』の諸論考である（かどや／あべ編 2010）。

2. 障害学からみた識字問題

　これまで、わたしは識字運動を障害学の視点から批判的に検討する作業をつづけてきた（あべ 2004a、2005、2010b、2010d ほか）。ここでは、わたしよりもさきに障害学的な視点から識字運動に言及していた内山一雄（うちやま・かず

お）の議論に注目してみたい。

内山は、2001 年に「識字教育の新たな展開に向けて——その課題と展望」という講演で、つぎのように指摘している（うちやま 2001）。

> 「文字のない社会」と「文字のある社会」があって、両方が共存している。それはどちらの価値が上でどちらが下であるというように見るべきではないし、それぞれがそれぞれの文化、生き方を持っているのだという考え方です。そういう意味でいいますと、識字についても、識字と非識字という区分で、非識字をなくしていくことが、または識字社会に近づくことがプラスであるという考えは、無意識のうちに非識字社会をマイナスと見る見方、そしてそれが文字を知らないのは恥ずかしいという考え方につながります。文字を知らないのは恥ずかしいというのは、文字をあまり持つという世界に生きることができなかった、つまり学校教育も含めて学習する機会を奪われていた人たち自身の存在をマイナスと見るという考えにつながります。そういう点で、全員で非識字解消を言えば言うほど、非識字をマイナスと見るという見方や考え方を無意識のうちに広げていきながら、そして識字の、ある意味ではマジョリティー（多数派）の社会に吸収していくようなことになってしまう危険があります（同上）。

このような問題意識がきちんと共有されていれば、「さるが人間になった」というような発言が許容されることはなかっただろう。内山は、さらに「識字のバリアフリーと識字運動」という議論をしている[2]。

> もう一つは、識字のバリアフリーの考え方です。これも最近言われていますが、障害者運動で明らかになったのは、障害をできるだけ、体の不自由をできるだけなくしていくことによって、そして人間らしさをつくっていくというのが障害者の運動ではないわけです。障害者であるということを前提にした上で、にもかかわらず障害者と健常者とのそういう関係をどういう形で変えていくかというのが障害者の運動であり、ノーマライゼーションです。ですから例えば車いすなり、

歩行に不便である人たちがエスカレーター、エレベーターの設置運動を進めていくというのは、あくまでも社会の側が障害者を生み出してきたのだと。つまり障害者の方が社会に、世の中に出ることによって初めて自分に障害があるということに気がつくわけです。気づかされるわけです。

　自分の行動の自由がどこに行っても阻まれるし、他人の視線を痛いほど感じる、と。そういう意味で外へ出ることによって社会を変えていくというのが障害者のあり方です。健常者の側にこそ障害者を障害者たらしめている仕組みがある。同じ言い方をすれば、識字社会と言われている読み書きを十分知っている側が、いわゆる非識字者を生み出しているのではないか（同上）。

　ここで内山は、識字者が非識字者にたいして負っている責任を指摘している。関係のないところに両者が別々に存在するのではなく、識字者が「非識字者」を規定しているのである。

　日本で「障害学」という看板がかかげられるようになったのは 1990 年代後半からである[3]。障害学の最初の論文集『障害学への招待』が出版されたのは 1999 年のことだった（いしかわ／ながせ編 1999）。障害者運動の視点が分野をこえて影響力をもちはじめたのが 2000 年前後といえるだろう。障害学の視点から社会のありかたをとらえなおすと、どのようなことがいえるのか。2000 年前後から、そのような議論が活発になった。2001 年創刊の『社会言語学』誌も、障害学の視点をふまえた論考を多数掲載している。識字運動もまた、障害学からの検討や障害者運動との対比をさけることはできなかったわけだ。

3. 識字問題の再定義──図書館サービスの視点から

3.1.「非識字」のとらえかた

　1990 年は「国際識字年」だった。そこで、識字問題についての本が何冊も出版され、たくさんの雑誌特集がくまれた。これまで注目されてこなかったが、図書館系の雑誌も特集をくんでいた[4]（あべ 2010d：271、280）。

　図書館員にとって、非識字者とは、どのような存在だろうか。とくに、図書

館で障害者サービスを担当してきた図書館員にとっては、どうだろうか。

　図書館の障害者サービスのひとつに対面朗読がある。長年、障害者サービスにとりくんできた山内薫（やまうち・かおる）は、自身が体験したつぎのようなエピソードを紹介している。1970年代の前半のことである。

　　…川崎市盲人図書館を訪れた時、私が目にした情景は、「障害者サービス」と呼ばれるこのサービスの考え方を一新させるものだった。
　　　そこでは目の見えない職員が目の見える職員に対して、点字の週刊誌「点字毎日」を対面朗読で読んでいたのだ。当時「点字毎日」は、点字版しか発行されておらず、点字が読めなければ中身を知ることはできなかった。
　　　「対面朗読」というサービスは、目の見えない人に対して本やパンフレットなどを図書館員や音訳者がその場で読むサービス、と頭から思いこんでいた私は、そこで全く逆の立場での対面朗読が行なわれていることに驚き、感動を覚えたのだった（やまうち 2008：188-189）。

　大多数の晴眼者（みえる人）は点字の非識字者である。点字の視読も触読もできない。視読だけは、できる人もいる。しかし失明したときには、触読を身につけなければ、文字はよめないことになる。非識字者は、なにも特別な存在ではない。なくそうとして、なくせるものではない。識字率は100パーセントにはならない。

　これまで、なんらかの障害ゆえに、よみかきが苦手な人にたいする図書館サービスの実践はたくさん報告されてきた。しかし、文字を学習する機会がなかったためによみかきが苦手な人にたいするサービスの実践報告は、ほとんどあがってきていない。

　ただ、問題意識の面では、非識字者にたいする積極的なアプローチの必要性が認知されている（日本図書館協会障害者サービス委員会 2003：35-36、53-54）。その問題意識を実践にかえていくためにも、識字問題についての問題提起をつづけていく必要がある。最近では、にしだ（2011）が図書館情報学の立場から識字問題に注目し、図書館での識字サービスの必要性をアピールしている。

　図書館の障害者サービスの理念からすれば、識字サービスとは、非識字者に

たいして図書館側が負っている障害をとりのぞくことである（本書第1章）。山内は、障害者サービスについてつぎのように説明している。

　…図書館や資料を利用したくても利用できない人が大勢存在する。そうした人に対しては、その人のもとに出かけていったり、その人が読めるように資料を変えなければならない。こうしたことを実現するのが、いわゆる障害者サービスと言われる図書館サービスだ（やまうち2008：186）。

　ここで注目したいのは「その人が読めるように資料を変えなければならない」という部分である。これまでの識字運動では「その人が読めるようになるように、識字学習を支援しなければならない」とされてきた。それと対比してみれば、図書館サービスの先進性がはっきりとする。図書館や資料のかたちが障害になっているなら、その障害をとりのぞく必要があるということだ。
　山内のように障害者サービスを実践してきた図書館員なら、非識字者の利用者にさまざまなサービスを提供することができるだろう。対面朗読による代読や代筆、録音図書などの音声資料（あるいは写真集や映像資料）の提供などである。資料を拡大写本にするとか、リライト（わかりやすい文章にかきなおす）するという方法もある。

3.2. 視覚障害者読書権保障協議会が図書館サービスの視点をかえた
　さて、図書館や資料のほうに障害があるという視点は、どのように形成されたのだろうか。
　図書館の障害者サービスにおおきな影響をおよぼしたのは視覚障害者読書権保障協議会（視読協）の活動[5]である。森崎震二（もりさき・しんじ）はつぎのように説明している。

　図書館に働く多くの者は、“資料提供”の意味は知っていても、障害者の読書の生活実態は一般的に知ることはなかった。それは特殊なものと教育されてきた。しかし、1971年以降、毎年のように視覚障害者読書権保障協議会（視読協）が、全国から図書館員の集まってくる図書

館大会にアピールしてから、具体的に考えるようになってきている。

　つまり資料提供とは、中に情報を盛り込んだ資料を提供することであって、内容を十分に把握し、理解することができない人たちにとっては、それは単に紙のたばにしかすぎないという当然のことに、改めて気付いたということが言えるだろう。その意味で、図書館活動の真髄を教えられたのである。

　それからいくつかの実践を経て、障害のある人々に対しての図書館活動が展開された。図書館問題研究会（図問研）をはじめ、いくつかの団体や個人が、それぞれの図書館の中で、「図書館利用に障害のある人々」に対する図書館活動を実践しはじめたのである（もりさき 1981：3）。

　このように、視読協は図書館員の意識をかえ、「障害の社会モデル」のような発想の転換を実現した。しかし残念なことに、これまで障害学の視点からこの点を評価する議論はほとんどなかった（あべ 2006、2010d）。識字問題についても、障害学の課題として議論されることはなかったといえるだろう。

　視読協の意義は、「文字情報サービス」の必要性をうったえたことにある。山内の『本と人をむすぶ図書館員』は、山内が実践してきた文字情報サービスの豊富な実践集であるといえる。視読協のアピールは図書館サービスの可能性をおおきく拡大したのである。

４．障害者と非識字者のちがい──みえない存在としての非識字者

　ここで、障害者と非識字者（あるいは識字学習者）のちがいに注目しておきたい。非識字者も積極的な図書館サービスを利用できるようにするためにも、整理しておく必要があるからだ。

　もっとも重要な点は、非識字者にはそれを証明する書類がないということだ[6]。障害者の場合、障害者手帳がある。これはつまり、役所にも登録されているということだ。障害者の存在は、統計上の数字としても公表される。その一方、非識字者の存在を行政が把握するための手段は、識字調査しかない。この状況が非識字者に対する積極的なアプローチを困難にしている。日本社会では、文字がよみかきできないことは、「あるはずのないこと」とされている。

だからこそ、「メガネをわすれた」から、「手をケガしている」から字をかけない、だから代筆してほしいと窓口で依頼することになる。

　文字のよみかきが苦手な人もいるということが社会の常識になっていれば、ただ当然のように代筆や代読を依頼することができるはずである[7]。

　社会的にみえない存在にさせられている人たちにたいして情報支援をするためには、どうすればいいのか。『障害者と図書館』をみると、図書館の利用を促進するために現在ではほとんど不可能なことを実践している。図書館を利用してもらうために視覚障害者のいる家庭に個別に訪問したのである。山内は、つぎのように説明している。

　　　墨田区の図書館では「全ての住民に図書館サービスを」という考えに立ち、1974 年に、障害者サービス小委員会を発足させた。

　　　検討の末、当面視覚障害者に対する市販カセットテープの貸出しを行なうこととし、76 年からサービスを開始した。…中略…

　　　1976 年末に視覚障害者手帳一級～三級交付者の名簿を入手し（館長が前に福祉事務所長だった関係で入手できたが、本来なら福祉事務所と共催または協力という形で入手することが望ましい。また手帳交付者以外の心身障害者も多く、名簿作成には図書館独自の努力も欠かせない）、あずま図書館周辺の 102 名を対象に、職員 14 名（当時）全てが、地域別に 6 ～ 8 名を分担し目録と案内（いずれも墨字）とカセットテープ、カセットレコーダーを持って各個訪問した（やまうち 1981：196-197）。

　これとおなじことを非識字者にすることはできないだろう。とくに「個人情報保護法」以後の現在では、東日本大震災のような非常時でさえ、行政は個々の障害者についての情報を障害者（支援）団体にわたそうとしなかった。救助を目的としているにもかかわらずである。プライバシーが「いのち」の問題をおおいかくしてしまうのである[8]（いとう ほか 2011：25）。

　あべ（2010d）で指摘したように、やはり、識字教室と連携するしか方法はない。問題は、どこにでも識字教室があるわけではないということだ。どこにでもあるのは、図書館や郵便局、そして福祉事務所などの公的機関である。

　日本社会にも非識字者がいる。みえない存在ではない。社会の多数派が、み

ようとしていないだけである。いないことにしようとしているだけである。

5. 高齢者をめぐる識字問題

　最近の研究では、文鐘聲（むん・ぢょんそん）が大阪市生野（いくの）区の在日朝鮮人集住地区を調査しており、朝鮮人高齢者の識字の実態をかいまみることができる（むん 2009、2012）。文は、つぎのように主張している。

　　近年、在日外国人の増加に伴い、行政サービスの周知を行う際、多言語でのパンフレットなどを作成し配布している。それは、少なくとも母国語の読み書きができる人たちには母国語に翻訳したものであったとしても有効であると考える。しかしながら、日本語も母国語も理解できない非識字者に関しては、この方法は無効であると考えられる。エスニックマイノリティに関わる団体を通じて行うことやインフォーマルな方法も含めた周知を徹底する必要がある（むん 2009：39）。

　これは、非識字者にたいしてどのように情報提供していくのかという根本的な問いかけである。文が指摘するとおり、文書を多言語化して配布するだけでは情報がとどかない。そこで、人的支援が必要になる。しかし現状では、高齢者が「訪問介護などのヘルパーサービス」を利用するためには「利用者自身が申請することが前提となっている」（ゆうき 2011：10）。さらに、ここでも個人情報保護法が障害になっている。結城康博（ゆうき・やすひろ）はつぎのように説明している。

　　介護サービスなどを必要としている潜在的な要介護（支援）者を顕在化させ、サービスを受けられるようにする上で、個人情報保護法というハードルがある。自治体職員以外は、どの世帯が独居高齢者もしくは老夫婦世帯かを把握できず、民生委員や地域住民などに情報が行き届かないのである（同上：11）。

　このような状況のなかで、たとえば非識字者が家族と死別し、社会的に孤立

した状態になってしまえば、日常生活に支障がでることはまちがいない。

　それまで識字に困難をかかえていなかった人でも、視力や認知力の低下によって、よみかきが満足にできなくなることもありうる。また、理解しにくいカタカナ語や新語が増加し、内容の理解に支障がでてくることもあるだろう。

　西垣千春（にしがき・ちはる）は「情報伝達の課題」として、つぎのように指摘している。

　　　高齢者施策においては、「利用者本位」「利用者の立場に立って」という表現が多く用いられ、利用者の意向を尊重したサービス提供が目指されてきた。この実現のためには、サービス対象者すべてに情報が届けられなければならない。なぜなら、サービス対象者がサービスを利用してはじめて、その評価が可能であり、そうした検証と改善を経て、本当の意味での利用者本位のサービスへと質を高めることができ、ひいては制度としての信頼を得て継続されるものだからである。

　　　ところが、現状では多くの自治体において、広報誌とホームページ、教育講習会が主な手段であり、情報提供が効率よくなされているとは言いがたい。また、受け手である高齢者自身や環境の変化により、情報を受け取りにくくなっている。

　　　必要な情報を把握できていれば、たとえば身体の変化を感じたとしても、先を見通して、サービスを選択できる。誰もが、どんな状況に陥っても、生活を続ける意欲を失わないためにも、情報伝達は公平になされなければならない。

　　　広報を中心とした情報提供のスタイルが、すぐに多様な方法へと変化できないのなら、不十分な点を補う工夫が必要である。高齢期に入って接点が増える医療機関や民生委員など、普段の生活のなかで信頼関係ができているつながりを活用した情報提供は積極的に進められる必要がある（にしがき 2011：152-153）。

　根本的な解決策は、申請主義をやめること、そして、行政側が責任をもって積極的な対応をとることである。高齢者をめぐる識字問題は、非識字者だけにとどまらず、高齢者全体にかかわる問題である。そしてそれは、日本の社会制

度の問題なのである。

　識字問題は、「識字能力」や「文書」をめぐる問題にとどまらない。社会の
制度の根本にかかわる問題である。識字は、ひとつの制度なのだ。

6. 読字障害／書字障害（ディスレクシア）のある人の学習環境

　もうひとつ、社会制度の根本にかかわる問題として、教育をめぐる識字問題
をあげることができる。

　識字問題とは「いかに識字率をあげていくか」という問題ではない。「どの
ようにして、ひとりひとりの読書権を保障するのか」という問題である（あべ
2010b）。その具体例として、読字障害／書字障害（ディスレクシア）の人がお
かれている学習環境の問題がある。

　とくに日本ではディスレクシアについての認知がおくれている。学校教育を
はじめ、社会のなかでどのように配慮していく必要があるのかについて、一般
に認知されていない。ただ、研究者のあいだでは議論がふかめられている。そ
れをかんたんに確認してみよう。

　ディスレクシアについて認知がすすんでいる社会では、さまざまな配慮があ
るため大学や大学院に進学するのもむずかしいことではない。配慮の例をみて
みよう。ワシントン大学ではつぎのような支援がある。

　　・支援技術の提供
　　・録音図書の提供
　　・ノート作成者の提供
　　・試験時間延長
　　・別室受験など（なかむら 2007：36）

　日本の場合、大学受験でディスレクシアの学生を排除する構造になっている。
日本の「センター試験」でも 2010 年 1 月から発達障害のある受験者も「受験
特別措置」をうけられるようになった[9]。しかしその内容は 2015 年度におい
ても、つぎのような水準にとどまっている。

・試験時間の延長（1.3倍）
・チェック解答
・拡大文字問題冊子の配布（一般問題冊子と併用）
・注意事項等の文書による伝達
・別室の設定
・試験室入口までの付添者の同伴

　根本的にポイントがずれているとしか感じられない。文字をよむことに関しては、「拡大文字問題冊子の配布（一般問題冊子と併用）」という配慮しかない。もちろん、拡大文字にするだけで、よむハードルがさがる人もたしかにいる。しかしそれだけでは不十分である。そこで、さらなる改善が必要になる。
　たとえば藤芳衛（ふじよし・まもる）は「テストのユニバーサルデザイン」で、つぎのように指摘している。

　　　文字認知に障害を有する学習障害者及び中途失明者のセンター試験等の受験を可能にするためには、音声問題の開発が必要である。センター試験では、通常の文字問題冊子に加えて、重度視覚障害者用に点字問題、弱視者用に拡大文字問題が用意されている。しかし、音声問題がないため、文字認知に障害を有する学習障害者の中には受験が困難な者がいる。また、点字で受験するためには3ないし5か年以上の触読訓練が必要であるため、中等教育段階での中途失明者は受験を断念せざるを得ない。
　　　長文で問題の文書構造が複雑なセンター試験等には、独自の音声問題の開発が必要である。欧米では試験官が直接問題を読み上げる対面朗読方式及びオーディオカセット方式の音声問題が常に用意されている（ふじよし 2009：1025）。

　藤芳は、情報機器を利用した「テストのユニバーサルデザイン」を開発しようとしている（同上：1025-1026）。その内容はテストの新時代を感じさせる。
　問題は、大学以前の教育現場からはじまっている。重要なことは、小中から高校、大学まで一貫して学習支援をうけられる環境をつくることである。近藤

武夫（こんどう・たけお）は、アメリカの状況をつぎのように説明している。

　　米国では、読み書きの支援が必要な児童生徒は、初等中等教育以降
　の段階、すなわち高等教育や就労への移行でも、AT［支援技術——
　引用者注］を含めたさまざまな支援が受けられる。高等教育への移行
　場面では、生徒は入試という形で選抜を受けるが、障害のある生徒は、
　大学入試や大学入学後も、選抜場面でAT および人的支援によるサ
　ポートを受けることができる（こんどう 2012a : 167）。

　日本の学校教育は、なぜこのような体制になっていないのだろうか。それは
やはり、識字をめぐる幻想が根づよいからだろう。「均質幻想のかげ」に、か
くされてしまっているのだ [10]（あべ 2010b）。
　南雲明彦（なぐも・あきひこ）は「『読み書きが「普通」にできる』という前
提は疑うべきかもしれない」と題する文章で、自身の体験をふまえてつぎのよ
うに指摘している。

　　学校では、勉強の楽しさを知らなければ、気力がなくなる。そこで、
　生徒を「よく観察する」、「自分の前提を疑う」、「学びやすい方法を
　共に考える」ことが大切であり、根底に「信頼関係」が必要だと思う
　（なぐも 2011 : 11）。

　なかでも「学びやすい方法を共に考える」という視点が重要だろう。そこで、
支援技術（マルチメディアデイジー教科書 [11]）や人的支援（学習支援員 [12]）など
を利用して、その人にとって学習しやすい環境を整備することが必要である。
そうでなければ、ひとつの型に人間をおしこめるような、画一的な教育をつづ
けることになる。学校教育は、図書館サービスの理念にまなぶ必要がある。
　こんどう（2012b）が指摘しているように、「読み書きのバリアを超えるため
の方法」は、すでにわかっている。ただ、許可されていないだけなのだ。印刷
された文字のよみかきに困難のある学生にどのように配慮するのか。議論が不
足しているだけである。
　ディスレクシアに注目してみると、識字問題は高齢者の問題にとどまらないこ

とが明確になる。識字問題は文字を学習する機会がなかった人だけの問題ではない。多様な学習者の学習権をどのように保障するのかという問題でもあるのだ[13]。

7. おわりに

『識字の社会言語学』が出版された2010年12月に、読書権保障協議会が結成された。2012年には、読書権保障協議会による『高齢者と障害者のための読み書き（代読・代筆）情報支援員入門』が出版された。この活動は、1998年に解散した視覚障害者読書権保障協議会の理念をひきつぎ、さらに発展させようとするものである。このような情報支援と情報のユニバーサルデザインを同時に推進する[14]ことで、「非識字」や「読字障害」が社会生活の障害にならない社会をつくることができる。そのような社会をめざすことが識字運動である。

識字問題は、社会保障の問題である。それはつまり、よみかきできないからといって社会から排除するようなことをやめるということだ。さまざまな社会保障をうけられるように積極的にアプローチする必要があるということだ。窓口で利用の申請をまつだけの社会保障では不十分である。

どのような状況をさして「非識字」というのか。そして、そのことをどのようにとらえ、なにをするのか。それはなにより、現実をふまえた具体的な問題意識と社会構想のなかから見いだすものである。本章では、図書館サービスの実践を参照し、社会福祉や学校教育の視点から識字問題を論じた。もし、貧困や移民[15]、ろう者などの視点から論じていれば、発見される問題群も、必要となる対策も、ちがってくるだろう。

今後の課題は、「社会的排除」という視点から識字問題を論じることである。さらに、本章でとりあげた高齢者をめぐる問題や学校教育の問題についても、さらなる検討をつづけていきたい。

ただしがき

1　『識字の社会言語学』執筆者の角知行（すみ・ともゆき）は識字論と漢字論をあわせて『識字神話をよみとく――「識字率99%」の国・日本というイデオロギー』という本にまとめた（すみ 2012）。かどや・ひでのりは『ことばと社会』14号の特集「リテラシー

再考」に「識字／情報のユニバーサルデザインという構想——識字・言語権・障害学」という論文をよせている（かどや 2012）。鈴木理恵（すずき・りえ）は『識字と学びの社会史——日本におけるリテラシーの諸相』（おおと／やくわ編 2014）に「『一文不通』の平安貴族」という論文をよせている（すずき 2014）。

2 内山の「識字のバリアフリー」論の問題意識をひきつぎ、さらに発展させたのが、あべ（2010e）である。内山の「識字のバリアフリー」論については、あべ（2005、2006）でも紹介した。

3 障害観のといなおしそのものは、日本に障害学が導入される以前から議論されてきた。障害学という看板をかかげていなかっただけである。

4 「特集 識字・情報と図書館サービス」『現代の図書館』1990 年 28 巻 1 号、「特集 識字の10 年に向けて——読む自由の確立と図書館活動」『図書館界』1991 年 43 巻 2 号。単行本には『『読む自由』と図書館活動』がある（日本図書館協会図書館の自由に関する調査委員会編 1990）。ただ、それ以後はあまり議論にならなかったといえる（こばやし／のぐち 2012：190）。

5 市橋正晴（いちはし・まさはる）らによる視読協の活動については、『読書権ってなあに——視読協運動と市橋正晴』上下にくわしい（いちはし ほか 1998a、b）。

6 現状では、学習障害（読字障害）や ADHD（注意欠陥多動性障害）などの発達障害の人にも障害者手帳がない。そのため必要なサービスをうけられないことがある。手帳のあるなしにかかわらず、必要な人に必要なサービスをとどけるという制度がもとめられる。

7 金融機関の窓口における代読・代筆について、あべ（2013c）でくわしく論じた。やはり、非識字者にたいする代読・代筆についてはその必要性が認知されていない。

8 唯一の例外として、南相馬市は障害者支援団体に障害者手帳の交付者名簿を開示した。「日本障害フォーラム（JDF）『被災地障がい者支援センターふくしま』」のサイトの「障害者が安心して暮らし・働ける南相馬市をめざして——緊急避難時における要援護者調査から 報告書」を参照のこと（http://www.dinf.ne.jp/doc/JDF/0829_houkoku/）。

9 大学入試センターのサイトにある「受験上の配慮案内」の PDF 文書から引用（https://www.dnc.ac.jp/albums/abm.php?d=587&f=abm00002815.pdf）。なお、この PDF は、ほぼすべての文章が画像になっており、合成音声によるよみあげに対応していない。

10 近藤によれば、「高校入試でディスレクシアのある生徒に代読が認められた事例（読売新聞奈良県版、2012 年 2 月 8 日）や、大学入試の小論文試験で書字 LD のある生徒にワープロ利用が認められた事例（朝日新聞夕刊、2012 年 2 月 27 日）のように、新たな事例が登場してきている」という（こんどう 2012c：116）。

11 マルチメディアデイジーとは、テキストと音声を同期した、構造化された電子図書のこと。現在はボランティアによってデイジー版教科書の製作がすすめられている。ボランティアに依存するのではなく、公的に保障するべきである。

12 とうどう（2010）を参照のこと。

13 移民のこども、ろう者など、日本語学習者の言語権／学習権をめぐる問題もある。不登

校のこどもの学習権をどのように保障するかという問題もある。

14 識字のユニバーサルデザイン、情報保障については、あべ（2010e）と本書第4章でくわしく論じた。

15 貧困や移民については、『言語と貧困』という論文集がでている（まつばら／やまもと編 2012）。第3部は「移民の言語問題と貧困」である。なかでも、ひぐち（2012）は「人間の安全保障と識字」について論じている。またべつの機会にとりあげることにしたい。

情報保障の論点整理
──「いのちをまもる」という視点から

1. はじめに──目的と問題意識

　本章の目的は、おおきくふたつある。第一に、情報保障の全体像（わくぐみ）を整理し、情報保障に必要なことや注意すべき点を網羅することである。第二に、情報保障が生存権、人間の安全保障の問題であることを再確認することである。なお、本章では情報の問題にとどまらず、社会的弱者の生活環境の改善のためになにが必要かを議論する。そして「いのちをまもる」のための情報保障と制度改革を提唱する。

　本書の第2章では「『知的障害者にとっての言語』という問題にとどまることなく、知的障害者をとりまく社会環境そのものをといなおす視点が必要」であると論じた（本書56ページ）。ここでも同様の問題意識にもとづき、情報保障だけでなく、代替措置もふくめて検討する。「情報を提供すればあとは自己責任」とかたづけるのではなく、その人の生存を視野にいれた包括的な視点、ソーシャルワークの視点をとりいれてみたい。

　情報の受信や発信に困難がある場合には、情報支援にとどまらず、生活支援が必要になることがある。情報保障についてかんがえるということは、社会保障についてかんがえることである。

　わたしは、2007年の4月から2010年の4月まで知的障害者の入所施設で生活支援員をした。2010年の5月からは身体障害者の介助（障害者自立支援法[1]がさだめる「重度訪問介護[2]」）をしている。そのなかで、情報保障の問題が人

間の生存にかかわるということを痛感させられる経験をした。また2011年3月11日の東日本大震災では、情報保障の必要性が認知され、さまざまな活動が展開された。以下では、情報保障を「いのちをまもる」という視点から包括的に整理してみたい。

2. 五感（感覚モダリティ[3]）と言語形態による整理

これまで、情報保障についての議論は障害者（とくに聴覚障害者）に関するものがほとんどだった（たなか2004、うちなみ こが2009）。しかしそれでは部分的な議論であり、情報保障を包括的に整理したことにはならない。情報保障の論点を整理するうえでまず必要とおもわれるのは、さまざまな「情報」を五感（感覚モダリティ）や「言語形態」という視点から整理することである。

「情報」は、「五感」によってつぎのように整理することができる[4]。

視覚：手話言語、墨字[5]、ジェスチャー、表情、絵文字（ピクトグラム）、案内図、信号機、交通標識、地図、もの
聴覚：音声言語、声、信号機、音声案内、音サイン、音
触覚：触手話、指点字、点字、スキンシップ、さわる絵本、もの、振動、地震、風、温度、湿度
嗅覚：におい、ガスもれ、火災、異臭
味覚：味、新鮮さ、異物

きこえる人には「声をかける」。きこえない人、きこえにくい人、声が苦手な人には「肩たたき」や「手くばせ」をする。それぞれ、声は聴覚、肩たたきは触覚、手くばせは視覚をつかっている。その人に必要な対応、その人に適したコミュニケーションがある。だがこの社会では、その人に必要な対応をしないことがおおい。そのため情報弱者がうみだされる。

言語形態には、音声言語と手話言語がある。それぞれにことなる言語体系をもった個別言語がある。たとえば日本語と日本手話は、言語形態と言語体系がことなる言語である。日本語は、視覚、聴覚、触覚にむけて表現することができる。一方、日本手話は視覚と触覚にむけて表現することができる。それぞれ、

以下のように整理できる。

視覚むけの日本語：文字表記（墨字／点字）
聴覚むけの日本語：発話
触覚むけの日本語：発話（指点字）、文字表記（点字）、手のひらに字をかく
視覚むけの日本手話：発話
触覚むけの日本手話：発話（触手話）

　さらに、人間によるものと機械などによるものに区別できる。肉筆と活字、点筆による点字と機械や点字タイプによる点字、人間の声と合成音声、触手話とロボット手話のようにである。
　弱視者は、活字による拡大図書や肉筆による拡大写本をよんだり、ルーペや拡大読書器をつかったり、あるいは録音図書や「よみあげソフト」を利用している。それらを場面ごとに選択したり、その人の視力や状況、習慣によって選択したりしている。
　音声で本をよむ人は、自然さや正確さをもとめて音訳をえらぶ人もいれば、情報のはやさをもとめるため「よみあげソフト」の合成音声でいいという人もいる。「感情がこもっていないから合成音声がいい」ということもある。
　なぜ感覚モダリティや言語形態などによる整理が必要なのか。それは体系的に整理することで、みおとしをなくすためである。たとえば、これまで点字と手話を安易に同列にならべる議論がひじょうにおおかった。さらに、手話と点字ばかりに注目することで、要約筆記や拡大文字のことをないがしろにしてきた。亀井伸孝（かめい・のぶたか）は点字と手話を同列にならべることの問題をつぎのように指摘している。

　　　まず、人類の自然言語全体を、音声言語と手話言語のふたつに大別することができます。音声言語は、文字をもつ言語と文字をもたない言語に分かれます。一方の手話言語は、文字をもたない言語の数かずです。そして、文字をもつ言語に対しては、墨字と点字というふたつの文字の体系が考案されています。
　　　ここで、「手話と点字をまとめてあつかう」こととは、人類の自然

言語の一部である手話という諸言語と、音声言語の中の文字をもつ言語の、さらに一部の文字体系である点字を、無造作にひっくるめて同じ仲間と見なしていることです。この分類には論理的な根拠がなく、「英語と漢字」のようにまるで異質なものを並べているのと同じです（かめい 2010：155-156）。

…「手話と点字」というふうに、マイノリティの文化だけを中身によらずまとめてあつかうと、それらだけが特殊なものとして対象化されます。そして、それぞれと対をなすはずの「音声言語」「墨字」という自分たちの文化を呼ぶことばがかき消されてしまいます（同上：157）。

つまり、「手話と点字」をならべて論じることは、論理的でないだけでなく、多数派による少数派文化の有徴化（カテゴリー化）であり、自分たちの文化を普遍化（無徴化）する行為であるといえる。「手話と点字」をならべて「障害について理解があります」というポーズをとる研究者は、自分の文化を相対化できていない。「マイノリティたちの文化を二次的な存在におとしめ」ているといえる（同上）。

3. 情報保障に必要なこと[6]

つぎに情報保障に必要なことを整理してみよう。まず、あべ（2010e）で整理したことをかんたんに確認する。そのうえで、あべ（2010e）では論じることができなかった部分について補足したい。

3.1. 感覚モダリティの平等（五感に配慮する）

感覚モダリティや言語形態を整理しない議論は、たくさんの情報形態をみおとしてきた。情報保障のとりくみに、かたよりがあるということだ。言語研究者も、障害分野の研究者も、「点字はとりあげても拡大文字についてはとりあげない」「ろう者には注目しても中途失聴者や難聴者[7]については注目しない」という傾向がある。そこで、情報保障の目標のひとつに「感覚モダリティの平等」をかかげる必要がある（あべ 2010e：318）。

「ガスもれ」に気がつくように、ガスに「におい」をつけている。それなら、嗅覚のよわい人でも「ガスもれ」がわかるようにすることも情報保障である。これは「言語」にしばられた発想では気づけない。火災、たべものの新鮮さ、異物混入などは、いのちにかかわる。たとえば、情報弱者の居室にスプリンクラーをつけるのも情報保障であるといえる[8]。情報がつたわらないことによって生存がおびやかされることがある。したがって、情報がつたわるように情報形態を多様化するだけでなく、代替措置も必要である。

　移動する権利（移動権）についていえば、視覚による交通標識と聴覚によるサイン音や音声案内、触覚による「体表点字[9]」や振動を平等に提供すると同時に、移動支援（ガイドヘルプ）が必要である[10]。それは「特別な支援」ではなく、安全に社会生活をおくるための合理的な配慮であり、「それがないこと」のほうが差別であるといえる[11]。

　最近では「マルチモダリティ」という用語がみられるようになってきた（いとう編 2006）。「多言語」という用語が一般化し、ひとつの理念になっているように、平等で公平なマルチモダリティ（必要とされる情報のかたちを平等に提供すること）が必要である。

3.2. 感覚モダリティの変換

　情報を、最初から五感をとわないかたちで発信することはあまりない。そのため、ひとつの感覚モダリティで発信した情報には「感覚モダリティの変換」が必要になる（あべ 2010e：288-289）。田中邦夫（たなか・くにお）はつぎのように説明している。

　　…障害者が情報を獲得するにあたっては、聴覚障害者ならば音声情報
　　を文字情報ないし手話、視覚障害者であれば文字情報や映像情報を点
　　字とか音声というように、感覚モダリティの変換によって獲得するこ
　　とが多い（たなか 2004：100）。

　感覚モダリティの変換という視点にたつと、情報を「可変的」と「固定的」のふたつに分類できる。おおくの情報はタイムラグ（時差）なく変換することはできない。だが、テキストデータはタイムラグなく変換することができる。

ここで「テキストデータ」とは、音声言語の、電子化された、画像ではない、文字情報のことである。

　テキストデータの文章は、たとえば自動翻訳をしたり、音声ブラウザでよみあげたり、漢字にふりがなをふったりすることができる。もちろん精度には限界がある。そのため、自動に変換できるからといって機械まかせにするのではなく、専門職などがきちんとチェックし修正する作業が必要である。

3.3. 情報を構造化する

　録画したり、録音したりすることで会話を記録することができる。その記録を利用しやすくするために、構造化することができる。たとえば映画の DVD やブルーレイディスクは視聴者が「みたい場面」を自由に選択できる。それは製作者が内容を構造化しているからである。

　本を音訳した録音図書も、おなじような構造化がしてあれば利用者にとって便利である。電子書籍も構造化することで、活字の本よりも利用しやすくなる。手話を録画した場合もおなじである。場面ごとに整理すれば利用しやすくなる。現在、もっとも構造化された情報が「マルチメディア・デイジー [12]」であるといえるだろう（あべ 2010e）。

　情報を構造化するという視点は、自閉症者にたいするケアでも重要視されている（あべ 2014a）。

　たとえば、病院に通院したとき、受付をすませて自分の順番をまっているとしよう。そのとき、あとどれくらい時間がかかるのか、まったくわからなければ、すこしずつ不安になってくる。「順番をとばされているのではないか？」、「わすれられているかもしれない」と感じてしまう。もし自分の受付番号が掲示板で確認できれば、自分の順番がわかる。

　自閉症ケアの現場では、情報を視覚的に構造化し、みとおしをたてることが重要であるとされている。自閉症者は音声による情報よりも視覚的な情報のほうが理解しやすい、処理しやすいという特性があるためだという。これには、自閉症者が状況を理解できず不安になるのをふせぐという目的もある。現在の状況とその後のながれの「みとおしをたてる」ことにより、状況が把握でき、つぎの行動にうつりやすくなる。

　音声は、刺激がつよすぎる場合があるし、また、一過性のものである。その

場その場で発言をききとることができなければならず、ゆっくり理解するというわけにはいかない。それにたいして、視覚的な情報は文字だけでなく絵や写真、あるいは実物を提示することができる。そのため、その人が理解できる情報を提示することができる。つまり、言語に依存しない情報提供の方法であるといえるだろう。ただ、言語によらない情報は余計に混乱させてしまう場合がある。言語による情報伝達で「納得できる」こともある。

　つまり言語は、声がノイズ（雑音）になって刺激になってしまう場合と、理解し納得するための論理として有効である場合がある。文字が理解できない場合は、どうしても声で伝達する必要がでてくる。そこで、ちいさな声でつたえることもある[13]。

3.4. ユニバーサルデザインとユニバーサルサービス

　あべ（2010e）で整理したように、情報保障にはユニバーサルデザインとユニバーサルサービスが必要になる。ユニバーサルデザインとは、だれでも利用できるかたちにすることである。ユニバーサルサービスとは、すべての人にサービスをとどけることである。情報保障の文脈でいえば、公的な情報をユニバーサルデザインにして、だれでも利用できるようにつとめる。そして、それでも情報へのアクセスに困難がある人に、その人の日常に即して個別に情報の受信と発信を支援する。情報保障にはその二段階の体制が必要である。あべ（2010e）では「識字のユニバーサルデザイン」と「識字のユニバーサルサービス」として、それぞれつぎのように整理した。

「識字のユニバーサルデザイン」
　・出版、文字（書体）、表記、表現のユニバーサルデザイン
　・マルチメディア・デイジー
　・「やさしく読める本」（LL ブック）
　・わかりやすい標識——ユニバーサルサイン

「識字のユニバーサルサービス」
　・公共図書館の文字情報サービス
　・自治体の言語サービス

・「やさしい日本語[14]」
・地域における郵便局の役割——ひまわりサービス（高齢者宅への声かけ）

　ユニバーサルサービスには、ほかにもコミュニティ通訳、身体障害者の介助、知的障害者や視覚障害者を対象にした介助やガイドヘルプ、ろう者の手話通訳、難聴者や中途失聴者の文字通訳、出所者のソーシャルワーク、精神障害者の訪問看護、認知症ケア、失語症ケアなどがある。

3.5. 情報発信、意思表示を保障する
　情報保障について論じるとき、情報をえる権利について比重がおかれやすい。だが、情報をつたえる権利（情報発信や意思表示の権利）も重要である。ここでは、言語障害のある身体障害者、知的障害者、認知症の人などをとりあげる。

3.5.1. 言語障害のある人へのコミュニケーション支援
　一部の地方自治体で、「重度障害者の入院時コミュニケーション支援」というとりくみがはじまっている[15]。ふたつの理由がある。ひとつは、入院中はふだん利用している国の介護サービス（重度訪問介護や介護保険など）が利用できないという問題である。病院のなかでは医者と看護師がすべて処置するのだから、介護は必要ないという論理である。国の方針としては、重度障害者のコミュニケーション支援に限定して、つきそいをみとめている。ただし、国の予算では実施していない。自治体が実施主体である「地域生活支援事業」を利用するしかない状況である[16]。
　もうひとつは、言語障害のある身体障害者や知的障害者の表現は、ふだんから接していない医者や看護師にはつたわらないことがあるということだ。その結果、ベッドに放置される[17]、苦痛や病状がつたえられないという問題がおきる。渡邉琢（わたなべ・たく）は、つぎのようにのべている。

　　現行の制度では入院時に日常入っている介助者に入ってもらうことができず、多くの重度障害者は入院に恐怖をおぼえている。通常の感覚では、看護師が介護してくれるから安心と思うかもしれない。しかし、まず看護師は障害者につきそう余裕などない。またそもそも障害者と

コミュニケーションがとれず、まっとうな介護ができない場合が多い。

　　重度障害者の前では、看護師は介助の素人でしかない。入院して、十分な支援なくそのまま帰らぬ人となった人、死んでも入院はいやで病気の症状が重くなっても入院を拒む人、入院して褥そう（じょくそう）をつくって帰ってきた人など多々いる（わたなべ 2011：109-110）。

　ALS（筋萎縮性側索硬化症[18]）の人の目線による文字盤[19]のよみとり、重度の言語障害のある脳性まひ者の発話のききとりなどは、日常的に接するなかで理解できるようになるものである。ふだん接している介助者でも人によって「うまい／へた」がある。

　知的障害者の表現も、ふだんから接していれば、なにを要求しているのかわかることがおおい。渡邉が主張するように「入院時も日常慣れ親しんだ介助者に入ってもらえるようにしなければならない」（同上：110）。

　「重度障害者の入院時コミュニケーション支援」は実施している自治体ごとに制度のよしあしにバラつきがある。そして、ほとんどの自治体では実施していない現状がある。これは国レベルで解決すべき問題である。

　「入院がこわい」ということは、「病気になれない」ということである。そして、病気になれば死んでしまうということだ。

3.5.2. 知的障害者の自己決定

　知的障害者の自己決定のむずかしさが論じられるとき、イメージされているのは「おおきな自己決定」である。むずかしいことは自己決定できないだろうというわけだ。

　だがじっさいには、からだがうごく人は生活のなかでなんらかの自己決定や自己主張をしている。知的障害者の行動を支援者が制御することは日常的にある。そして、行動を制御するのは支援体制の不備に原因があることがおおい。もし「重度訪問介護」制度を利用している身体障害者のように一対一の介助を保障すれば、知的障害者の自己決定のおおくは制御することなく尊重することができる。そして、さまざまなことを「共同で自己決定する」ことができる。

　知的障害者の入所施設では「昼食のデザートをゼリーにするか、バナナにするか」が自己選択である。そして「きょう、あしたの職員がだれか」を写真で

掲示することが情報保障である。施設にいる知的障害者は圧倒的な制約のなか
で生活している。そのことじたいを問題化する必要がある。施設のなかで知的
障害者は「圧倒的な制約」にたいして「いやだ」という意思をはっきりと表現
している[20]。社会の側がそれを無視しているだけのことである。

　知的障害者のコミュニケーションを支援する道具に、たとえば「コミュニ
ケーション支援ボード」がある。『コミュニケーション支援とバリアフリー』
という本ではつぎのように説明している。

　　…この「コミュニケーション支援ボード」は話し言葉に代わるツール
　　として絵を用い、地域のさまざまな場所に設置してもらうことで、バ
　　リアとなっているコミュニケーションの問題の改善を目指すること、
　　また、この普及活動によって知的障害等があるために話し言葉による
　　コミュニケーションが苦手な人たちへの社会的関心や理解が一層深ま
　　ることを目的にしました（全国知的障害養護学校長会編 2005：15-16）。

『コミュニケーション支援とバリアフリー』では、このコミュニケーション
支援ボードの地域での活用例を紹介している。知的障害者が施設ではなく地域
で生活するようになれば、このようなコミュニケーション支援の道具はこれま
で以上に必要になってくる。文字盤やコミュニケーション支援ボードは、さま
ざまな機関の窓口に設置し、その使用法を定期的に講習するなどして、コミュ
ニケーションのハードルをさげていく必要がある。

　3.5.3. 認知症の人──オムツはずしを例に
　老人介護の現場で「オムツはずし」というとりくみがある（みよし 2005）。
おおくの現場では「尿意があれば（それを伝達できれば）トイレに誘導する。
尿意がなければオムツ」という方針をとっている。さらに、本人がオムツをは
ずすのを防止するために、つなぎ服（拘束衣）をきせる場合もある。
　だが、トイレにすわらず、ふとんに横になったままでは、うんこがでにくい。
そこで便秘の人には浣腸をするか、入浴時などに摘便（うんこを指でほりだす）
をすることになる。それがその人の生命力をうばっている。トイレにすわって
「ふんばる」ことすらさせない介護は、老人をベッドに「ねたきり」にするか、

車いすに「すわらせきり」にしてしまう。さらにはオムツをはずせないように
と、つなぎ服で身体拘束をすることもある。それが本人の身体能力をうばって
しまう。オムツはずしは「ねたきり」や「すわらせきり」にしないという理念
にもとづいている。

　このオムツはずしも情報保障の問題であるといえる。尿意や便意を「伝達で
きない」ことがその人の「生活の質」をさげてしまうならば、支援体制の側に
問題がある。人手がたりないことに原因があるならば、その職場環境を改善す
る必要がある。尿意や便意を伝達できなくとも、支援体制がととのっていれば、
定期的にトイレにさそうことができる。定期的にトイレ誘導ができないという
支援体制の問題を本人の「能力の問題」にしてきたのが、これまでの介護現場
だったといえるだろう。社会が介護現場をそのような状況においこんでいるのだ。

3.6. 情報保障の公的保障

　これまで日本では情報保障のとりくみがボランティアまかせにされてきた。
手話通訳や要約筆記が典型的な例である。ただボランティアにまかせるのでは
なく、ボランティアをコーディネートする専門職が必要である。そしてなによ
り、ボランティアよりも専門職が業務としてとりおこなうべきである。

　ここでは、コミュニティ通訳とガイドヘルプの公的保障について論じる。

3.6.1. コミュニティ通訳の公的保障

　水野真木子（みずの・まきこ）は「在留外国人の言葉の問題」「コミュニケー
ションの齟齬（そご）の問題」について、つぎのようにのべている。

　　外国人登録、転入・転出届、婚姻届、離婚届、出生届などの戸籍関
　係、母子健康手帳給付、新生児訪問指導、就学手続きなど出産・育児
　関係、雇用保険、国民健康保険、介護保険、国民年金などの保険・年
　金関係、税金関係、ガス・電気・水道、電話などの公共サービス、公
　営住宅など、さまざまなことがらに関する窓口で、言葉が通じないこ
　とが問題となる状況は枚挙にいとまがありません。また、生活相談、
　心の健康相談など、さまざまな相談窓口でのコミュニケーションの問
　題もあります。

さらに、病気になったり怪我をしても、医者の言葉がわからない。緊急に救急車を呼ぶことすら出来ない。このように、救急時、病院での診察、検査、薬局での投薬指導などの医療に関わる場面でも、言葉の壁は大きな障害になっています。また、警察官による職務質問、取り調べ、裁判での証言などの司法関係の場面でも、言葉が通じないことは深刻な問題となります。さらに、家族で日本に住む外国人が急増していますが、その子どもたちが日本の教育制度の中でうまくやっていくには、コミュニケーションが非常に重要な要素です。多くの子どもたちが学校で授業についていけず、不登校になり、中には不良仲間にはいってしまう子どももいるという現状があるのです（みずの2008：6）。

　このような生活全般にかかわる通訳をコミュニティ通訳という。たとえば病院に通院するときのことをかんがえてみよう。病院に通院するのは、こころやからだに異変を感じるからである。その症状をつたえることができなければ、きちんと診断されない可能性がある。医療通訳、通院時／入院時のコミュニケーション支援は生存にかかわる問題である。司法通訳も、その人の人生を左右するおおきな問題である。

　そもそも、通訳というのはたとえば日本語話者と非日本語話者の双方を支援することである。医療現場でことばが通じなければこまるのは患者だけでなく、医療者もおなじである（さわだ2006、まつの2006、おおかわ2014）。通訳を一方的に「弱者にたいする支援」とみなすパターナリズムをなくす必要がある。

　司法通訳でも、通訳者がいなければ裁判が成立しない状況をかんがえれば、通訳を準備する主体は国であるべきだ（むらおか1995）。津田守（つだ・まもる）はつぎのように主張している。

　　国際的な標準からして、司法や行政の領域で通訳翻訳というサービスを提供しなければならないのは、司法・行政の機関とその担当者である。該当する外国人はその権利を主張することができる。と同時に、司法（あるいは法律に基づく）手続きを遂行するため、あるいは行政サービスを提供するためには、通訳翻訳人を提供する側の、たとえば

裁判所、警察、弁護士会、日本司法支援センター（法テラス）、検察庁、刑務所、出入国管理局、税関、海上保安庁、それに地方自治体等が、正にそういった司法通訳翻訳（Legal Interpreting and Translation）を必要としているのである（つだ 2011：226）。

　現在、医療通訳の派遣事業をおこなう自治体は一部にかぎられている。現状では、ボランティア通訳を国際交流協会が派遣する場合（にしむら 2009：217-219）と自治体が NPO や企業と連携し、通訳者を派遣する場合の 2 種類がある。神奈川県や京都市、神戸市、愛知県、岐阜県などは医療通訳の派遣をシステム化している。この先例にならって、国が責任をもって全国レベルで保障していく必要がある[21]。

3.6.2. ガイドヘルプ／見守り介護の保障

　現在、移動介護（ガイドヘルプ）制度は、視覚障害者、全身性身体障害者、知的障害者が利用できることになっている。この制度によって、知的障害者は「社会に出る機会が飛躍的に伸びた」とされる（わたなべ 2011：114）。渡邉琢はガイドヘルプ制度の現状をつぎのように説明している。

> 90 年代から、知的障害者のガイドヘルプ制度は成立しはじめたのだが、大きな都市の自治体しかこの制度を設けてこなかった。それが 2003 年支援費制度で全国的に制度化されることにより、知的障害者のガイドヘルプ利用量が一挙に増加することになった。潜在的なニーズがきわめて高かったわけだ（同上）。
> 　現在、ガイドヘルプは地域生活支援事業という自治体まかせの制度となっている。支援費のころは、国の責任で行う制度であったが、ガイドヘルプ給付削減のため、自立支援法のときに自治体まかせの制度に逆戻りしてしまった（同上：115）。

　いまのところ、訪問介助を長時間利用している知的障害者はそれほどおおくない。知的障害者も重度訪問介護を利用できるようになったとはいえ、現場の対応がどれだけすすんでいるかは未知数である。

これまで、知的障害者の介助といえばガイドヘルプであり、外出支援というイメージがあった。これは高齢者の介護保険制度と同様に、知的障害者は「家族介護」が自明視されているからである。つまり、障害者本人のためというよりは、家庭で介護する家族を支援するための制度であるということだ。これでは知的障害者の自立生活とその支援は困難なままである。

　末永弘（すえなが・ひろし）は2009年につぎのように主張している。

　　…知的障害者の自立生活運動にかかわってきた当事者、支援者は「見守り」を含めた長時間の介護が認められる制度を求めてきました。現行の自立支援法では知的障害者のヘルパーの制度は、身体介護、家事援助、行動援護、移動支援という形に分かれており、どの類型も長時間の利用を前提にしたものにはなっていません。そこで、全身性障害者のためにつくられた重度訪問介護という一時間当たりの単価が安く長時間の利用を前提とした類型を知的障害者も利用できるようにすることが制度上の最大の課題となっています（すえなが 2009：92）。

　すでに説明したように、障害者自立支援法にかわって制定された障害者総合支援法では、重度訪問介護は知的障害者や精神障害者も利用できるようになった。今後の課題は重度訪問介護で障害者の地域生活をささえていくことである。

　さて、このガイドヘルプや重度訪問介護などの介護制度が情報保障のひとつであることに注目したい。その点は視覚障害者の事例をみるとはっきりとする。

　2010年の「改正障害者自立支援法」により、重度の視覚障害者に「同行援護」が保障されることになった（2011年10月から開始）。これで視覚障害者は全国で移動支援を利用できることになった。この同行援護制度では、移動支援にくわえて「視覚障害者からの要望が強い『代読・代筆』等の情報支援も含められ」た（読書権保障協議会 2011：13）。『同行援護従事者養成研修テキスト』の第5章「情報支援と情報提供」と第6章「代筆・代読の基礎知識」をみれば、こういった情報保障が生活全般にかかわるものであることが確認できる（同行援護従事者養成研修テキスト編集委員会編 2011）。

　「代読・代筆」という「読み書きサービス」を必要な人に提供できるようにすることが情報保障のおおきな課題である。そこで、その「必要な人」、つま

り情報保障の対象をきちんと把握する必要がある。

4. 情報保障の対象と対策

　情報保障の対象と対策を整理するために、必要となる情報のかたちとコミュ
ニケーション支援について確認してみよう。

4.1. 日本語表記がうみだす情報障害
　まず、日本社会において情報保障の面でおおきな障害になっている日本語表
記を例に整理する。
　日本語表記の問題については、あべ（2006、2011b）でくわしく論じた。日本
語表記は、漢字がたくさんある、画数がおおく複雑な字がすくなくない、音よ
みと訓よみがあり、よみが一定しない、わかちがきをしない、ひらがなとカタ
カナがあるなどの特徴があり、つぎのような漢字弱者をうみだしている。

　・盲人（点字使用者／パソコン使用者／中途失明者）
　・非識字者／識字学習者
　・弱視者
　・読字障害（ディスレクシア）の人
　・ろう者／難聴者／中途失聴者
　・知的障害者
　・日本語学習者（日本語を第一言語としない人）

　以上にあげた漢字弱者にかぎらずとも、たくさんの人たちが「日本語のよみ
かきはむずかしい」と感じている。日本語をよむこと、かくことの両方の問題
に注目し、それぞれ情報を保障する必要がある。日本語をかくことについてい
えば、「漢字をつかわない自由」を確立し、漢字が苦手でも「はずかしいこと
ではない」「個人の責任ではない」ということを社会の共通理解にしていく必
要がある。
　日本語をよむことについては、すべての文字情報（とくに公共性のたかいも
の）は電子情報によって提供することが必要である。そして、漢字をよみあげ

るソフトや、ひらがなに変換するソフトの誤読をうみださないように、人名や地名など固有名詞の漢字はカッコによみがなをそえることが必要である。

　点字の世界に注目すれば、漢字をつかわない日本語は 100 年以上の歴史がある。ただたんに社会の多数派がその歴史を無視してきただけにすぎない。複数の日本語表記を平等に共存させることは情報保障に不可欠な対策であるといえよう（あべ 2011b）。

4.2.「図書館利用に障害のある人々へのサービス」の対象範囲

　情報保障の対象と対策をかんがえるには言語形態や感覚モダリティの種類だけでなく、生活環境への視点が必要となる。たとえば、自由が制限された生活をおくっている人も情報弱者である。

　ここで参考になるのは図書館員が議論し実践してきた「図書館利用に障害のある人々へのサービス」である。これは、図書館の利用者の側に障害がある（利用者の問題）のではなく、図書館の側に障害がある（図書館の責任）という視点にたっている（やまうち 2011）。

4.2.1.「図書館利用に障害のある人々へのサービス」とは

　望月優（もちづき・ゆう）は「図書館利用における障害の状態とサービス方法」を表にまとめている。望月は「障害の状態」として「図書館資料にアクセスできない」こと、「図書館員とのコミュニケーションが不自由な」こと、「来館できない」ことをあげている。そうした利用者として、視覚障害者（全盲／弱視）、聴覚障害者（先天性・全ろう／難聴）、盲ろう者、肢体不自由者、寝たきり老人、非識字者、外国人、病弱者、入院患者・障害者施設入所者、刑務所等の矯正施設収容者などをあげている[22]（もちづき 1999：137）。

　なかでも「寝たきり老人」や「入院患者」、「障害者施設入所者」、「刑務所等の矯正施設収容者」は、情報弱者としてはあまり注目されてこなかったのではないだろうか。

　高島涼子（たかしま・りょうこ）によれば、「図書館関係雑誌として初めて高齢者サービス特集号を刊行した」のは『現代の図書館』の 2006 年 9 月号であるという（たかしま 2007：82）。たかしまは「高齢者の身体的ニーズで注意すべき点は、障害者手帳を取得するほどではなく、しかし現状では不都合をきた

す程度の障害をもつ人々の存在である」と指摘している（同上：83）。こうした制度の面でも社会的にも軽視されやすい情報弱者の存在をきちんと把握する必要がある。

4.2.2. 情報保障の中核としての図書館

公共図書館は「文字情報センター」としての機能をもっている。現状での問題は、それが社会的に認知されておらず、その機能をはたすだけの資源（財源）が不足しているということだ[23]。

公共図書館を情報保障の中核と位置づけることができるのは、議論と実践の蓄積があるからである。山内薫（やまうち・かおる）は「公立図書館と情報保障」という論考で、つぎのように主張している。

> …情報の摂取と発信に困難を覚えている人は相当数存在し、そうした人々の読み書きの支援は社会にとっても大きな課題としなければならないだろう。こうした課題の解決を現実のものとしてゆくには、公的に設置された公立図書館こそ最もふさわしい施設であると思われる。もちろん電機製品のパンフレットを初めとして、社会に向けて刊行される出版物やパンフレット等すべての文書・印刷物そして時刻表などの公的な標示物は墨字版と同時に点字版や音声版、拡大文字版、かなもじ版、やさしく書かれた読みやすい版、日本手話による映像版などが作成されなければならないし、発行元が責任を持ってどんな人でも読める形にすべきではあるが、それを待っていては情報格差がどんどん拡大してしまうだろう。また拡大文字版のように単に大きくすれば見やすいという訳ではなく、個々の人の最も見やすい形態で大きくする必要のあるものもあり、きめの細かい対応が求められる。こうした情報提供のノウハウを公立図書館は現在まで少しずつ身につけてきたのである。2010年の著作権法の改正は、学校図書館から大学・高専図書館、公立図書館まで、資料利用に障害のある全ての人が、生涯を通じて読み、知り、学ぶ社会的な体制を確立した点で画期的であり、それぞれの図書館は読むことや学ぶことに障害のある子どもから高齢者にいたるまで、全ての人に対して、その人が読める形で資料を提供

する義務を負ったといってもよいだろう。さらに、そうした情報の受け手への情報保障は、知る権利と表現の自由が表裏一体のものであるのと同様、それらの人の情報発信の援助も不可欠のサービスとして取り組まれなければならないだろう（やまうち 2011：43-44）。

このように山内は多様な情報形態を平等に保障すること、そのノウハウが公立図書館にあり、そのための法律も整備されたこと、そして情報発信の権利を保障することも不可欠のサービスであることを指摘している。

もちろん、入院時のコミュニケーション支援やコミュニティ通訳、視覚障害者や知的障害者のガイドヘルプなどは図書館サービスでは対応できない。とはいえ、公立図書館は情報保障の中核として機能することが期待できる。ここでとわれるのは、社会のなかでの図書館の位置づけである。図書館は、たんに本がたくさんあるところではない。「情報の摂取と発信」を保障する公共施設なのである。

4.3. 社会的排除の視点から

つぎにとりあげたいのは「社会的排除」という問題である。岩田正美（いわた・まさみ）は『社会的排除』という本で、「社会的排除という言葉は、それが行われることが普通であるとか望ましいと考えられるような社会の諸活動への『参加』の欠如を、ストレートに表現したもの」と説明している（いわた 2008：22）。具体的には、つぎのように「空間的排除」、制度からの排除、制度による排除の3つをあげている。

　　その一つは空間的な側面である。すなわち、社会的排除は、しばしば特定の集団を特定の場所から排除し、その結果排除される人々が特定の場所に集められる。また、その結果として、特定の場所それ自体が、排除された空間として意味づけられていく（同上：28-29）。

　　もう一つは、福祉国家の諸制度との関係である。…中略…制度との関係では、二つの異なった側面がある。
　　第一は、ある特定の人々が制度から排除されてしまう、という側面

である。…中略…
　　第二は、制度それ自体が排除を生み出す側面である（同上：30-31）。

たとえば、つぎのような例は、制度による排除であるといえる。

　　たとえば山谷（さんや）などの「寄せ場」は福祉制度から稼働年齢
　　層の貧困を誘導し、隔離する政策の中で形成され、あるいはハンセン
　　病患者の療養所、障害者の施設なども、彼らを主要社会から排除しつ
　　つ隔離する対処といえる。ここでの排除は、制度それ自体の目的であ
　　る（同上：32）。

　社会的排除の視点が重要なのは、情報保障にパターナリズムをもちこまない
ようにするためである。逆にいえば、情報保障が重要なのは、構造的差別や社
会による排除をゆるさないからである。「おもいやり」や「おもてなし」が大
事だからではない。情報保障やバリアフリーに関しては、「情報弱者」や「社
会的弱者」を支援するというようなニュアンスでとりあげられることがある。
しかしそれは、弱者というものを固定的で本質的なものとして自明視している
からである。問題なのは、この社会でさまざまな人たちが他者化され、排除さ
れているということである。生活や行動の自由が制限されてきたということで
ある。社会的排除の歴史と現状をふりかえり、あるべき社会をつくっていくこ
とを、情報保障の根拠とするべきなのである。
　そのような観点から、ここでは受刑者や野宿者について論じる。

4.3.1. 刑務所の問題
　近年、刑務所の被収容者に社会的弱者がたくさんいることが社会問題になっ
ている。『累犯障害者』（やまもと 2006）の著者である山本譲司（やまもと・じょ
うじ）は、刑務所に収容された経験からつぎのようにのべている。

　　認知症はもちろんのこと、自閉症、知的障害、精神障害、聴覚障害、
　　視覚障害、肢体不自由など、収容者たちが抱える障害は、実に様々
　　だった。それだけではない。寮内工場には、目に一丁字もない非識字

者、覚醒剤後遺症で廃人同様の者、懲罰常習者、自殺未遂常習者と
　いった人たち、それに、同性愛者もいた（やまもと 2004：176）。

　このような状況があるため、最近では「福祉施設化する刑務所」といわれて
いる。なぜ、このような状況になっているのか。浜井浩一（はまい・こういち）
の『2円で刑務所、5億で執行猶予』をみてみよう。

　　ある意味、刑事司法手続は、98％の人が不起訴や罰金刑で勝ち抜け
　るゲームであり、受刑者は、その中で2％弱の負け組なのである。た
　だし、ここで重要なことは、負け組になる理由は、犯罪の重大性や悪
　質性とは限らないことである（はまい 2009：116）。

　浜井は、「負け組と勝ち組を分けるもの」をつぎのように説明している。

　　勝ち組になる条件は、初犯であれば、端的に言って財力（被害弁償
　等）、人脈（身元引受人等）、知的能力（内省力・表現力）である。…中
　略…教育水準の高い者は、コミュニケーション能力も高く、取り調べ
　や裁判の過程で、警察官や検察官、裁判官の心証をよくするために、
　場に応じた適切な謝罪や自己弁護等の受け答えができる（同上：117）。

それでは、受刑者はどうか。

　　…受刑者の中には、教育水準や IQ が低く、不遇な環境に育ち、人か
　ら親切にされた経験に乏しいため、すぐにふてくされるなどコミュニ
　ケーション能力に乏しい者が多い。当然、刑事司法プロセスの中では、
　示談や被害弁償もままならず、不適切な言動を繰り返し、検察官や裁
　判官の心証を悪くしがちである。その結果、判決では、まったく反省
　していないと見なされ、再犯の可能性も高いとして実刑を受けやすい
　（同上：118）。

　その結果として、「IQ で見ると受刑者の約4分の1程度が知的障害を示す

70未満のレベルにあり、精神障害を有する受刑者も増加傾向にある」という状況をうみだしている（同上：125）。日本の刑務所の現状は、「社会的排除」の現実をうつしだしているといえる。

　ここでまず問題にしたいのは、「コミュニケーション能力」とは一体なにかということである。日本の刑事司法手続で要求されるコミュニケーション能力とは、「反省している」と判断されるような態度をとること、謝罪のことばをうまく表現することである。そこには歴史的につくられた規範があり、日本の刑事司法の文化がある。「心証」というものは、その規範＝文化にその人が迎合しているかどうかを判断しているのである。

　一般的にいって、誠実さというものは、人によって、文化によって価値観がことなるものである。正直であることが誠実さであると考える人や、正直にふるまうことが身になじんでいる人は、「もしかすると、おなじことをやってしまうかもしれない」と発言するかもしれない。それが「心証」として、反省していないと判断される可能性もある。

　日本の刑事司法の文化では「すみませんでした」「もう二度としません」と、心をこめて発言することが「誠実さ」の判断基準になっている。

　司法通訳の領域でも、同様のことが議論されている。司法通訳の研究では「反省しているかどうかが量刑において日本では重要なポイントになる」こと、そして「その反省の形には文化差があること」が指摘されており、そのため通訳のありかたが問題になっている（なだみつ2001：69）。その文化差は、「日本人」のなかにもあるというべきである。

　情報保障の視点からいえば、警察官、検察官、裁判官、そして仮釈放の面接をする保護観察官などのコミュニケーション能力こそを問うていく必要がある。ここでいう「コミュニケーション能力」とは、人間・文化の多様性を理解しているかどうかである。そして、京明（きょう・あきら）が指摘しているように、「被疑者の成長又はケアを担っている者」が「取り調べの場に立会うこと」が制度化される必要がある（きょう2013：17）。

　つぎに、刑務所のなかで、どのような情報保障があるのかに注目してみたい。

　角谷敏夫（すみや・としお）は「全国で唯一の刑務所の中にある中学校」である「松本市立旭町（あさひまち）中学校『桐分校（きりぶんこう）』」について報告している（すみや2010）。対象は義務教育を終了していない男性受刑者で

ある。1955 年の開校以来、2009 年までに 708 人が入学し、691 人が卒業した
という。なかには文字をまなんだ非識字者や日本語をまなんだ来日外国人もい
る（同上）。

　中根憲一（なかね・けんいち）は 2010 年 4 月に『刑務所図書館——受刑者
の更生と社会復帰のために』をまとめている（なかね 2010）。2010 年 9 月には
「矯正と図書館サービス連絡会」ができた。

　矯正と図書館サービス連絡会のサイトの「刑事施設視察委員会の活動状況
について」というページ [24] をみると、このグループが各地の刑務所を視察し、
それぞれの刑務所の施設長に意見を提出していることがわかる。今後の展開に
注目したい [25]。

　こうした収容中の情報保障の問題は、出所後の支援（ソーシャルワーク）と
あわせてかんがえていくべき課題であろう。日本の福祉制度を改善していくと
ともに、「刑務所はどうあるべきか」「矯正／更生はどうあるべきか」を議論し、
刑務所や少年院などの矯正施設の生活環境をといなおしていく必要がある [26]。

4.3.2. 申請主義の問題

　あべ（2010e）と本書第 3 章で指摘したように、日本の福祉制度は個人が申
請し、それがとおらなければ利用できないようになっている。「申請主義」と
いう問題である。『「申請主義」の壁！——年金・介護生活保護をめぐって』の
説明をみてみよう（やまぐち編 2010）。

　　　社会福祉法の世界では、行政側が本人の届出を待たずに処理を行う
　　のが職権主義で、本人の届出によって処理を進めるのが届出主義また
　　は申請主義、というものだ。しかし、わが国社会福祉の場合、国家と
　　国民の情報格差が大きすぎることと複雑な制度と内容を前に、国民の
　　制度へのアクセスが鈍ることが少なくないといわれる。…中略…
　　　自らの権利は自らの申請でというが、制度の複雑化に加え、高齢社
　　会が到来しているわが国に、そのまま「申請主義」の原則を通すには
　　無理がある。自ら申し出るには限度があるということだ。申請者が制
　　度を知っているか、申請する力があるか、申請条件を整理しなくては、
　　が前提になっている。つまり「申請主義」とは、皮肉にも本来福祉が

必要な人ほど疎外されることになる（やまぐち／いけだ 2010：29-30)。

　現状では、野宿者支援などの団体が炊き出しや夜回りをするなかで法律相談
をしたり、申請手続きを支援したりしている。このような、福祉サービスをう
けられるようにする情報支援も情報保障であるといえる。だがそもそも、申請
主義を廃止することがなによりの情報保障である。申請主義にたつ福祉制度で
は「いのちをまもる」ことはできない[27]。

4.4. 移民について──日本の入国管理政策の問題

　社会言語学や日本語教育の領域で移民の言語権についての議論がふえてきて
いる[28]。だが、日本への移民のうち、在留資格のない人たちがおかれている状
況には無関心でいるようにみえる[29]。言語問題の研究者で日本の入国管理体
制を具体的に批判しているのは、ハタノ（2011）以外にほとんどみあたらない。
たとえば、難民や「在留特別許可」に関する文献を参照した「移民の言語」論
がどれほどあるか？　インドシナ難民にたいする日本語教育についてはいくつ
か先行研究がある。しかし法務省に難民として認定されていない人たちの状況
については、まったく注意をむけていない[30]。いわみ／ひぐち／よしだ（2009）
はその一例である。これをよめば、日本の難民支援はいかにも充実しているか
のようだ。表題に「日本の難民受け入れ政策の成果と課題」とあるが、この著
者たちは「インドシナ難民の受け入れを始めて 30 年、1 万人を超える定住許
可を与えられた難民とその呼び寄せ家族を合わせて、倍近くの関係者が日本に
定住していると推定される」ことが「日本の難民受け入れ政策の成果」だとい
うのだろうか（同上：191)。

　現実はどうか。密入国者や偽造パスポートによる入国者たちは経済難民とし
か表現しようのない背景をかかえている。難民認定をもとめている非正規滞在
者もたくさんいる。法務省は摘発した在留資格のない人をすべて収容所（入管
収容施設）に収容している。これを全件収容主義という。この全件収容主義は
法的根拠がないとの批判がある（おおはし／こだま 2009)。収容施設における処
遇でも人権がまもられていない。突然、集団の職員が力づくで強制送還してし
まう[31]、対症療法的に薬が処方されるばかりできちんとした医療をうけられ
ないなど、基本的な人権をみとめていない（「壁の涙」製作実行委員会編 2007)。

2010年3月には強制送還中の飛行機でガーナ人が職員にとりおさえられ「死亡」する事件もおきた[32]。入管収容所での自殺や自殺未遂もたえない。

　入管に収容されている人に面会してみると、ねむれない、足がいたい、頭がいたい、視力がおちた、おしっこがでない、うんこがでない、生理がとまった、胃がいたい、食欲がない、皮膚の疾患など、さまざまな症状をうったえる（あべ 2010a）。

　1年ものあいだ収容され、数十万円の保証金をしはらって「仮放免」という身分で釈放されても健康保険には加入できず労働もゆるされない。月に1度は入管に出頭する義務があり、そのときに再収容されることもある。街頭カンパで生活している難民もいる。RHQ（難民事業本部）からの保護費の支給をうちきられ、途方にくれている人もいる[33]。難民申請や仮放免の申請、退去強制令書（退令）への異議申出など、必要としている情報支援もたくさんある。

　ここでは、移住労働者と連帯する全国ネットワークによる『多民族・多文化共生のこれから 2009年改訂版』をみてみよう。この本の第9章「『難民鎖国』を打ち破るために」では、日本の難民審査の問題点をくわしく指摘している。そのなかで通訳の問題に関する部分を引用する。

　　(2) 難民調査による供述書作成が密室で行われており、検証不能である
　　まず通訳の問題がある。通訳者の能力を含め、個々の調査において、ほんとうに調査官や申請者の述べようとしていることを正確に訳しているかどうかがまったく検証されていない。また申請者の第一言語での調査を行わないことが通例となっている（特にアフリカ出身の難民申請者）。ビルマの少数民族であるロヒンギャ難民の調査でも、彼らの母語による通訳はまったく使用されていない（移住労働者と連帯する全国ネットワーク編 2009：130）。

つぎに引用する「難民性の立証責任」についての指摘も重要である。

　　現行制度では、法務省は難民性の立証責任が本人にあるとしている。しかし、立証するための資源がまったく用意されていない現状では、

これは法務省の保護責任を回避するための口実と化している。多くの難民は、偽造パスポートで出国する。その際、自分の身元を隠すことが求められる。ところが、日本に入国し、難民として在留しようとすれば、自分が主張する経歴を裏づける証拠の提出が求められるという、きわめて矛盾した状況に置かれる。また現行の難民審査では、提出した物証の真贋（しんがん）が不釣合いに重視されている。

　しかし、本人の主張の信憑性を評価するには、評価する側に出身国についての詳細な情報が要求される。ここで立証責任を負うのはむしろ審査する側である。物的証拠の提出が主張の信憑性の評価を大きく左右するのでは、難民にとって本来不可能なことを求められるにひとしい。申請人の陳述が虚偽であるとする場合の立証責任は、審査する側が負わねばならない（同上：136）。

　このような難民審査の問題は、日本の難民認定の数にあらわれている。たとえば 2007 年の難民認定でいえば、アメリカ、スウェーデン、フランス、イタリア、イギリスが 1 万人をこえているのに対して、日本での認定者は 129 人である（同上：129）。

　入管という「外国人収容所」の問題や医療支援にとりくむ医師の山村淳平（やまむら・じゅんぺい）は、『難民への旅』で日本語表記の問題や日本語学習の問題を指摘したうえで（やまむら 2010：215-220）、「日本語学習や学校教育以上に子どもをくるしませているのが、在留資格と国籍の問題である。それらは子どもの心をいたく傷つけている」と指摘している（同上：220）。日本の入国管理政策がどのような現実をうみだしているのか。その現実とは、たんに「外国人がやってきた」「多言語化社会になった」というだけではないのだ[34]。

　そもそも、これまで社会言語学や日本語教育の領域では入管法（出入国管理及び難民認定法）に言及する場合、たんに 1990 年の法改正で「外国人がふえた」ことを指摘するためだけだった。「外国人」の生活をおおきく規定する入管法の問題に、ほとんど関心をよせてこなかったということだ。

　「在留資格のある」移民の「言語」にしか興味をしめさない「情報保障」や「言語権」では、たくさんの移民の「いのちをまもる」ことはできない[35]。近年、日本の社会言語学では「移民の言語」が注目されている。しかし、移民が

おかれている生活の状況に注意をはらわない「移民の言語」論は、「言語趣味的」ではないだろうか。正規滞在者にしか人権をみとめないという論理はなりたたない[36]。『移民政策研究』などの議論をふまえた「移民の言語」論を提案したい[37]。

　山下仁（やました・ひとし）は「共生の政治と言語」という論文で「社会言語学が黙殺・忘却・隠蔽してきた『政治』」を指摘する（やました 2006：165-167）。山下は 1990 年代以降に日本で出版された社会言語学の入門書を例にあげ、つぎのように批判している。

　　　外国人のおかれた具体的な状況に対して、それが政治的であるという理由から「見ざる、聞かざる、言わざる」という態度をとることは、ある特定の研究者に限定した特性というよりも、むしろ日本の社会言語学の傾向であるに違いない（同上：167）。

　最近では多文化共生のスローガンのもと、さまざまな本が出版されている[38]。『在留特別許可と日本の移民政策』（わたど ほか編 2007）、『移民政策へのアプローチ』（かわむら ほか編 2009）、『もっと知ろう‼ 私たちの隣人──ニューカマー外国人と日本社会』（かとう編 2010）、『非正規滞在者と在留特別許可』（こんどう ほか編 2010）、『公開講座 多文化共生論』（よねせ ほか 編 2011）、『多文化共生政策のアプローチ』（こんどう編 2011）などをみれば、日本の入国管理政策のありようが確認できる。そしてさらに、情報保障、言語権、コミュニケーション支援などの課題としてどのような問題があるのか、検討することができる。「多文化共生」の名のもとに、日本の入国管理政策の問題がくわしく議論されている。そのなかで、社会言語学や日本語教育などの研究領域ではどのようにアプローチするのか。おおきな課題であるといえよう。

5. おわりに──「あたりまえ」をひっくりかえす

　ふりかえってかんがえてみると、情報保障という理念はユニバーサルデザインよりもバリアフリーにちかい理念ではないだろうか[39]。この社会に情報障害があるから、それを「おぎなう」ために情報を保障するという意味あいがつよ

いからである。「あたりまえのこと」は情報保障とみなされない。本をただ出版することは情報保障ではない。さまざまなかたちで出版することが情報保障であるとされる。だが本来ならば、さまざまなかたちで出版することが「あたりまえのこと」であるはずだ。差別をしない、ちがいをみとめあうということが「あたりまえ」の理念であるかぎり。

　もし、これまでの「あたりまえ」をひっくりかえし、多様性を尊重するということが日常的で、ありふれた、ごくふつうの光景になるならば、マイノリティのカテゴリー化はうまれない。「無徴の情報」と「有徴の情報保障」の差別はうまれない。情報保障の課題は、情報のユニバーサルデザインを実現することである。そしてそれは、あたりまえの意味をひっくりかえすということだ。表現をかえれば、情報弱者をうみださない社会をつくるということである。

　すべての人の生活と生存をまもり、人権を保障する社会をきずいていくことが情報保障を論じることの理由であり、目的であるとかんがえる。そこで問題としてあるのが、個人に責任をおわせる「自己責任モデル」の社会制度である。福祉サービスの申請主義、難民性の立証責任のありか、司法通訳や医療通訳の現状、自治体まかせの福祉サービスなどの実態をみれば、日本では社会が責任をもって権利を保障するという理念が根づいていないことがわかる。社会問題の自己責任モデルから、人権の社会保障モデルへの転換が必要である。

　日本の言語権の議論では、障害の「個人モデル（医療モデル）」から「社会モデル」へ転換を提唱する障害学の視点が導入されてきた（きむら 2010a：14）。その背景にはこのような社会状況があるのではないだろうか。つまり、日本では社会保障の基盤がよわすぎるのである。

　本章で論じることができなかった点として、プライバシーの問題がある。情報保障に関連して、「自分についての情報を管理する権利」として、プライバシーについても検討していく必要がある。よみかきサービスなどの情報支援は図書館員やガイドヘルパーなどの専門職がおこなうことでプライバシーをまもることができる。情報支援がひとつの業務、ひとつの職業として確立していけば、情報を公的に保障することができる。そこで情報保障に関する倫理について議論する必要がある。コミュニティ通訳の分野では、そういったプライバシーや倫理についての議論がある（みずの 2005、たかはし 2009）。

　この数年のあいだに、日本政府は障害者基本法を改正し、障害者自立支援法

にかわる障害者総合支援法を公布し、障害者差別解消法を制定し、国連の障害者権利条約に批准した。今後、情報保障に関する議論はますます重要になってくる。法改正についての障害者運動の議論 [40] を参照しつつ、その議論に参入していくことも必要だろう。制度がどうあろうと、本来どうあるべきかを議論することも必要だろう。情報保障、情報のユニバーサルデザインをキーワードにして論点を整理し、また個別の課題 [41] について議論をふかめていくことが今後の課題である。

補論：東日本大震災と情報保障—— 2011 年 3 月の状況から

　2011 年の 3 月 11 日、1995 年の阪神大震災よりも巨大な地震とそれにともなう津波と原発事故により、東日本は広範囲に被害をうけた（東日本大震災）。その影響は日本全体に波及している。地震の直後から、ウェブ上ではツイッター [42] やブログなどでさまざまな情報がとびかった。「外国人」むけの多言語情報や「やさしい日本語」による情報、被災した障害者のための情報、災害時の性暴力を防止するよびかけ、避難所で性的少数者が差別されないようにという趣旨のよびかけなど、インターネットが普及した現代ならではの状況がうまれた。そしてその情報は、たとえば「ダイバーシティ（人の多様性）に配慮した避難所運営 [43]」というサイトに集約されている。

　近年、「多文化共生」というスローガンが行政をまきこむかたちで普及してきた。このスローガンをひろめた要因のひとつが阪神大震災のときにつくられた「多文化共生センター [44]」である。ここから派生した団体が、現在、兵庫や大阪、東京や京都でそれぞれ独立した NPO として活動している。災害で被災する人に民族も国籍もない。その事実がうみだした団体であるといえる。

　多文化共生センター東京 [45] と多文化共生センターきょうと [46] のウェブサイトでは、いちはやく東日本大震災に関する情報を発信し、サービスを提供している。

　多文化共生センターきょうとは、医療通訳にとりくみ、京都市と共同で医療通訳の派遣を実施してきた。またスマートフォンやタッチパネル式の情報機器を利用した情報支援も実施してきた。その蓄積があるため「東日本大地震被災者に対する医療通訳支援」をはじめている [47]。

おなじく阪神大震災からはじまった「多文化・多言語コミュニティ放送局FMわぃわぃ[48]」も、多言語（文字と音声）で情報提供するだけでなく、3月23日には被災地をおとずれ、被災地支援活動をはじめている。

災害時における「やさしい日本語」支援にとりくんできた弘前大学人文学部社会言語学研究室も3月14日からウェブサイトで情報提供をはじめている[49]。

東京外国語大学多言語・多文化教育研究センターは「東日本大震災に関する被災者向け情報〈多言語版〉[50]」を提供している。

立命館大学グローバルCOEプログラム「生存学」創成拠点はウェブサイトで「災害と障害者・病者：東日本大震災[51]」というページをつくり、情報を集約している。

グーグルの情報提供も活発である。グーグルは「東日本大震災（東北地方太平洋沖地震）[52]」というページをつくり、「消息情報」や「避難所情報」、「Google計画停電情報」、「Google鉄道遅延情報」を提供している。とくにグーグルマップを利用した「地図による災害情報」がすぐれている。

「震災発——阪神・淡路大震災の記憶[53]」というサイトも情報がおおい。

今回の大地震では東京電力の福島第一原発の事故により放射性物質が拡散しており、専門家ですら情報にまどわされ、不正確な情報をながすなど、状況は混乱している。責任をはたすべき国と東京電力がきちんと情報開示していないことに原因がある。いくら情報保障をしようとしても、その情報源が不正確ではなんの意味もない。きちんと情報開示する文化[54]の確立と、システムの全体を把握する専門家[55]が必要である。

今回、官房長官の会見に手話通訳がつくようになった。ツイッターで政治家に多数の要望がよせられ実現したものだ。ニュースの字幕も以前よりふえている。NHKでは通常の手話ニュースにくわえて「特設手話ニュース」をもうけた[56]。情報保障の重要性がすこしずつ認知されはじめている。

2011年の3月18日に、ツイッターにつぎのような「つぶやき」があがった。

　　手話も外国語も、有志による情報保障の取り組みがどんどん進んでる。すごい。これはインターネット時代ならでは。でも本来は公的に保障されるべきもの。政府とマスメディアも対応を急いでほしい。日本は多言語社会です[57]。

このつぶやきに、すぐにつぎのようなコメントがついた（3月18日）。

　　　視覚な支援など発達障害者への支援もあるといいのですが！ [58]

　ツイッターでは、それぞれの専門分野／活動領域の垣根をこえた交流があり、
個々の問題意識がひろがりをみせている [59]。ひるがえって、社会言語学の研究
者のうちどれほどの人が「発達障害者への視覚的な支援」におもいいたるだろ
うか。言語問題だけ注目するのではなく、はばひろい視点にたったアプローチ
が必要である。だからこそ「情報保障」というキーワードが重要なのである。
　2015年1月現在、東日本大震災の被災者支援の報告が活字になっている。
なかでもつぎの雑誌特集が参考になる。

・『日本語学 特集 災害とことば』2012年5月号
・『自治体国際化フォーラム 特集 東日本大震災における外国人支援につい
　て』2011年8月号
・『M-ネット（Migrant's-ネット）[60] 特集 移住者と東日本大震災』2011年
　8・9月号
・『現代思想 特集 東日本大震災 危機を生きる思想』2011年5月号
・『季刊 福祉労働 特集 拡大する相談・支援事業の実相／東日本大震災障害
　者支援・復興支援ドキュメント（3.11〜5.11）』2011年131号
・『季刊 福祉労働 特集 東日本大震災と障害者』2012年135号
・『DPI われら自身の声 特集 震災と障害者』2011年27（1）
・『月刊リハビリテーション 特集 東日本大震災——被災障害者の実態と新
　生への提言』2011年7月号

　単行本には『東日本大震災と外国人移住者たち』（すずき編 2012）、『グロー
バル社会のコミュニティ防災』（よしとみ 2013）などがある。

ただしがき

1　あとで説明するように、障害者自立支援法にかわって「障害者総合支援法」が 2012 年 6 月 27 日に公布され、2013 年 4 月 1 日から施行された。

2　自立支援法では、重度訪問介護の対象は全身性の身体障害者に限定されていた。総合支援法では、対象を拡大し、知的障害者や精神障害者も利用できることになった。

3　感覚モダリティとは、人間の感覚の種類、あるいは「情報のかたち」の種類のこと。

4　五感については、ふじた（2008）や、なりまつ（2009）も参考になる。先駆的な議論としては、いちかわ（2001）がある。言語形態（モダリティ）の視点から日本手話と日本語について論じた論考に、もり（1998）がある。

5　墨字（すみじ）は、点字との対義語であり、目でみる文字のこと。

6　情報保障に必要なことについては、「情報のユニバーサルデザイン」（あべ 2014a）もあわせて参照されたい。

7　中途失聴者や難聴者については、やまぐち（2003）、たなか（2011）を参照のこと。

8　消防法によって福祉施設（グループホームをふくむ）などはスプリンクラーをつけることが義務づけられている。

9　体表点字については、はせがわ（2010）を参照。

10　視覚障害者の移動権については、さんのみや（2012）が参考になる。

11　国連の「障害者権利条約」はそのような理念にもとづいている。「合理的配慮」も権利条約の用語である。石川准（いしかわ・じゅん）による「配慮の平等」は、より明確でわかりやすい（あべ 2010e、いしかわ 2006、2008）。

12　マルチメディア・デイジーとは、障害なく読書できるように開発されたデジタル図書の国際標準規格である。利用者が個人の必要にあわせて調整することができる「柔軟な電子図書」であるといえる。現在も改良がすすんでいる。

13　この記述は、わたしが知的障害者の入所施設で経験したことにもとづく。

14　やさしい日本語は、言語サービスのひとつである。おもに災害時における緊急対応として想定されてきた。最近では、災害時に限定せずに「やさしい日本語」を普及しようという活動もある。『「やさしい日本語」は何を目指すか』を参照のこと（いおり ほか編 2013）。なお、わたしも「情報保障と『やさしい日本語』」という文章をよせている（あべ 2013b）。

15　財源は障害者総合支援法が規定する「地域生活支援事業」の「意思疎通支援事業」である。手話通訳や要約筆記の派遣、知的障害者のガイドヘルプなどは、この制度を利用している。

16　全国障害者介護制度情報というサイトの「入院介護制度の交渉について（完全看護の通知の解釈）」のページを参照のこと。
http://www.kaigoseido.net/sienho/07/nyuinkaigo_seidokousyou.htm

17　重度訪問介護では最大 24 時間の介護が保障されている。それにたいして入院中は看護

師の巡回をまたなくてはならない。ナースコールをおせない人もいる。夜間（とくに深夜）は看護師の人数もすくなく、巡回の数もへってしまう。

18　ALS の人は筋肉がおとろえる障害であるため、声をだすことができなくなる。これまでは人工呼吸器をつけると発声できなくなるといわれてきたが、最近では人工呼吸器をつけたからといって発声できなくなるとはかぎらないことが指摘されている。

19　日本 ALS 協会新潟県支部のサイトの「文字盤入門」のページが参考になる。
　　http://www.jalsa-niigata.com/mojiban1.htm

20　わたしが過去に知的障害者の入所施設で勤務するなかで日常的に経験していたことである。

21　医療通訳の負担については、「医療費の中で賄われるべき」という主張がある（にしむら 2012：93）。中村安秀（なかむら・やすひで）は、「将来的には、健康保険制度のなかで、外国人や障害者などに対する医療通訳士加算といった形で医療サービスの中に位置づけていく必要があろう」と主張している（なかむら 2012：151）。現実的な提案であるといえる。保険制度で対応するなら、全国どこでも医療通訳をうけることができるようになるからである。なお、2020 年の東京オリンピック・パラリンピックの開催にむけて、厚生労働省がうごきはじめている。厚労省は 2014 年度に「医療機関における外国人患者受入環境整備事業」を公募し、実施機関として「一般財団法人日本医療教育財団」を採択したと発表している（https://www.mhlw.go.jp/seisakunitsuite/bunya/kenkou_iryou/iryou/topics/tp140317-1.html）。

22　ここでは知的障害者や精神障害者に言及がない。知的障害者にたいする図書館サービスについては、やまうち（2008、2011）を参照のこと。知的障害者を対象にした情報保障については、あべ（2010e）、うちなみ　こが（2011、2012、2014a、2014b）を参照。著作権法の改正で 2010 年 1 月から精神障害者も図書館の録音図書などを利用できるようになった。

23　山内は「現在の公立図書館は厳しい状況にある」とし、「地方財政危機の名の下に、行財政改革が進められ、人件費の削減のために管理運営の委託や窓口の委託が、多くの図書館で導入されてきている」と指摘している（やまうち 2008：187）。

24　http://kyotoren.cocolog-nifty.com/blog/2011/02/post-d8ca.html

25　やまうち（2008：第 8 章）、くわやま（2011）、ひおき（2011a、2012a、2012b）なども参照のこと。刑務官むけの雑誌『刑政』でも 2011 年 10 月号で矯正施設での図書館サービスや読書についての記事が 4 本掲載されている（いぶすき 2011、ひおき 2011b、しまや 2011、なかね 2011）。

26　北欧の「開放制」の刑務所の例をかんがえてみれば、脱施設という理念は障害者だけでなく受刑者の理念になりうる。日本の受刑者には高齢者や障害者がたくさんいるのだから、なおさらのことである。日本の刑務所の現状については、アムネスティ・インターナショナル日本編（2011）、日本弁護士連合会刑事拘禁制度改革実現本部編（2011）を参照のこと。出所者支援については、日本犯罪社会学会編（2009）がある。

27 申請主義の問題については、おおの（2011）、もりた（2011）も参照のこと。

28 『ことばと社会』11 号と 12 号の特集「移民と言語」、『移民時代の言語教育』（たなか ほか編 2009）、『移住労働者とその家族のための言語政策』（はるはら 2009）など。

29 在留資格のある日系人や研修生などもきびしい状況にあることは、やすだ（2010）にくわしい。

30 例外的に、伴野崇生（ともの・たかお）は「『難民日本語教育』の可能性と課題」という論文で「支援の現場で『難民』と呼ばれる人々すべてが難民日本語教育の対象となる」（ともの 2013：13）としたうえで、自分の問題意識と構想を明確に論じている。

31 2004 年にベトナム人女性が毛布で「ぐるぐるまき」にされて強制送還されたことがある。くわしくは『多民族・多文化共生社会のこれから』第 10 章「収容と退去強制」を参照のこと（移住労働者と連帯する全国ネットワーク編 2009）。最近は、チャーター機で大人数を一気に強制送還するということをはじめている（やまむら 2014）。

32 日本人と結婚していたことをかんがえれば、強制送還じたいが不当であった。2011 年 8 月 5 日に国家賠償請求訴訟が提訴された。APFS ウェブページ「スラジュさん事件国賠提訴しました」http://apfs.jp/report20110805_1387.php

33 RHQ は 2009 年に難民申請者 100 人以上の保護費を停止し、混乱をひきおこした（せき 2010：192）。

34 「外国人がやってきたから多言語社会になった」という認識の問題については、やすだ（2011）、ふじい（2010）などを参照のこと。

35 政治／経済難民の強制送還や、仮放免状態の継続など、いのちがおびやかされる事態をうんでいる。

36 人権という理念に意味があるのは、すべての人を対象にするからである。過去をふりかえれば、人権をみとめる／みとめないの境界線は、いつもその時代の差別状況を反映していた。日本は 1979 年に国際人権規約を批准し、1981 年に難民条約に加入した。そのさい、事前に社会保障に関する法律などを整備し内外人平等の原則を採用した。それを都合よくわすれるべきではない。

37 2009 年創刊。入管問題についての論文や書評が多数ある。よしとみ（2009）、あんどう（2010）、にしむら・あきお（2012）など、言語問題についての論文も掲載されている。

38 「多文化共生」をめぐっては、中身がともなっていない、歴史をふまえていないなど、批判的な議論もある（うえだ／やました編 2006、いわぶち編 2010、まぶち編 2011）。

39 バリアフリーは、「いまある障壁をなくす」という意味である。ユニバーサルデザインは「はじめからバリアをつくらない」という理念である。

40 具体的には「障がい者制度改革推進会議」の議論と、それへの障害者団体の議論のこと。障がい者制度改革推進会議の総合福祉部会の議論については、厚生労働省のつぎのページを参照のこと。

http://www.mhlw.go.jp/bunya/shougaihoken/sougoufukusi/

41 まず、教育の現場や公共機関の窓口、投票や災害時などのように、場面ごとに整理する

必要がある。また、新聞や本などの活字情報とテレビや映画などの映像による情報など、メディアごとに整理する必要もある。

42　一度の発言を 140 字以内でつぶやくサイト。何度でも発信することができる。ユーザーは「フォロー」した人のつぶやきを自分の「タイムライン」に表示させることができる。リツイートという機能で、だれかのツイート（つぶやき）を拡散することができる。つぶやきにコメントすることもできる。

43　http://blog.canpan.info/d_hinansho/

44　当初は「外国人地震情報センター」として出発した。1995 年 9 月に「多文化共生センター」に名前をかえた（外国人地震情報センター編 1996）。

45　https://web.archive.org/web/20150404121031/http://tabunka.or.jp/

46　http://www.tabunkakyoto.org/

47　この医療通訳支援は京都市内の病院への通訳派遣であるため、対象者は京都に避難してきた通訳が必要な人である。

48　http://www.tcc117.org/fmyy/index.php

49　https://web.archive.org/web/20140625192045/http://human.cc.hirosaki-u.ac.jp/kokugo/Default.htm

50　http://www.tufs.ac.jp/blog/ts/g/cemmer/ リンク切れ。「東京外国語大学多言語災害情報支援サイト」http://www.tufs.ac.jp/blog/ts/g/tufs_disaster_information/ に移動。

51　http://www.arsvi.com/d/d10.htm

52　https://web.archive.org/web/20150405062944/https://www.google.co.jp/intl/ja/crisisresponse/japanquake2011.html

53　http://www.shinsaihatsu.com/

54　事故や失敗をかくすことなく、きちんと情報開示していく必要がある。シドニー・デッカーが『ヒューマンエラーは裁けるか』で指摘している「未来志向の説明責任」が参考になる。デッカーは「説明責任に対する要求に応えることと、人々や組織が学習し前進することの両方を可能にする失敗の報告とは、本質的に将来に向けたものである」と主張している。ここでの「説明責任は、安全性を向上させる改良に投資することを可能にする何かである」という（デッカー 2009：226）。個人をつるしあげるような方式では、構造的な問題は改善できないということだ。

55　それぞれがあたえられた役割分担をこなすだけの状態では、だれも全体を把握することができない。今回の原発事故で「全体」を把握している「担当者」が存在するのだろうか？

56　木村晴美（きむら・はるみ）は、当時の状況をつぎのように説明している。

　　…官邸発の記者会見についた手話通訳のほとんどは、日本手話ではなく手指日本語でした。それを見てよくわかったという聾者はいませんでした（きむら 2011：5）。

手指日本語（日本語対応手話）しかできない手話通訳者だけでは情報を保障することはできない。日本手話と日本語対応手話を視聴者が選択できるようにするべきである。字幕だけでなく手話通訳が必要なのは日本語のよみかきが苦手なろう者がたくさんいるからである。

57 http://twitter.com/sumaus/status/48559082805805057

58 https://twitter.com/n_yagishita/status/48602656926740480

59 一方では差別発言やデマをながす人たちもいる。

60 『M - ネット（Migrant's- ネット）』は移住労働者と連帯する全国ネットワーク編集の情報誌（月刊）。

第5章

言語学習のユニバーサルデザイン

1. はじめに

　本章は、言語学習のユニバーサルデザインをテーマに、現在社会においてユニバーサルデザインがどのようにすすめられているかを確認しながら、言語学習の教材や方法をユニバーサルデザインにしていくために、なにが必要かについて論じる。「ことばのバリアフリー」や「情報保障」の視点から、現場で言語教育にたずさわる人、あるいは、言語学習者にとって、すこしでも役にたつ情報を提供できればと思う。なお、ここであつかう「言語学習」とは、第一言語の学習（識字学習をふくむ）と異言語学習の両方をさすものとする。学習者に関しても、とくに年齢や属性を限定せずに論じる。

　この社会には、さまざまな人たちが生活している。それは、だれもが知っていることだ。しかしこの社会は、人間の多様性をふまえて設計されているわけではない。これまでの社会では、一部の人たち、いわゆる多数派の人たちの身体が「標準」とされてきた。社会のなかで「ふつう」とされる身体をもつ人にとって生活しやすいようにデザインするのがこれまでの社会政策だったといえる。障害者などのマイノリティは、放置され、排除されるか、あるいは「特別な配慮」の対象にされてきた。しかし視点をひっくりかえしてみれば、理由をつけてだれかを排除するような社会のほうに問題があるのではないか。これまで「特別な配慮」などと見なされてきたものは、当然の権利を保障しているにすぎないのであり、場合によっては「特別」どころか不十分な配慮だったとい

える。これまでの人間像や社会観に問題があったのである。

　平等や民主主義という理念を重視する社会であれば、だれもが社会とのつながりをもてること、すべての人に知る権利や表現の自由を保障することは、あたりまえのことである。なにも特別なことではない。ユニバーサルデザインという理念は、これまでの社会設計を反省し、だれもが生活しやすい環境をつくっていくことをめざすものである。そして、そのためには建物やモノのかたちを改善するだけでなく、「モノと人」「人と人」との間に人的支援（介助や通訳など）を介在させることも必要である（あべ 2010e）。

2. 言語をやりとりするチャンネル──聴覚／視覚／触覚

　ユニバーサルデザインとはつまり、身体のバリエーション（からだの多様性）をあたりまえの事実として認知することから出発し、社会環境をつくりなおそうとするものである。ここで重要なのは、からだの多様性は、言語やコミュニケーションのかたちにも多様性をうみだすということである。

　人間は身体を媒介にして言語をやりとりしている。ここで言語をやりとりするチャンネルを、「受信と発信」の二つの視点から整理してみよう。

　　言語を受信する方法（身体機能）
　　　・聴覚
　　　・視覚
　　　・触覚

　　言語を発信する方法（動作）
　　　・はなす
　　　・文字をかく

　このような言語の受信・発信方法は、人間が多様な分だけ多様である。
　「言語をはなす」といっても、その「言語」には音声言語と手話言語の２種類がある。
　「文字をかく」といっても、手だけでなく、足をつかう場合もあるし、口を

つかう場合もある。機械をつかって「文字を入力する」といっても、手や足、頭につけた棒、目線とまばたきで入力することもできる。最近は音声入力という方法もある。

　また、文字には墨字（すみじ）と点字の２種類がある。墨字とは、点字と対比させて使用する用語であり、目でみる文字のことである。

　音声言語は、聴覚、視覚、触覚によって受信することができる。声をきく、文字をみる、点字をさわる、指点字をよむ、手書き文字（手のひらに文字をかく）をよむなどである。

　手話言語は、視覚と触覚によって受信することができる。手話をみる、手話をさわる（触手話）という方法である。

　聴覚、視覚、触覚には、個人差がある。そのうちの一つや二つに障害がある人もいる。盲ろう者は、聴覚と視覚に障害がある人のことである。糖尿病によって失明した人は、視覚と触覚に障害がある。ディスレクシア（よみかき障害）の人のように、視覚に障害がなくても文字のよみかきに困難がある人もいる。ユニバーサルデザインという理念は、そうした身体条件に左右されることなく、だれもが情報をやりとりする権利があるという視点にたつ。その権利を保障するために、あらゆる方法をつかって、すべての人に情報のやりとりを保障していくことがユニバーサルデザインの実践である。

　つまり、その人が楽に受発信することができるチャンネルをつかって人とコミュニケーションすることができる社会は、ユニバーサルデザインの社会であるといえる。逆にいえば、情報のかたちをその人のコミュニケーション方法（受信／発信手段）にあわせていくことがユニバーサルデザインの課題であるといえる。

　ここで注意するべき点は、「その人が楽に受発信することができるチャンネル」をステレオタイプできめつけないことである。

　たとえば「聴覚障害者」というときに、聞こえにくい人（難聴者）の存在を無視するとか、視覚障害者＝見えない人と規定し、見えにくい人（弱視者）の存在を無視していることがある。「聴覚障害者といえば手話」「視覚障害者といえば点字」というのはステレオタイプな発想であり、人間の多様性をふまえていない。弱視者には拡大文字による情報が必要であるし、難聴者や中途失聴者には筆談や要約筆記が必要である。見えない人ならだれでも点字がよみかきで

きるわけでもない。中途失明者の多くは、録音図書や合成音声（音声メディア）を活用している。点字と音声メディアの両方を活用している人、拡大文字と音声メディアの両方を活用している人もいる。「その人が楽に受発信することができるチャンネル」をきちんと把握する必要がある。そして、各個人が状況に応じて選択できるようにする必要がある。

3. 情報のユニバーサルデザイン

ここで、情報のユニバーサルデザインには、なにが必要なのか、映像メディアと印刷メディアの2点を例に確認してみたい。

3.1. 映像メディアの場合

現在、映像メディアはマルチメディア化している。マルチメディアとは、一般に、視覚／文字情報と音／音声情報を同時にながすものをさす。その視覚と聴覚で得られる情報は、それぞれが独立していることがある。つまり、音をきかなければ、わからないことがあるし、画面をみなければ、わからないことがある。そこで必要になるのが、字幕や音声解説である。

イラン出身の小説家のシリン・ネザマフィは、日本語で作品を発表している。ウェブに掲載されたインタビューによれば、ネザマフィは日本語表現をテレビの字幕やマンガから学んだという[1]。字幕は、聴覚障害者だけでなく、言語学習者にとっても役にたつものである。マンガも同様である。

3.2. 印刷メディアの場合

つぎに、印刷メディアに注目してみよう。印刷メディアは、文字情報である。文字情報は、情報のバリアそのものであると同時に、情報のバリアをとりのぞく手段にもなりうるものである。どういうことか。ここでキーワードになるのが印刷物障害と電子テキスト（テキストデータ）である。

近藤武夫（こんどう・たけお）は、さまざまな情報が紙の印刷物で流通している現状を指摘したうえで、印刷物障害という概念について、つぎのように説明している。

…紙の印刷物が一部の障害のある人々の情報入手を妨げることがある。例えば、視覚障害のある人は、紙の印刷物を見ることが難しいため、そこから情報を得ることが難しい。また、肢体不自由のある人にとっても、紙の印刷物のページをめくったり、書籍を持ち運んだりすることが難しいため、印刷物から情報を得ることは難しい。さらに、視覚障害や肢体不自由がなくても、文字の認識をすることが難しい障害のある人々もいる。例えば、学習障害（Learning Disabilities、LD）のうち、ディスレクシア（dyslexia、読字障害）は、視力には障害がなく、知的にも障害がなくても、文字を認識することに重い困難のある障害の一つである。このように、視覚障害、肢体不自由、LD 等のある人々は、「印刷物を通じて情報を得ることが難しい」という困難さの共通点から、「印刷物障害（Print Disabilities）」と総称されることもある（こんどう 2014：213-214）。

　現在、この印刷物障害という視点は、その範囲を拡大し、さまざまな人を想定するようになってきている。

　印刷物障害というバリアは、電子テキストが入手できれば解決することがある。なぜなら、電子テキストは自由度がたかいからである。たとえば、文字の拡大、フォント（書体）の変更、文字と背景の色をかえることができる。また、機械で媒体変換することもできる。媒体変換とは、文字情報を機械で読みあげさせることによって音声情報に変換するとか、墨字を点字に変換することをいう。

　ただ、読みあげソフトは誤読するという問題がある。それをどうするか。解決策はすでにある。文章にふりがなをつけて、ふりがなのほうを読みあげさせるという方法である。

　マイクロソフトの文書編集ソフトである「MS ワード」には、日本語の文章にふりがなをつける機能がある。自動でふりがなをつけ、手動でふりがなの間違いを修正することができる。そしてさらに、MS ワードに「和太鼓」というフリーソフトを追加すれば、文章を読みあげさせるときに、ふりがなを読みあげさせることができる[2]。そうすれば、地の文とふりがなの両方を読みあげてしまうという問題も生じない。ふりがなが正確であれば、誤読することなく読みあげさせることができる。

読みあげソフトを利用する以外にも、人間の音読を対面で聴くとか、録音されたものを好きなときに聞くという方法がある。対面朗読は、図書館で実施されているサービスの一つであり、録音図書の制作（音訳）も、図書館の業務の一つである。

　録音図書は、以前はカセットテープに録音していたが、現在はデジタル化がすすんできている。デジタルの録音図書を、録音デイジーという。そして、たんに音声だけを収録するのではなく、テキストと音声を同期させたユニバーサルデザイン図書も作成されている。それをマルチメディアデイジーという。

　マルチメディアデイジー図書は、画面で文章をみながら音声をきくことができる。読みあげられている部分が画面でハイライト表示される。字の大きさ、読みあげ速度をかえることもできる。文章だけでなく、絵や写真、動画を表示することもできる。

4. 言語教材のユニバーサルデザイン

　わたしは市民講座や知人宅への訪問講座で言語教育をした経験がある。そのかぎられた経験でいえば、老眼や障害で「辞書の字が読めない」であるとか、「テキストの字がよく見えない」という声をきくことがあった。とくに、言語学習者の場合、見えにくい部分（表記や単語の一部）を文脈でおぎなうことはできない（むずかしい）。また初学者の場合、表記の細かい違いや記号などを見おとしやすい。テキストや辞書などの教材がユニバーサルデザイン化されれば、たくさんの人にとって学習しやすくなる。

　弱視者や老眼の人には拡大図書が必要である。現在、図書館には拡大図書がある。言語教材にも、拡大図書が必要なのである。

　2008年に「教科書バリアフリー法」が成立、施行された。正式名称を「障害のある児童及び生徒のための教科用特定図書等の普及の促進等に関する法律」という。これにより、「義務教育段階の拡大教科書の供給体制は急激な進展を遂げた」という（うの 2014：8）。ただ、「高校段階の拡大教科書の供給」は十分でなく、また「高校では高額な拡大教科書を全額自己負担しなければならない状態が続いている」という問題もある（同上）。

　そうしたなかで教科書バリアフリー法を活用してマルチメディアデイジー教

科書を作成する活動もある（のむら 2012）。しかしこれは、ボランティアの熱意によるものであり、国や教科書会社はほとんど関与していない。ボランティア団体に教科書のデータを提供しているだけである。とはいえ、マルチメディアデイジー教科書が、ごく一部であっても、普及しつつある。その点はひじょうに重要なことである。

　また、2010 年 1 月に施行された著作権法改正も重要である。宇野和博（うの・かずひろ）は著作権法改正によって、なにが変化したのかをつぎのように説明している。

　　　…著作権法が改正され、自動公衆送信による譲渡が可能になったため、全国視覚障害者情報提供施設協会はインターネット上で視覚障害者が利用できる電子図書館「サピエ図書館」を開設した。サピエでは長年蓄積してきている約 15 万タイトルの点字図書や約 5 万タイトルの音訳図書がダウンロードできるようになっており、既に 1 万 2 千名を超える視覚障害者が日々利用している（同上：12）。

　利用できる書籍は数字としてはまだまだ貧弱である。ただ、視覚障害者に限定することなく、印刷物の利用に困難のあるさまざまな人が利用できるという点は、意義のある改善である。サピエのウェブサイトをみると、「『サピエ』は、視覚障害者を始め、目で文字を読むことが困難な方々に対して、さまざまな情報を点字、音声データで提供するネットワーク」であると明記されている[3]。

　以上のような動向は、言語学習とはほとんど関連づけられてこなかった。しかし例外として、マルチメディアデイジーを外国人の子どもの学習教材として活用しようという動きがある。推進しているのは立命館大学の小澤亘（おざわ・わたる）らによる研究グループである[4]。

　スマートフォンやタブレットのソフト（アプリ）には言語学習教材がたくさんある。それらの多くは、たんに文字や絵を表示するだけでなく、音声を聞くこともできるようになっている。言語教材の場合、マルチメディアの利点を最大限に活用することができる。

　デジタル化がすすむ現在、これからの言語教材は、印刷版だけでなく、電子版も出版していくことがもとめられる（もちろん、印刷版には拡大図書版も必要

である）。印刷版であれば、会話の音声は付録の CD に収録される。電子版であれば、テキストと音声の両方をひとつのフォーマットに収録することができる。紙媒体ならではの利点はもちろんあるが、デジタルならではの利点もある。どちらか一つに限定するのではなく、必要に応じて選択できるようにするべきである。

5. 学習環境のユニバーサルデザイン

　2006 年に障害者権利条約が成立し、日本も 2013 年に批准した。障害者権利条約の批准にあたって、既存の関連法を改正するだけでなく、あたらしく障害者差別解消法（障害を理由とする差別の解消の推進に関する法律）も制定した（2016 年 4 月 1 日に施行される）。この障害者差別解消法のなかで、とくに重要とされているのが、合理的配慮という概念である。英語でいえば「reasonable accommodation」である。「納得のいく調整」と訳すこともできるだろう。合理的配慮のポイントは、障害者差別の定義を拡大したことにある。つまり、障害者を排除することはもちろんのこと、必要な調整（配慮）をしないことも障害者差別であると規定するのである。

　日本社会においては、合理的配慮という発想はあたらしい概念である。国が合理的配慮を具体的にどのように定義し、どのように推進するのかについては、いまのところ未定である。

　近藤武夫は公平な入試とはなにかについて、つぎのように指摘している。

　　…障害者が試験に参加することを考慮したとき、紙とペンだけを使う「皆と同じ方法」の受験は、必ずしも「平等」「公平」を意味しない。障害者が入試選抜という場に参加したいと望んだとき、障害者それぞれのニーズに合わせていながらも、不公平とならない範囲での配慮は不可欠である（こんどう 2012：103）。

　その配慮とは、たとえば「キーボード入力による筆記」「時間延長」「点字受験」「コンピュータによる音声読み上げ」「代読」「代筆」「別室受験」などである（同上：101）。こうした選択肢のうち、日本の大学入試センター試験でじっ

さいに選択できるのは、「時間延長」「点字受験」「別室受験」の３つだけである。このように制限された状況を今後どのようにするのか。

　もし、「キーボード入力による筆記」や「代筆」をみとめるなら、たとえば漢字の書きとりテストの部分は評価から除外することになるだろう。それならどのようにテストを作成するのか[5]。センター入試のように「正しい漢字を選択する」というテストだけにして、漢字の筆記試験は廃止するという手もあるだろう。このような合理的配慮の時代のテスト問題についても、議論していく必要がある。そして同時に、テストで言語能力を測定し、数値化しようとすることそのものの問題性をあらためて議論していく必要もあるだろう。習得状況を定期的に確認するという趣旨であれば、言語テストにも意義はあるだろう。しかし現状では、大学入試や就職のための競争手段になっている。そうしたなかで、教室内や入試で一部の学習者にパソコンの使用や代読／代筆などをみとめるとなると、「例外をみとめる」ことに対するバッシングがおきるかもしれない。

　それなら、すべての人に教室や入試でのパソコンの使用をみとめるという方法もあるだろう。1991年に出版された『ワープロが社会を変える』で田中良太（たなか・りょうた）は、つぎのようにのべている。

　　…これまでの国語教育は…中略…「読める漢字は、必ず正確に書けなければならない」という固定観念をもとに組み立てられ、もっとも大切なはずの、「読むこと」「書くこと」への興味を育てることをないがしろにしてきた。児童、生徒は、ただ「漢字が正しく書けなければダメ」といわれ続けてきたのだ。ワープロの普及は、このような国語教育のあり方を問い直す絶好の機会であろう（たなか1991：163）。

　ここであらためて、言語教育の今後について再検討する必要があるだろう。中邑賢龍（なかむら・けんりゅう）は、教室での合理的配慮について、つぎのように指摘している。

　　これまで、努力して何でも自分でできることが大切だと考える人が多かったような気がします。しかし、その考えの下ではできない人

はどうすればいいのでしょうか？ 計算ドリルができないなら電卓を、漢字が書けないならワープロを使うことの合理性は、近年増している気がします。

　誤解の生じないように申し添えておくと、「合理的配慮」は障害によって一律に決められるものではないということです。読み障害があると、音声化された試験が自動的に実施されるものではありません。読み障害にも様々な症状があり、本人の申請をもとに関係者が話し合いをもってその配慮の内容を決定することであると理解してください（なかむら 2013：85）。

　今後、学校教育における合理的配慮をどのように実践していくのか、議論していく必要がある。そこでなによりも重視するべきなのは、その人なりの学習スタイルを保障するということだろう。

6. おわりに

　さいごに、言語学習のユニバーサルデザインの課題と論点をまとめておく。
　言語学習のユニバーサルデザインとは、年齢や身体、文化的背景などを問わず、いつでも、どこでも、言語を学習する場と機会を保障することである。
　そのためには、多様な教材を流通させる必要がある。絵や写真、動画をまじえた教材も必要であるし、点字表記による教材も必要である。拡大文字による教材、電子テキストによる教材、マルチメディアデイジーによる教材など、多様な選択肢が要求される。手話の DVD、あるいは手話とテキストを同期したマルチメディアデイジー図書も必要である。
　学校教育においては、必要に応じて学習支援員による支援をうけられるようにする必要がある。また、支援技術を教室内で使用することをみとめる必要もある。
　その人が学習しやすいように環境を整備することは、障害者権利条約や障害者差別解消法で規定されている「合理的配慮」なのであり、その人が納得のいく支援をうけられるように協議・調整する必要がある。
　「学習」という営みは、教育機関に在籍している間だけのものではなく、一

生涯にわたるものである。図書館や公民館など、地域のコミュニティにおいて言語学習の場をつくっていくと同時に、ウェブ教材、電子教材なども豊富に流通させる必要がある[6]。

　言語権や言語の継承（継承語）という理念が実をむすぶためには、さまざまな言語が社会で尊重されていなければならない。言語マイノリティが「どうせ…」とあきらめてしまうことなく、自分たちの言語を使用したい、学習したいと感じられるような社会の雰囲気をつくっていく必要がある。

　それはつまり、同質性ではなく、多様性に価値をおく社会をつくるということだ。これまでの均質な学習者像をのりこえる必要がある。

ただしがき ─────────────────────────────

1　「私の日本語の学び方：シリン・ネザマフィ（作家）」『nippon.com』http://www.nippon.com/ja/in-depth/a02102/
　なお、発表作のうち「サラム」と「拍動」は通訳をテーマにしている（ネザマフィ 2009、2010）。
2　「和太鼓」『情報支援のお道具箱』https://www.magicaltoybox.org/jalpsjp/
3　『サピエ』https://www.sapie.or.jp/
4　『立命館大学 DAISY 研究会』http://rits-daisy.com/
　マルチメディアデイジーの言語教材を無料で公開している。
5　その意味で、長野県梓川（あずさがわ）高校放送部制作のドキュメンタリー『漢字テストのふしぎ』は重要な問いかけをしている。 http://www3.jvckenwood.com/tvf/archive/grandprize/tvfgrand_29a.html
　「漢字テストのふしぎ」については、なかの（2009）、ましこ（2009）による映像評がある。
6　東京外国語大学は、ウェブサイトで多言語の言語教材である「言語モジュール」を無料公開している。 http://www.coelang.tufs.ac.jp/modules/
　動画で会話を表示するだけでなく、動画の下にテキストで会話文を表示している。

第6章

言語権／情報保障／
コミュニケーション権の論点と課題

1. はじめに

　本章では、全体の議論を整理し、まとめてみたい。まず、言語と障害について、それぞれの特徴と問題について整理する。つぎに、言語権／情報保障／コミュニケーション権の3つについて論点と問題を整理し、のこされた課題を確認する。さいごに生活環境の問題に注目する必要性について論じる。

2. 言語ってなんだろう

　安田敏朗（やすだ・としあき）は、言語（ことば）のもつ特徴をつぎのように論じている。

　　ことばには、人をつなげると同時に人を排除する暴力的な側面もある。これは、ある特定の集団（これは家庭から国家あるいは超国家までさまざまなレベルが設定できる）がある言語を排他的に専有するということでもある。つまり、ことばが、特定の集団のなかでは人をつなげるという役割を果たし、集団としてのアイデンティティの中核を形成することもあるが、一方でそのことばを話さない人を排除する装置にもなるということである。
　　もう少し考えれば、「同じことば」を話していると思っていても、

そこに媒介と排除の２つの側面があることがわかる。これはコインの表裏の関係にあり、決して切り離して考えることはできない。「ことばは通じるものだ」と考えることはあまりにも素朴であり、「ことばとは、通じさせる／通じさせないものだ」という観点に立ってこそ、そこにはたらく暴力を見出すことができるのである（やすだ 2009：232）。

　安田が強調するように、言語には「つたえる」という役割だけでなく、「つたえない」「排除する」という側面もある。その点をふまえて、言語の特徴や問題を確認してみよう。

・世界観の基盤
・情報伝達、コミュニケーションの手段
・愛着をもち、自己同一化する対象
・文化、記憶、生活、教育、インフラをささえるもの
・人間を集団にまとめるもの／人間を分裂させるもの
・言語弱者を排除するもの
・主流言語の話者の利益を促進させるもの
・憎悪表現／差別表現の問題

　ある言語の話者は、その言語に愛着をもったり、自己同一化したりする。だからこそ、言語問題がナショナリズムを刺激したり、衝突をうんだりもする。それなら、自分の言語を相対化して、さまざまなことばのなかのひとつ程度にとらえることも必要だろう。ただ、言語問題は経済格差や貧困にもつながっている。それをふまえれば、たんに価値相対化すればいいというものではない。現実にある言語間格差を解消する必要がある。たまたまある言語を身につけたからといって、それがその人の利益に直結するような社会はおかしい。
　言語や民族、肌の色や出身地、身体的特性やジェンダー、セクシュアリティ、年齢や職業などによって差別されることのない社会をつくる必要がある。言語は差別問題のひとつである。
　世界観や発言は言語によるものである。その意味では、言語は差別をつくり

だす要素のひとつでもある。人権について議論するうえでは、言語の問題は無視することができない。

3. 障害ってなんだろう

本書では言語や情報、コミュニケーションに、どのような障害があるのかを論じてきた。その障害とは、社会的なものであり、人と人とのあいだにあるものである。社会のなかにあるものである。ここでは「障害」という概念をつぎのように定義してみたい。

- ・ことばとしての障害
- ・社会がつくりだしたカベとしての障害
- ・発見されるものとしての障害
- ・家族的類似としての障害
- ・障害と非障害の境界は、あいまいで連続的である

コラム3で紹介したように、家族的類似とは、ウィトゲンシュタインの「言語ゲーム」論に由来する（ウィトゲンシュタイン 1976）。「ゲーム」には、トランプ、将棋、テニス、サッカーなど、さまざまなものがある。それぞれ特徴があり、ゲームといっても同一ではない。しかし、共通点もある。その共通するところ、にているところを、ウィトゲンシュタインは「家族的類似」と表現した。

「自閉症スペクトラム」と表現される自閉症は、まさにこの家族的類似であるといえる。そして、同時に人間そのものが家族的類似であるという点が重要である。それはつまり、障害と非障害の境界は、あいまいであり、連続しているということだ。

あいまいで連続しているからこそ、福祉制度は「制度の谷間」をつくり、必要なサービスを利用できない人たちをつくってしまう[1]。人間の多様性とさまざまなニーズに柔軟に対応できる制度でなければ、制度の谷間の問題は永遠に解決できないだろう。現代社会には「障害」と認知されないまま、放置されている人がいるのかもしれない。その確認作業をつづける必要がある。

あたりまえのことを確認するなら、人間の多様性に対応するためにこそ、福祉制度がある。

また、社会が変化するなかで、あらたな障害が「発見されてしまう」という問題もある。ここで「発見されてしまう」と表現したのは、社会や環境の変化が「障害を見いだしてしまう」という側面を強調するためである。たとえば、スマートフォン（便利な携帯電話）などの情報機器が発達するなかで、それに適応できない人が問題視され、個人の責任にされてしまうという問題が想定できる。基本的に情報機器は「つかいやすさ」を追求して開発されている。しかし、だからこそ、それが使用できない人が非難されてしまうこともありえるのではないか。

あくまで、情報機器は人間に資するもの、個人の要求にこたえるものであるべきである。つかいこなす能力によって人間を評価したりするべきではない。情報機器をもっていないとか、つかえないということで疎外感を感じさせるような社会にするべきではない。機械に適応するために人間が存在するのではない。人間に柔軟に適応できる機械を開発するべきなのである。

4. 言語権の論点と課題

つぎに、言語権、情報保障、コミュニケーション権について整理してみたい。まず、言語権をめぐる論点と課題を整理する。

・人間の問題（人権）としての言語権
・アクセス権としての言語権
・集団の権利としての言語権
・識字権／読書権 [2]
・生活言語の問題
・学習言語の問題
・植民地主義の問題
・国家主義／国籍差別の問題
・通訳／翻訳の保障
・言語至上主義の問題

・名称／呼称の問題
・差別発言／憎悪表現の問題

　まず、言語問題は人間の問題であるという点について確認したい。木村護郎クリストフ（きむら・ごろうクリストフ）は言語権について、つぎのように説明している。

　　まず確認しておきたいのは、言語権の主体が「言語」ではなく「人間」だということである。しばしばみられる「ことばの権利」といった表現は、この点で誤解を招きかねないので避けるべきだと考える（きむら 2006：13）。

　　人権としての言語権の対象となるのは言語ではなく人間である以上、なんらかの実体視された「言語」の価値ではなく、人間がさまざまな言語間の格差ゆえに被る不平等こそが言語権の根拠になるはずだ（きむら 2001：39）。

　最近では、砂野幸稔（すなの・ゆきとし）が『多言語主義再考』（すなの 2012 編）の「序論」でおなじような指摘をしている。

　　忘れてはならないのは、「言語」が問題化する場所とは、「人間」の社会におけるあり方が問題化する場所に他ならないということである。「言語問題」とは、「言語」の問題ではなく、「人間」の問題なのである。そうした意味で、危機言語研究[3]や言語復興研究のように、「言語」を出発点とし、「言語」を到達点とするかのような研究とは、本書の問題意識は大きく異なる（すなの 2012：29）。

砂野はつづけて、つぎのようにのべている。

　「言語」が救済されるべきなのではなく、「人間」が「言語」に起因する疎外、抑圧、排除から解放されなければならない（同上）。

これはそのまま本書の問題意識を表現したものでもある。

　それでは、言語権が人間の問題であることを明確に表現する方法はないだろうか。ここで、二言語教育について議論するときにしばしば例示される３つの言語観に注目したい。

・問題としての言語
・権利としての言語
・資源としての言語

　この「資源」という観点は重要であるが、「人間の権利」という視点がよわいといえる。そこで、この３つを応用して言語問題と言語権をつぎのように定義してみたい。

・言語は、人権を保障するための社会資源のひとつである
・言語そのものが人間を抑圧することもあるため、言語によらないコミュニケーションや情報保障が必要である

　つまり、言語が情報格差や差別をひきおこすことがあるなら、言語やその他の社会資源を有効に利用して解決しなくてはならない。

　たとえば、公共図書館は人権を保障する重要な社会資源である。学校も、そのようにあるべきだ。つまり、学校に登校しなければ学習権が保障されない状態は不適切である。学校で主流言語による画一的な教育をするのは不当である。学校教育が言語差別を再生産する場であってはならない。もちろん、これは理想論である。しかし、この理想から出発しなければ言語問題を解決することは永遠に不可能である。

　また、言語至上主義から脱却するためにも、言語によらないコミュニケーションと情報保障の実践が必要である。言語権をみんなのものにするためには、言語以外の社会資源にも注目することが不可欠である。いってみれば、言語という社会制度がもたらす問題から、人間をどのように解放するのかということだ。

そのためには、言語をめぐる「あたりまえ」を徹底的にといなおす必要がある。主流言語の話者に少数言語の話者が妥協して主流言語を使用するのは「あたりまえ」ではない。言語能力によって人間を差別し、排除するのは「あたりまえ」ではない。それは言語による差別なのである。

　つぎに、集団の権利という点について論じておきたい。

　人間の多様性という視点から人間をみたとき、だれひとりとして、おなじ人はいない。それぞれ、ちがいがある。当然のことだ。しかし、共通点をさぐってみれば、さまざまなかたちにカテゴリー化することもできる。最近の社会科学では「民族」という概念をある種の幻想としてとらえ、その概念の抑圧的な側面を強調している。民族を単位にして人間をとらえる視点は、人間をウチとソトに分類し、内部に対しては同質化をもとめ、外部に対しては排他的になってしまうという問題がある。ただ、たとえ幻想であるにしても、この社会はその幻想を土台に構成されているという現実をわすれることはできない。

　幻想といえば、「日本語」という概念も幻想であるといえる。つぎのような糟谷啓介（かすや・けいすけ）の主張はもっともである。

　　　なぜわたしたちはなんの疑いもなく「日本語」について語れるのだろうか。「日本語とはなにか」。この問いは、日本語の歴史や日本語の起源をさぐることによってこたえることはできない。なぜなら、すでにそこでは「日本語」という対象が自明化されているからだ。問題にしなければならないのは歴史や起源ではなく、わたしたちのもっている「日本語」というものの表象なのである（かすや 1994：150）。

　さらに問題なのは、この社会で「日本語」が少数派の言語とどのような関係にあるのかということである。いいかえると、多数派の日本人が言語的少数派とどのような関係にあるのかということだ。

　日本語は、ひとつではない。そのひとつではないものを「日本語」とカテゴリー化するのは、さまざまな日本語に家族的類似を見いだし、同一化するからである[4]。しかし、どこからどこまでを同一視し、なにを「別の言語」とするのかは、あくまで政治的なきめごとである。「ひとつの言語」を家族的類似によってとらえることは可能であるが、そもそも「家族」というものがそうであ

るように、その線ひきは、あくまで政治的である[5]。言語でも、民族でも、おなじく境界線の問題がある。その政治性をあきらかにするには、現在の状況と歴史の両方に注目する必要がある。

ここでは小坂井敏晶（こざかい・としあき）の民族論（こざかい 2012）を参照して、言語権を個人の権利だけでなく集団の権利としても位置づけてみたい。

小坂井の論点は、権利ではなく、責任にある。小坂井は、「戦後生まれの日本人が大日本帝国の戦争責任を負うというとき、それはどんな論理に支えられているのだろうか」という（同上：185）。小坂井はつぎのように説明している。

> …第二次世界大戦中にナチスによって財産没収されたり、家族を虐殺されたりしたユダヤ人、そして日本軍によって強制的に性奴隷にされた「従軍慰安婦」などについても、第三帝国や大日本帝国は 1945 年の敗戦をもって解体し、現在のドイツ国家および日本国家は別の存在である、したがって謝罪や補償を求めるのは誤っているという論理がもし認められたら、被害者の方としては堪ったものでない（同上：189）。

小坂井はつぎのように、「ただの個人」というものが存在しないことを説明している。

> 国家あるいは共同体の連続性は、社会が機能するために必要な条件として擬似的に想定された契約観念である。ということは、もしこのような社会契約を受け入れず、国家あるいは共同体の連続性を否定すれば、集団責任は発生しないはずだ。したがって、共同体虚構から逃れる可能性の検討が、集団責任を考える上で重要になる。
>
> 「個人として生きているのであって、私は自分のアイデンティティを日本人であることにおいてない」と嘯（うそぶ）くだけでは何にもならない。そのような意識を持っていても、私の存在は「日本」という名の虚構に否応なしに搦（から）め捕（と）られている。意識しようとしまいと、日本と呼ばれる政治共同体に帰される行為群が生み出した歴史的条件に私はどっぷりと浸っている。その条件から離脱でき

なければ、日本という虚構と自分は無関係だと言っても意味がない。

　現在の日本で、日本人として生まれるか朝鮮人として生まれるかによって、一生が大きく左右される。就職や結婚の差別は言うまでもなく、住居を探したり融資を受けたりする場合に出会う困難など、様々な障害が在日朝鮮人の行く手に立ちはだかる。日本に生まれ、日本人と見かけは変わらなくとも、また日本語を唯一の言語として育ちながらも、日本人には経験されない苦労が朝鮮人に覆（おおい）い被（かぶ）さる。物心がつくまで自分が朝鮮人だと知らない子供もいる。それまで日本人の友達と何ら違いがないと思っていたのに、ある時、いわれのない差別にさらされる自分を発見する。それは共同体虚構が現実に機能し続けているからだ（同上：191-192）。

　この状況はまさに「継続する植民地主義[6]」といえるだろう。このような現実をいきている「日本人[7]」には、集団責任があるということだ。そして、日本の民族的マイノリティには集団としての権利があるということだ[8]。日本は国として責任をはたし、少数派の権利を保障する必要がある。

　おなじようなことを尹健次（ゆん・こぉんちゃ）が明確に指摘している。

　　「民族」はたしかに固定不変なものではなく、少なからず虚構を内に含んだフィクションでもある。筆者自身、日本の戦前と戦後の「民族」のありようは少なからず変化しているとも思う。しかし「民族」、あるいはそれと重なりあう「国民」そのものは、痛みを背負い、あるいは痛みを与えてきた実体として、厳然とこの日本の現実のなかに存在し、またアジアや世界の人びとの脳裏に焼きついている[9]。
　　…いわば「日本人」は、多数派としての民族的アイデンティティを再生産するのではなく、あくまで弱者・マイノリティとの関係を意識することが不可欠である（ゆん 2001：29-30）。

　言語権は、このような差別や権力の問題をふまえた平等思想であるべきだ。それはつまり、関係のありかたをといなおすということである。「多数派」の差別性や権力性を問題化するということである。そこで、少数派言語の学習と

使用を保障する必要がある。それだけでなく、言語問題の歴史をくわしく整理する必要がある。

　人間には、「したくてもできない」ことがある。これまで、それは個人の努力の問題とされてきた。「やる気がないからだ。もっと努力しなさい」というふうにだ。しかし、それだけの問題なのか。社会のありかたに問題があるのではないか。そのように再検討することから、障害学は出発した。

　個人の「言語能力」についても、おなじことがいえる。自分の親や祖父母の言語をはなしたいのに、はなせない。それは個人の責任ではない。社会のありかたの影響がおおきい。それを個々人が実感できるようにするためにも、言語問題の歴史と現在をあきらかにする必要がある。

　たとえば、1896 年の「三陸津波」は東北地方におおきな被害をもたらした。そのとき「救助を困難にする『言語』＝方言の存在」が注目された（かわにし2001：141）。東北のことばの「方言矯正」が開始されたのは、そのあとのことである。これはまさに、言語問題の自己責任化である。

　津波で被災した人たちに問題があったのではない。医者や救助する人に、地域のことばがわかる人がいればよかったのだ。通訳がいればよかったのだ[10]。言語問題を個人や少数派の責任にするべきではない。

5. 情報保障の論点と課題

　つぎに、情報保障をめぐる論点と課題を整理してみよう。

　・社会参加の基盤としての情報保障
　・民主主義のプロセスとしての情報保障
　・生存にかかわる問題としての情報保障
　・五感に配慮する
　・情報のかたちを人にあわせる
　・情報支援技術を提供する
　・人的支援を保障する
　・情報発信を保障する[11]
　・知る権利にかかわる情報を公開する[12]

・プライバシーを保護する

・信頼関係の問題

　以上の点は、第4章でまとめたとおりである。ここでは、情報発信を保障することと人的支援をめぐる問題について補足しておきたい。

　わたしは「識字のユニバーサルデザイン」で知的障害者を対象にした「わかりやすいメディア」を紹介し、つぎのように論じた。

　　　表現のユニバーサルデザインをつくりあげるためには、『わかりやすい障害者の権利条約』[13] や『ステージ』のように、試行錯誤しながら「いっしょにつくる」ことが重要であるといえるだろう。それはつまり、情報を発信する側が情報を受信する側と対話をしながら、両者のあいだにある「かべ」(障害) をなくしていくということだ。もちろん、その「かべ」をつくってきたのは、情報を発信する側 (発信者)である。表現のユニバーサルデザインをすすめることで、だれもが表現者として尊重される社会にしていく必要がある (あべ 2010e:306)。

　知的障害者のためのわかりやすい新聞『ステージ』[14] は、知的障害者と支援者が共同で編集している。『ステージ』は知的障害者のための新聞であると同時に、知的障害者による新聞であるといえる。『ステージ』は知的障害者から社会にむけた情報発信なのである。

　『ステージ』の編集委員の横山正明 (よこやま・まさあき) は、つぎのようにのべている。

　　　知的障害のある人に関係する国や災害などの重要な情報は、できるだけわかりやすい表現で提供してくれるといいのですが、わかりやすい表現といっても何が理解できて何が理解できないかが問題です。それと、知的障害のある人は、個人によってそれぞれ情報を理解する能力に差があるため、全部が全部わからないとは言いきれません。

　　　たとえば、テレビを観たり新聞を読むなかで、それがわかる人はストレートに情報が理解できますが、わからない人は親や支援者に「こ

れは何を言っているのですか？」と聞きます。ただそこで、解説する人がいいかげんに説明したり、説明自体を放棄することがあると、情報を得ることができなくなってしまいます。

　それを解決するには、知的障害のある人と、親や支援者の人間関係を改善していかなければなりません。それには、親や支援者が知的障害のある人の希望や気持ちを最大限に尊重して、情報を正しく得るための環境をつくってあげることが必要だと思います。

　それと、知的障害のある人のための国語教室を設けることが必要です。できるだけわからない表現をなくす努力も必要だと思います（全日本手をつなぐ育成会「ステージ」編集委員 2012：37）。

　これはとても重要な論点である。プライバシーにもかかわる問題でもある。人的支援を保障することは情報保障に必要不可欠である。ただし、その人が利用しやすい情報のかたちを準備することをおろそかにするべきではない。ひとりでも情報をやりとりできるように、わかりやすい情報や機械を整備する必要がある。もちろん、それは社会の課題としてである。個人が、「ひとりで情報をやりとりできるようになるべき」というのではない。プライバシーなどの人権を保障するために、できるかぎり、ひとりでも情報をやりとりできる状態にする必要がある。親も支援者も、「いい人」ばかりとはかぎらない。親や支援者が、いつも適切に支援できるわけでもない。支援者の良心にゆだねてしまうと、どうしても支援の質のバラつきが生じてしまう。だからこそ「できるだけわからない表現をなくす努力も必要」なのである。

　人間関係の重要性については、東日本大震災で多言語支援にとりくんだ土井佳彦（どい・よしひこ）がつぎのように指摘している。

　発災から5ヶ月が過ぎた今なお、さまざまなメディアで震災に関する情報が発せられている。そうした情報の波の中から、一個人がどれだけの情報をキャッチし、その真偽についてどれほど正確に掴（つか）むことができるだろうか。筆者は6月下旬に被災地を訪れた際に数名の外国人の声を聞いたが、中には「あまりにも情報が多すぎて、何を見聞きしていいのか、何を信じていいのかわからない。毎日流される

津波の映像なんて二度と見たくなかった。だから、しばらくはテレビもラジオもインターネットも見なかった」という人もいた。約2ヵ月間、被災者に少しでも安心を届けたいとの思いで情報提供に取り組んできた筆者にとっては、目から鱗（うろこ）が落ちた瞬間であった。どんなに意味のある情報でも、不特定多数の人に向けて一方的に発信しただけでは、必要としている人の元に届かないかもしれないということはわかっていたが、災害時には耳も目も塞いで自ら情報をシャットアウトしたくなる人もいるのだということを、このとき初めて知った。

　また、「日本のメディアと海外のメディアは言っていることが違っていたり、どこからか回ってくるメールはデマだと思うものも少なくなかった」と教えてくれた外国人は、「国際交流協会のスタッフや日本語教室のボランティアなど、日ごろから接点のある一部の日本人の言うことを何より信じていた」と言っていた。言葉は関係性の上に機能するというのは、まさにこのことだろう。情報は正確で相手に理解しやすく入手が容易なものであるだけでなく、適切な量とタイミングを考慮し、信頼性をもって届けられるよう、身近な人を介した伝達が重要であることを覚えておきたい（どい 2012：170-171）。

　情報は、ただ「やりとり」されるのではない。人間関係によって成立するものである。国や行政に対して不信感がつよければ、いくら情報を伝達しても、信用されないまま無視されるだけである。また、いくら正確な情報であっても、それを伝達する人が信頼されていなければ、情報はとどかないだろう。つまり、信頼できる人が周囲にいるということが情報保障の前提になるということだ。それは、日常のコミュニケーションが重要であるということでもあるだろう。居場所（コミュニティ）が確保できていればこそ、災害時にも「つながる」ことができる。

　しかし、くりかえしになるが、やはり人の良心にまかせることは問題をふくんでいる。良心まかせにするのではなく、社会のしくみとして「見守り」体制をつくること、また、居場所を整備し交流をうながすような工夫が必要である。コミュニケーションは重要であるが、コミュニケーションまかせにしてもいけない。

6. コミュニケーション権の論点と課題

　近年、言語権をめぐる議論のなかで、コミュニケーション権という問題提起が登場している（かどや 2006、きむら 2010a）。かどや・ひでのりは「コミュニケーションの多元化」の必要性を指摘し、つぎのように主張している。

> 人間のコミュニケーションの多様性やコミュニケーションのありかたにきまった範囲はなく、無限に拡大していくものといってよい。したがって、そのときどき、情報の発信・受信、ひとびとのかかわりのなかで、そこから差別的な排除がおこっていないかを観察し、修正をくわえていくという無限のプロセスが、ユニバーサルデザイン化のさししめす社会実践である（かどや 2010：61）。

　この主張に異論はない。ただ、「実践」である以上、具体的にどのような問題があるのかを検討していく必要がある。コミュニケーションをめぐる差別や排除として、どのような問題があるだろうか。
　たとえば、若者のあいだで「コミュ障」と略されることもある「コミュニケーション障害」という概念の問題がある[15]。また、教育や就職の場面で重要視されている「コミュニケーション能力」という概念の問題がある[16]。
　ここでは、コミュニケーション権をめぐる論点と課題をつぎのように整理してみたい。

　　・コミュニケーションは、おたがいさま
　　・コミュニケーション能力をだれが評価するのか
　　・コミュニケーション障害をだれが診断するのか
　　・言語能力を社会生活の条件にしない
　　・自閉症と定型発達のちがいと共通点を認識する
　　・ピクトグラム（絵文字）などによるコミュニケーションを保障する
　　・介助＝介護を保障する
　　・非言語コミュニケーションを点検する

・「いやだ」という権利

・虐待や暴力の問題

　コミュニケーションというと、「積極的に接する」というイメージがつよい（なか 2012）。コミュニケーションに積極的であることが評価され、消極的な人はあまり評価されない。そういった傾向がある。しかし、コミュニケーションで重要なのは、拒否できること、「いやだ」といえることである[17]。そうでなければ、虐待や暴力の問題は解決できない。暴力をしないということは、「いやだ」という声を尊重することだ。さらにいえば、いやなときは「いやだ」といえる関係であることが重要である。

　また、障害に関する分野では、「コミュニケーション支援[18]」や「コミュニケーション保障」という用語で議論されている。この議論に注目することも必要だろう。ここでは「情報保障・コミュニケーション支援」という特集をくんだ『季刊 福祉労働』と、「情報アクセスとコミュニケーション保障」という特集をくんだ『月刊ノーマライゼーション』に注目したい。まず、特集記事の表題をみてみよう。

『季刊 福祉労働』2009 年 123 号「特集 情報保障・コミュニケーション
　支援」
・「すべての人にとってわかりやすいとは――『わかりやすい障害者の
　　権利条約』ができるまで」
・「意思伝達不可能性は人を死なせる理由になるのか」
・「盲ろう者の ICT 利活用における問題」
・「『情報保障』への、かくも遠き道のり――ろう者にとっての情報保
　　障・コミュニケーション支援」
・「聴覚障害者にとっての情報保障・コミュニケーション支援」
・「手話によるコミュニケーション支援から見える課題――手話通訳者
　　の立場から」
・「中途失聴者・難聴者の情報・コミュニケーションを支える立場から」
・「教科書バリアフリー法と視覚障害児の学習権」
・「知的障害者へのコミュニケーション支援とは」

・「代読を拒否し続けた議会との闘い」
・「裁判員制度と情報保障──場当たり的認識で多くの問題点」

『月刊ノーマライゼーション』2012年6月号「特集 情報アクセスとコミュニケーション保障」
・「情報アクセスとコミュニケーション保障」
・「情報アクセス・バリアフリーに関する施策の推進」
・「情報・コミュニケーションの法整備に向けた取り組み」
・「障害のある子どもの教育におけるタブレット端末等を活用した実践」
・「情報にアクセスする力を育てる取り組み──知る見るプログラム」
・「デイジー（DAIYSY）を活用した情報アクセスの動向」
・「障害と情報アクセシビリティーに関する国連専門家会議と国際フォーラム」
・「非常時における障害者の情報保障：災害時情報保障委員会の取り組み」
・「トーキングエイダーズの活動」
・「コミュニケーションツールの文字盤、パソコンについて」
・「盲ろう者と手話について」
・「知的障害のある人にとってのわかりやすい情報──みんながわかる新聞『ステージ』の取り組み」
・「読み書き障害のある息子の情報アクセス」

　以上の論考を参照しながら、コミュニケーションの問題の重要性を確認してみたい。

　まず確認できるのはコミュニケーションの方法は多様であるということだ。コミュニケーションには文字盤やトーキングエイド、パソコンを利用する方法もある。触手話や指点字などをつかった盲ろう者のコミュニケーションもある。

　もうひとつは、情報保障の課題は、場面ごとにあるということだ。災害時、学校、議会や裁判所、医療、出版物などのメディア表現など、それぞれの状況ごとに必要な情報保障がある。

　こうしてみると、本書でほとんどとりあげることができなかった課題がある

ことに気づく。たとえば、ALS の人と盲ろう者のコミュニケーション保障についてである。失語症の人のコミュニケーション支援についてもほとんど論じることができなかった。うえの 2 つの特集でも、失語症については言及がない[19]。

　ここでは、ALS の人に対するコミュニケーション支援について補足しておきたい[20]。

　ALS の人は筋肉がおとろえ、声をだすのが困難になると目のうごきで文字盤を指示したり、パソコンを操作したりするようになる。そして、さらに筋肉がおとろえると、そのような言語的な方法では意思表明ができなくなる。TLS（トータルロックトインステート）という。立岩真也（たていわ・しんや）は「最後まで残るとされる眼球の動きも止まり、何も発信できなくなる状態」と表現している（たていわ 2004：380）。ここでは、「意思伝達はできないが、コミュニケーションはしている状態」と表現しておく。川口有美子（かわぐち・ゆみこ）の説明をみると、そのように表現するのが適切であるようにみえるからである。

　近年、この TLS の状態になった場合に「治療を中止する」ことを法的に可能にしようという議論がある。いわゆる尊厳死の法制化である。尊厳死をめぐる議論は ALS にかぎらないものであるが、その論点のひとつにされている（日本尊厳死協会編 2013）[21]。そこには「意思伝達ができない」ことへの恐怖感があるといえるだろう。

　現在の法律では、いったん人工呼吸器をつければ、人工呼吸器を意図的に停止することはできない。しかし、自力呼吸が困難になったときに人工呼吸器をつける、つけないに関しては法律上の規定はない。つまり、「おかしなことに、呼吸不全に対して何もしなければ患者は死ぬが、そのような不作為の行為は『自然死』と言われ法に触れない」のである（かわぐち 2009a：34）。本来なら、人工呼吸器をつけることを積極的に選択できない社会の状況こそを問題化する必要がある。

　川口は ALS の人につきそうヘルパーと、つきそう余裕のない看護師を対比しながら、つぎのように説明している。

　　　たとえ植物状態といわれるところまで病状が進んでいても、汗や表

情で患者は心情を語ってくる。

　　毛細血管の雄弁さ

　汗だけでなく、顔色も語っている。これは健康なときとそう変わらない。

　運動神経疾患の人は表情が硬くなるので感情まで失われたように思われてしまうが、動かぬ皮膚の下の毛細血管は、患者の意識と生き生きとした情感がここにあることを教えてくれる。恥ずかしければ顔は赤くなるし、具合が悪ければ青白くなり緑色っぽくもなる。もし酸欠になれば肌はたちまち赤黒くなる。こんなときは爪より唇の色のほうが酸素の不足を告げるので、パルスオキシメーターを指にはめて血中の酸素濃度を測るのはもちろんだが、まずは唇の色が妙に赤く鮮やかになっていないかを見る習慣がついてしまった。

　ヘルパーたちは、「今日は島田さんの顔が青黄色い」などと言っていたが、目の下が黒いときや頬に緑っぽい影がみえるときは、たいていどこかに不調が起こる兆しだった。また、私たちの会話を脇で聞いていて、何か言いたくても言えずにストレスを感じていると、顔色が冴えず表情も曇っているのだった。そんなふうにして私たちは患者の表情を読んでいる。以心伝心にも根拠がないわけではなかった。

　忙しく立ち働かなければならない病棟の看護態勢では、一人ひとりの患者の汗や皮膚の状態を観察しながら、「いったいこの人は今何を考えているのか」などと想像している暇はないだろう。動けない神経疾患患者が、実は内面ではこんなにも豊な感情をたたえていることに思いが至らない医師や看護師も少なくないかもしれない。

　「ただ寝かされているだけ」「天井を見ているだけ」と言われる人の多くは、無言でも、常に言いたいこと、伝えたいことで身体が満たされている。ただ、そばにいてそれを逐一、読み取る人がいないだけなのだ（かわぐち 2009b：184-186）。

　川口は、「意思伝達能力とコミュニケーションの可能性は別の次元の問題で

ある」という（かわぐち 2009a：35）。どのような意味か。川口はつぎのように
説明している。

　　　今一度、意思伝達不可能性が人を死なせる理由になるのか考えてみ
　　　たいが、意思伝達困難な人は少数の介護人にさえ伝わればよく、万人
　　　に伝えようなどとはしていない。その要求を感受した少数の者は驚く
　　　べき精密さで期待に応えようとするので、TLSの人の意思でさえ読
　　　み取ることは可能であるが、交代できずに疲れてしまう。このような
　　　コミュニケーションの本質は、互いの存在を確かめあうことであり、
　　　他者を排除する性質を持っているから、受け止めた者に過剰な負担が
　　　生じるのである。
　　　　私たちは彼らに何をして欲しいのかを聞き出さなければならないが、
　　　下手に介入すれば厄介者になるだけだ。しかし「勝手にしろ」と放っ
　　　ておくわけにはいかない。うまい方法を考え出さなければならないが、
　　　そこに生存のための倫理が立ち上がるのである。
　　　　そう考えると意思伝達不可能性は直接死につながらず、閉じ込めら
　　　れた関係性にいかに介入し、彼らのニーズを「読み取る」かにつな
　　　がっていくはずである。意思伝達能力とコミュニケーションの可能性
　　　は別の次元の問題である。意思伝達装置の開発は科学者に任せて、私
　　　たちはコミュニケーションが困難な人のための介護技術と支援体制を
　　　早急に確立しなければならない（同上）。

　これは介助職の専門性を宣言するものであり、その体制を確立する必要性を
うったえるものである。尊厳死を法制化しようとする議論ではなく、このよう
な主張にこそ注目するべきだろう[22]。尊厳死などという主張は、希望につなが
るものではなく、むしろ現実に絶望しているからこそ生じるものである。人が
希望をもって生活できる社会をめざすためにも、介護体制の充実を目標にかか
げたい。
　さらに、情報保障やコミュニケーション権を保障するための人的支援を充実
させ、情報支援やコミュニケーション支援を介護（介助）のひとつとして位置
づけることが今後の課題である。

読書権保障協議会による「読み書き（代読・代筆）情報支援事業」はその重要な第一歩であるといえる（読書権保障協議会編 2012）。

7. 生活環境の問題

　さいごに、言語や情報、コミュニケーションの問題は「人間の問題」であることを再確認するために、生活環境の問題に注目してみたい。

7.1. 基地騒音という問題

　近年、琉球諸語の復興運動に注目があつまっている[23]。琉球諸語の話者の言語権は、ひじょうに重要なテーマである。ただ気になるのは、それらの議論ではアメリカ軍の基地問題についてほとんど言及がないということだ[24]。はたして、基地の問題は言語問題とは関係がないのだろうか。

　ここで情報保障という視点から基地問題に注目するなら、米軍基地の集中による生活環境の悪化もおおきな問題であるといえる。たとえば、アメリカ軍の軍用機の騒音は、音声によるコミュニケーションをさまたげている。また、アメリカ軍人による犯罪の問題がある。そしてなによりも、基地反対の声を無視しつづけているという問題がある。いくら発言しても、その意見が尊重されないのであれば、そもそも発言権などあってないようなものである。これはつまり、民主主義に反する状態がずっとつづいているということだ。

　ここでは騒音被害の問題に注目してみたい。朝井志歩（あさい・しほ）は環境的公正という視点から基地騒音の問題を論じている（あさい 2009）。朝井は『基地騒音——厚木基地騒音問題の解決策と環境的公正』でつぎのように説明している。

　　　現在日本では、沖縄の普天間、嘉手納、岩国（山口）、厚木（神奈川）、横田（東京）、三沢（青森）の 6 カ所の米軍飛行場で米軍機の飛行訓練が行われていて、それらの基地周辺の住民たちは、長年にわたって深刻な騒音公害にさらされている。
　　　こうした基地騒音は、1945 年の敗戦による米軍の占領開始と同時に旧日本軍の飛行場が接収されて以降、米軍の軍用ジェット機が配備

され、それが次第に大型化し、配備される軍用機の数が増加したこと
などによって、ますます激しくなっていった。…中略…

　米軍のジェット戦闘機は、基地周辺で日常的に低空飛行訓練をして
いる。その最高音は120dB（デシベル）に達し、これはビルの工事現
場やガード下と同じくらいの値であり、他の音が一切かき消されるく
らいの轟音（ごうおん）である。そのため、基地周辺に居住する住民
に対して、会話の中断、テレビなどの視聴困難、睡眠妨害などの日常
生活上の困難だけでなく、難聴や耳なり、肩こり、めまいなどの身体
的影響も、騒音によって生じているといわれている（厚木基地爆音防
止期成同盟 2001[25]：63-65、あさい 2009：30）。

　こうした問題がなぜ放置されているのだろうか。その背景のうち、住民の意
思決定権や発言権について、朝井はつぎのように指摘している。

　…在日米軍基地での活動は日本において「治外法権」的な扱いであり、
環境規制が設けられても、実際に遵守するかは米軍側の裁量が大きい
ため、実効性のある機能をしてこなかった。そして、規制が機能しな
い状況の改善を、被害者である住民や基地周辺自治体が要求しても、
米軍基地での活動に対する意思決定権や発言権を住民や自治体は与え
られていないため、問題の改善のための要求提出回路が貧弱であり、
被害者の要求はほとんど受け入れられてこなかった。そのために、在
日米軍基地でのさまざまな活動によって公害や環境問題は発生し、解
決の見通しが立たないのである（同上：251）。

　こうした問題は言語権というアプローチには適さないかもしれない。しかし、
情報保障という視点からすれば、日常のコミュニケーションをさまたげている
という点、テレビやラジオなどの視聴をさまたげているという点、発言権や意
思決定権が保障されていないという点で、おおきな問題があるといえる[26]。
　情報保障は、民主主義の土台であり「公正な社会とは一体なにか」をかんが
えるうえで、さけてとおれない問題である。こうした課題を把握するためには、
生活環境への視点が不可欠である。

7.2. ソーシャルワークの課題

　生活環境の問題をかんがえるうえで参考になるのがソーシャルワークの視点である。最近では「多文化ソーシャルワーク」という視点から「外国人」の人権を保障しようとするうごきがある。ここでは『多文化ソーシャルワークの理論と実践』をとりあげる（いしかわ・くみこ 2012）。石河久美子（いしかわ・くみこ）はまずソーシャルワークをつぎのように説明している。

　　ソーシャルワークとは、簡単にいってしまえば、「人」が生活をするうえで問題を抱えている場合、問題解決に向けて、「人」へ働きかけるだけでなく、「環境」にも働きかける支援の方法である。ここでいう環境とは、家庭環境、職場環境、学校環境、近隣の環境など多様な意味合いを持つ（同上：28）。

　そして、多文化ソーシャルワーカーの役目をつぎのように説明している。

　　外国人の問題に関して例をあげれば、日本人男性と結婚したフィリピン人女性が、日本語も不自由で友達もなくふさぎこんでいるといった場合、この女性をカウンセリングすることももちろん重要であるが、日本語教室を探して紹介する、地域のフィリピン人女性の自助組織につなげていくなどの支援を通して生活環境を整えていくのがソーシャルワーカーの仕事である。また、このような社会資源が存在しない場合、地域に働きかけ、サービスそのものを作り出していく手腕も求められる（同上：29）。

　このように社会環境に「働きかける」姿勢が重要である。
　「外国人」をめぐる日本の社会制度は、「在留資格」で人間を管理するという側面がつよい。日本の制度は、その人が何世代も日本で在住していても「外国人」としてあつかう。市民権という視点から積極的に権利を保障することはない。あくまで「在留」を「許可する」というような視点である。そのような制度の問題をふくめて、日本の社会環境に「働きかける」必要がある。歴史的にいえば日本は移民をおくりだした国である（ふじい 2010）。その歴史をわすれ

るべきではない。

7.3.「よりそいホットライン」の重要性

2011 年に、よりそいホットラインがスタートした。これは全国で利用できる無料の電話相談である。社会的包摂サポートセンターによる事業であり、厚生労働省の補助金をうけている（単年度予算）。

社会的包摂サポートセンターのサイトでは、「代表理事ご挨拶」として、熊坂義裕（くまさか・よしひろ）のつぎのようなメッセージが掲載されていた（http://web.archive.org/web/20120329105300/http://279338.jp/message.html）。

昨年［2011 年のこと——引用者注］の 10 月 11 日に、仙台で 1 回線だけで始めた「よりそいホットライン」ですが、3 月 11 日から国の補助金をいただいて、全国で受け付ける体制が整いました。

「よりそいホットラン」は「どんな人のどんな悩みでも」受け付けて、一緒に解決を考える 24 時間の無料の電話相談です。いままで、このような形の電話相談はありませんでした。

今までは、「どのようなことを相談したいか」によって、窓口が分かれていて、相談者が、「どこに相談したらいいか」知らなければなりませんでした。「よりそいホットライン」は、何でも相談ですから、「どこに相談したらいいか分からない」方でも大丈夫です。相談員がちょっとお時間をいただいたとしても、一緒に「どのようにしたらいいか」を考えていきます。そのために弁護士の方など専門領域の方のバックアップもお願いしています。

悩みは、決して単独ではありません。皆さん複合した悩みを抱えておられます。私たちは、電話をかけてくださった方に「よりそって」、一つ一つ問題を解きほぐし、まずできることから一歩すすめるお手伝いをしたいと考えています。

仙台でスタートしたとき、相談者の方から「相談員が優しい」というお言葉をいただきました。相談者の方の孤独を感じました。「社会的排除」は本当に進んでいます。「よりそいホットライン」が「排除から包摂へ」、誰もが「居場所」と「出番」を持てる社会となる役割

を担えれば、こんなに幸せなことはありません。…後略…

　よりそいホットラインは24時間対応している。また、多言語に対応している。現在のところ日本語のほかに「英語、中国語、韓国・朝鮮語、タガログ語、タイ語、スペイン語、ポルトガル語」で相談できる。また、ファックスによる相談にも対応している。
　よりそいホットラインの重要な点を整理してみよう。

・全国から利用できる（自治体間格差がない）
・被災地を優先している
・多言語に対応している
・音声以外の相談窓口（ファックス）を用意している
・貧困や労働問題、外国人、性暴力やDV被害者、セクシュアルマイノリ
　ティなど、それぞれの専門家や支援団体が関与している。
・相談をきくだけではなく、「一緒に解決を考える」という姿勢

　現在、この社会で生きづらさを感じている人はたくさんいる。そうした人たちが「たすけて」と言える仕組みがあることは、ひじょうに重要なことである。ただ、厚生労働省が新年度にあたって補助金をとめる可能性もある。これだけ意義ぶかい事業をNPOまかせにするべきではない。むしろ、よりそいホットラインのような社会資源をもっとふやしていく必要がある[27]。

8. おわりに

　言語権、情報保障、コミュニケーション権の3つを整理してみると、どれかひとつで全体を包括するのは困難であることがわかる。たとえば、情報保障というアプローチでは、「標準語」強制や植民地支配など、過去の問題について追求することができない[28]。言語権というアプローチでは、騒音などの環境の問題について追求することができない。それぞれに固有な論点がある。
　そもそも、これまで論点を整理した先行研究があるのは言語権だけである（きむら 2010a、2010b、2012）。情報保障は、具体的な実践報告か小論ばかりで、

それらをまとめて整理した文献はほとんどなかった[29]。先行研究のほとんどは大学における情報保障の実践例である。今回、大学での情報保障については、まったくとりあげていない。情報保障についての用語は、情報アクセシビリティや情報アクセス権、情報バリアフリーや情報のユニバーサルデザイン、そして「ことばのバリアフリー」などがある。これらをまとめて整理する作業が必要である。

コミュニケーション権については、木村護郎クリストフがいくつか先行研究を紹介している（きむら 2010a）。それをみると各自が各自なりの議論を展開しているという状況であり、たがいに影響しあいながら発展するような相互作用はうみだしていない。

木村は「今後の言語権論」を「コミュニケーション権の中に位置づける方向を模索すること」が重要だと主張している（同上：12）。ここで指摘しておきたいのは、コミュニケーションの言語モデル（伝達モデル）をこえたコミュニケーション権を構想する必要があるということだ。そのうえで言語権をコミュニケーション権のなかに位置づける必要がある。そうでなければ、名前を「コミュニケーション権」にかえただけで、中身は言語中心の議論になってしまうからである。たとえ「権利内容が言語権よりもかなり多岐にわた」るとしても、言語問題にかぎらない問題の全体像をあきらかにする必要がある（同上）。そのため、本章ではコミュニケーション権を障害学の視点から整理した。コミュニケーション権については、さらなる議論が必要だろう。

整理できていないこと、とりあげていないことは、まだまだたくさんある。人権を保障するために必要なことは無数にある。その点については、ひきつづき議論していきたい。

冨田哲（とみた・あきら）は『識字の社会言語学』の書評で「きりがない」ことをつぎのように肯定的に評価している。第 8 章「識字のユニバーサルデザイン」（あべ 2010e）について言及している部分である。

電子書籍、ユニバーサルデザインフォント、わかりやすい表記・表現のための配慮、マルチメディア・デイジー、LL ブック、ユニバーサルサイン、公共図書館の文字情報サービス、自治体の言語サービス、やさしい日本語、郵便局のひまわりサービス…。ユニバーサルを標榜

する以上、おそらく「きりがない」のであろう。しかし、「きりがない」ことはユニバーサルデザイン／サービスの意義を何ら低めるものではない。「きりがない」からこそ、各自が「それぞれの活動の場で『可能な限り最大限に』をめざすこと[30]」（329、重引）が重要なのである（とみた 2011：189）。

　冨田が指摘しているように、わたしは情報保障やユニバーサルデザインは「きりがない」ことに積極的な意義があると感じている。また同時に、「きりがない」からこそ、わたし自身が日常の活動の場で、どれだけのことが実践できているのか、あらためて再確認する必要性を感じる。
　2015 年現在、わたしは障害者の訪問介助をしている。また、春から夏までは大学で非常勤講師もしている。どちらの場でも、言語権、情報保障、コミュニケーション権の重要性を実感している[31]。
　川内美彦（かわうち・よしひこ）はユニバーサルデザイン（UD）を「語る者の姿勢」について、つぎのように注意をうながしている。

　　　UD は理論から実践に移ってきているといわれている。それにしても理論が完全に成熟しているわけではないから、なお一層の議論が必要なことは確かである。しかし、UD は利用者の視点を中心にした考え方であるから、それを語る者は聞き手がいるということを確認しておく必要がある。その聞き手には、当然のことながら、聞こえない者、聞き取りにくい者、見えない者、見えにくい者など、多様な人がいるのである（かわうち 2006：205）。

　川内が問題にしているのは『共生のための技術哲学――「ユニバーサルデザイン」という思想』（むらた編 2006）とその土台になった学術セッションのことである。川内は、ユニバーサルデザインを論じる「表現者」には「自己の主張をよりわかりやすく聴衆に伝えるという点において UD の実践に責任をもつと思う」と主張している（かわうち 2006：202）。この指摘は、本書とわたしの日常の実践にもいえることである。

ただしがき

1 制度の谷間の問題は、最近の障害者制度改革の課題のひとつである（ながせ 2011）。

2 識字権を論じた文献に、「識字／情報のユニバーサルデザインという構想——識字・言語権・障害学」（かどや 2012）、『識字神話をよみとく』（すみ 2012）がある。わたしは読書権運動の歴史的意義をふまえて「読書権」という表現をえらんでいる（あべ 2010b）。読書権の内容は「字がよめなくとも文字情報にアクセスできる体制をととのえ、また意見や情報を発信する権利を保障すること」である（同上：104）。

3 危機言語の問題にかかわる言語学者のありかたを批判したものとして、ひがしむら（2004、2005）がある。言語学の倫理と言語研究者の役割については、ましこ・ひでのり『ことばの政治社会学』収録の「言語差別現象論」と「求心力の中核としての民族語」を参照されたい（ましこ 2002b：15-43、119-153）。

4 言語の連続／非連続については、ましこ・ひでのりも「家族的類似」論を活用して同様の指摘をしている（ましこ 2014）。

5 家族の空間である家庭は、だれにとっても安心できる安全圏ではない。「大切な家族」の範囲も、一定ではない。家庭のなかにも政治はある。

6 『継続する植民地主義——ジェンダー／民族／人種／階級』（いわさき ほか 2005）などを参照のこと。

7 ここでの「日本人」とは、国籍をさすのではなく、日本社会で民族的なアイデンティティを意識する必要にせまられない集団をさしている。たとえば親が朝鮮人と日本人である場合、その人は自分をどのように位置づけるにせよ、民族的アイデンティティについて意識せざるをえない状況におかれている。平田由美（ひらた・ゆみ）はつぎのように説明している。

> 「人種」や「民族」の「純粋性」を根拠とする国民国家の統合原理は、すべての「人種」や「民族」がまぬかれえない「雑種性」を否定するために、帰属のあいまいなカテゴリーを創出し、そこに「不純さ」を転化する。「名前のはざま」に押し込められた人びとは、それぞれの「名前」が作り出すカテゴリーとそこに働いている暴力を感取することができるのである（ひらた 2005：184）。

感取することができるというよりは、感取させられるといったほうが正確だろう。

8 もちろん、集団の権利と規定するだけで議論がおわるわけではない。

9 尹は「前世代が築きあげた遺産のうち、戦争責任・戦後責任だけは引き受けられないという論理には無理がある」と指摘している（ゆん 2001：32）。

10 今回の東日本大震災でも、地域のことばが医者や看護師、支援者などに通じないことがあったという（たけだ 2012）。そこで、東日本大震災の災害救助では支援者むけに「方言パンフレット」を配布するなどのとりくみがあった（同上、こばやし・たかし ほか

2012)。『日本語学』2012 年 5 月号の特集「災害とことば」と、『方言を救う、方言で救う──3.11 被災地からの提言』（東北大学方言研究センター編 2012）を参照のこと。『支援者のための気仙沼（けせんぬま）方言入門』は「東日本大震災と方言ネット」のサイトで PDF ファイルがダウンロードできる（http://www.sinsaihougen.jp/）。『東北方言オノマトペ用例集』は国立国語研究所が PDF ファイルを公開している（https://www2.ninjal.ac.jp/past-publications/publication/catalogue/onomatopoeia/）。オノマトペとは「カサカサ」「ゆらゆら」のような擬音語／擬態語のこと。

11 関連文献に『多文化共生社会と外国人コミュニティの力』（よしとみ 2008）、『メディアをつくる──「小さな声」を伝えるために』（しらい 2011）、『子どもの声を社会へ──子どもオンブズの挑戦』（さくらい 2012）、「きこえない女性の立場から情報メディアを通じて〈発信〉するということ」（よしだ 2012）などがある。

12 2014 年に制定、施行された秘密保護法（特定秘密の保護に関する法律）は、市民の知る権利を制限するという意味で、情報保障の理念に反するものであると指摘しておきたい。

13 『わかりやすい障害者の権利条約──知的障害のある人の権利のために』は長瀬修（ながせ・おさむ）をふくむ 8 人の共同で編集された。編集には知的障害のある人だけでなく韓国からの留学生も参加し、「日本語を学んでいる外国の人にもわかりやすい」（ながせ 2009：49）というねらいもあったという。

14 『ステージ』は全国手をつなぐ育成会が年に 4 回発行している。1996 年に第 1 号がでた。8 ページ、カラーの紙面で、漢字にはふりがなある。写真や図をつかって、わかりやすい表現で編集している。なお、全国手をつなぐ育成会が解散したため 2014 年から休刊している。

15 ウェブ上では「情報弱者」という表現も「情弱（じょうじゃく）」と略され、蔑称として使用されているのが確認できる。情報の受信が自己責任にされてしまう社会では「情報弱者」という表現は蔑称として使用されてしまうのである。

16 関連文献に「救いはコミュニケーション『能力』にあるのか？ コンビニエンス・ストア従業員の要員管理に着目して」（いごう 2005）、『多元化する「能力」と日本社会』（ほんだ 2005）、『『コミュニケーション能力』を批判することの困難さ」（ひらい 2009）、『「コミュニケーション能力がない」と悩むまえに』（きど 2011）、『教育』2008 年 7 月号の特集「コミュニケーション『力』って何？」などがある。

17 知的障害者を対象にした性教育の本『自立生活ハンドブック 7 いや』（全日本手をつなぐ育成会 1998）は、「いや」と表現することの大切さをわかりやすいことばで説明している。平田厚（ひらた・あつし）も『増補 知的障害者の自己決定権』で「『いや』と言える権利の重要性」を指摘している（ひらた 2003：30-33）。10 代むけの本に『がまんしないで、性的な不快感──セクハラと性別による差別』（ショー 2008）や『デートレイプってなに？ 知りあいからの性的暴力』（パロット 2005）などがある。すぎむら・なおみの一連の著作も参考になる（すぎむら 2007、2011、2013 など）。

18 2006 年から施行された障害者自立支援法でも、地域生活支援事業のひとつとして「コ

ミュニケーション支援事業」が位置づけられた。地域生活支援事業は自治体まかせである点で問題がある。ただ、これによって支援の幅が拡大したのもたしかである。じっさいにどのようなコミュニケーション支援が実施されたのかを検証したうえで、国の制度としてどのような支援を保障するべきなのかを検討する必要がある。障害者自立支援法にかわって 2013 年に施行された「障害者総合支援法」では「コミュニケーション支援事業」にかわって「意思疎通支援事業」が開始されている。厚生労働省も「概念的に幅広く解釈できるようにしています」と説明している。

http://www.mhlw.go.jp/bunya/shougaihoken/sanka/shien.html

とはいえ、必要とされている情報支援がきちんと幅ひろく保障されていないことが報告されている。くわしくは、全日本ろうあ連盟による調査報告書を参照のこと（意思疎通支援実態調査事業検討委員会編 2014）。この調査は、視覚や聴覚に障害のある人だけでなく、脳性まひの人、ALS の人、失語症の人、学習障害や発達障害の人、知的障害者などに対して調査を実施しており、情報・コミュニケーション支援の課題をうかがいしることができる。なお、おなじような調査報告書として、『視覚障害者の同行援護事業に関する実態把握と課題における調査研究事業報告書』がある（社会福祉法人日本盲人会連合 2014）。「同行援護」については本書 104 ページを参照のこと。

19 『地域リハビリテーション』という雑誌の 2009 年 10 月号の特集「コミュニケーションの代替手段」に「失語症の人への情報アクセスの試み――『ポイント筆記』」という記事がある（のぞえ 2009）。単行本には『改訂版 失語症の人と話そう』（言語障害者の社会参加を支援するパートナーの会・和音編 2008）や『失語症を解く』（せき 2003）がある。ほかには、吉川雅博（よしかわ・まさひろ）が失語症の人へのコミュニケーション支援の課題をくわしく論じている（よしかわ 2009、2010、2011）。

20 盲ろう者については、『盲ろう者の自立と社会参加』（しん 2005）、『盲ろう者への通訳・介助』（全国盲ろう者協会編 2008）、『指点字ハンドブック』（東京盲ろう者友の会編 2012）などの本がある。福島智（ふくしま・さとし）の本とあわせて参照されたい（ふくしま 1997、2011 など）。

21 日本尊厳死協会のサイトの「リビングウィルとは」というページをみると、「リビングウィル」とは「尊厳死の宣言書」であり、「『自分の命が不治かつ末期であれば、延命措置を施さないでほしい』と宣言」することだという（https://web.archive.org/web/20150207100926/http://www.songenshi-kyokai.com:80/living_will.html）。わたしはむしろ、不治であろうと末期であろうと「いきている」ということにこだわりたい。関連書として、立岩真也の『良い死』（たていわ 2008）、『唯の生』（たていわ 2009）、川口有美子の『末期を超えて―― ALS とすべての難病にかかわる人たちへ』（かわぐち 2014）、そして遷延性（せんえんせい）意識障害の患者と家族を取材した『生きている――「植物状態」を超えて』（かほく〔河北〕新報社編集局編 2012）などがある。なお、「遷延性意識障害とは、事故や病気などによる脳損傷で重い意識障害が遷延、つまり長引いている状態をいう」（同上：5）。

22 中島みち（なかじま・みち）は『「尊厳死」に尊厳はあるか』でつぎのように主張している。

　　　今は、医師の免責に容易に結びつきやすい延命措置中止の法制化よりも、患者本人の最後の一息まで、その尊厳ある生をいかに支えるか、終末期医療の質の格差をなくすための、国としてのきめ細かな施策が必要とされるときだと考えます（なかじま2007：185）。

23 琉球諸語とは、おきなわのことばのことである。雑誌特集として『文学 解釈と鑑賞』2010年1月号の「危機言語としてのアイヌ語と琉球語」と『日本語の研究』第7巻4号（2010年）の「琉球語を見る／琉球語から見る」がある。研究報告書に『琉球諸語記録保存の基礎』がある（ハインリッヒ／しもじ編 2011）。単行本には『東アジアにおける言語復興──中国・台湾・沖縄を焦点に』（ハインリッヒ／まつお編 2010）、『琉球諸語の保持を目指して』（しもじ／ハインリッヒ編 2014）などがある。

24 例外的に、ましこ・ひでのりは言語問題だけでなく基地問題や沖縄観光のありかたなど、沖縄をめぐる日本社会の問題をきびしく批判している（ましこ 2002a、2002b、2003、2008、2010）。

25 厚木基地爆音防止期成同盟 2001『厚木基地爆音防止期成同盟40周年記念誌』

26 基地騒音については、『軍事環境問題の政治経済学』（はやし 2011）、『沖縄──日本で最も戦場に近い場所』（よしだ 2012）の第6章「果てしない爆音と日米地位協定の壁に抗して」や、『琉球列島の環境問題』（沖縄大学地域研究所〈「復帰」40年、琉球列島の環境問題と持続可能性〉共同研究班編 2013）に収録の「宜野湾（ぎのわん）：普天間（ふてんま）基地の騒音問題と危険性」（やまうち 2013）なども参照のこと。

27 相談をうけつける社会資源も重要であるが、積極的にアプローチするとりくみも必要である。たとえば、『孤独死を防ぐ──支援の実際と政策の動向』（なかざわ／ゆうき編 2012）が参考になる。

28 もっとも、たとえば介護の世界では「標準語」強制や植民地主義の問題は現在的な課題である。地域語や民族語での介護が必要だからである。

29 情報保障の論点や課題をまとめたものに「情報保障」（たなか 2004）、「障害者と情報アクセシビリティに関する諸問題の整理──情報保障の概念を中心に」（うちなみ こが2009）、「知的障害者への情報のユニバーサルデザイン化に向けた諸課題の整理」（うちなみ こが 2011）などがある。これまで情報保障の課題は障害者と高齢者に限定されてきたといえる。「外国人」（日本語を第一言語としない人）に対するコミュニティ通訳などを情報保障の課題にする視点はなかった。わたしや打浪（古賀）文子（うちなみ〔こが〕あやこ）をふくめた12人による共同論文「社会参加のための情報保障と『わかりやすい日本語』──外国人、ろう者・難聴者、知的障害者への情報保障の個別課題と共通性」は、本章とおなじような問題意識によって記述されている（まつお ほか 2013）。

30 「それぞれの活動の場で『可能な限り最大限に』をめざすこと」の引用元は、かわうち（2006：202）。

31 介助者として、代読や代筆などをすることもある。言語障害のある人のことばをきいて通訳することもある。パソコン要約筆記をすることもある。大学の授業では、要約ではなく文章化したプリントをくばり、ウェブ上でも公開している。「多文化社会とコミュニケーション 2014」http://hituzinosanpo.sakura.ne.jp/tabunka2014/

あとがき

　現在、情報保障の動向は、どんどん変化しています。法律や条例が整備されてきたことも、その背景にあるようです。その一例を紹介します。

　2014 年 9 月に沖縄県那覇市役所で撮影した「投票所コミュニケーションボード」です。ふりがなと絵がついていて、わかりやすく説明してあります。

那覇市
「投票所コミュニケーションボード」

　これが期日前投票所で掲示されていました。これをみると「耳マーク」のよこに、「耳の不自由な方は筆談しますので係員にお申し出ください」と説明しています。ほかにも「字が書けません」「投票者の係員が代筆をします」という説明もあります。入場券の再発行や候補者についても説明があり、「メガネ・ルーペ」の用意があることも明記しています。

　このコミュニケーションボードは、那覇市の投票所の一部に掲示されているものです（『琉球新報』2014 年 11 月 1 日「進まぬバリアフリー 県内の投票所の 25％に段差」オンライン記事。この記事によると、那覇市内 53 カ所、全体の 15.6％に設置）。このようなコミュニケーションボードを、すべての自治体の投票所に掲示してほしいのです（現状では、那覇市のほかに投票所にコミュニケーションボードをおいているのは東京都、長野県、横浜市ぐらいです）。また、投票所だけでなく、あらゆる窓口にも、その窓口の業務内容に則したコミュニケーションボードをつくって、掲示してほしいのです。

　最近では、役所や図書館の総合案内に、おおきな「？」（はてなマーク）を掲示していることがあります。窓口に「はてなマーク」があれば、こまったことがあれば質問することができます。そこにコミュニケーションボードがあれば、もっと質問しやすくなるでしょう。そのように工夫をすることが、ことばのバ

リアフリーなのだとおもいます。

　現在、さまざまなところで耳マークが掲示されています。現状では、ほとんどの場合、耳マークは「筆談のマーク」になっています。今後は「手話通訳と筆談のマーク」にしていくことが必要でしょう。

　もうひとつ気になることがあります。このコミュニケーションボードでは、右手に包帯をまいている人が「字が書けません」といっています。じっさいには、手をケガしていなくても字が書けない人、書きにくい人がいます。そのことが、もっと認知される必要があるとおもいます。

　投票所については、もうひとつ紹介したいことがあります。介助の仕事中に投票所に同行したときのことです。本人は電動車いすを使用していて、わたしはすこしうしろにいました。投票所に入ると、係の人が「代筆は必要ですか」と、わたしのほうをみて確認しようとするのです。代筆をするのは係の人ですから、わたしはまったく関係がないわけです。代筆が必要かどうかは、投票する本人に確認することです。

　こういったことは、介助者として、あまりにも日常的に経験していることです。買いものをしている本人ではなく介助者に話しかけるとか、本人が質問しても介助者に返答するということがあるわけです。これは、1990年に初版が出版された『生の技法——家と施設を出て暮らす障害者の社会学』でも指摘されていることです（あさか ほか 2012：第5章）。テーヤ・オストハイダは「聞いたのはこちらなのに…——外国人と身体障害者に対する『第三者返答』をめぐって」という論文をかいています（オストハイダ 2005）。この論文の題のとおりのことが、じっさいにあるわけです。コミュニティ通訳でも、そういったことが指摘されています（みずの 2008：117）。たとえば、医者が本人ではなく医療通訳者（あるいは手話通訳者）に説明しようとするのです。

　あいだにだれかが介在していようとも、その場の主体がだれなのかを判断することは、むずかしいことではないはずです。本人の意思を確認することが重要だからこそ、通訳者や介助者が存在するはずです。あいだにだれかが介在しているからといって、その場でその人（本人）を無視するような態度をとることは、その場からその人を排除することとおなじではないでしょうか。このような態度の問題は、いくら制度が整備されようとも、かんたんに解消されることはありません。くりかえし、問題提起していく必要があります。とはいえ、

「こどもあつかいするな」「確認するなら本人に」ということを、いつまで指摘しなければいけないのでしょうか。わたしは、年齢差別であるとか、こどもにたいする態度の問題について議論したいです。

　さて本書の「はしがき」で、「情報保障は、おわりのないプロセス」だと表現しました。この本は、なにかの結論などではありません。集大成といえるものでもありません。ただ、情報保障に必要なことを論じただけです。問題提起をしただけです。大事なのは、これからです。

これまでのこと

　さて、これからの展望をかくまえに、「これまで」のことをかいておきます。この10数年間に、たくさんの人たちにお世話になったからです。
　大学生のとき卒業論文を安渓遊地（あんけい・ゆうじ）さんに指導していただきました。あんけいさんは、わたしに2つの課題をいいました。それは「まず、全体像をえがくこと」と「中学生でも理解できる文章にすること」でした。つまり、最初からこまかいことをくわしく論じるのではなくて、まず、おおざっぱでもいいから全体像をまとめなさいということ。そして、自分の理念を文章に反映させなさいということ。全体像をえがくことについては、この本で実現できたとおもいます。これからは、この本で指摘した課題について、それぞれくわしく論じていこうとおもいます。
　卒業論文をかいているときに、ましこ・ひでのりさんにメールをおくりました。自己紹介と卒業論文のもくじをおくったように記憶しています。それからメールのやりとりをするようになり、『社会言語学』という雑誌を紹介され、第2号に投稿する機会をいただきました。そのおかげで、卒業論文の一部を「漢字という障害」という論文にまとめることができました。韓国のテグ大学大学院に留学した1年めのことです。そして、それが『社会言語学』編集長のかどや・ひでのりさんとの出会いでもありました。ましこさんと、かどやさんには、ずっとお世話になっています。
　『社会言語学』は年1回の発行をつづけてきました。わたしは、この雑誌の編集に参加することで、たくさんの刺激をうけてきました。なかでも、木村護郎クリストフ（きむら・ごろうクリストフ）さんの言語権についての議論に

は、おおきく影響をうけました。修士論文を「ろう者の言語的権利をめぐる社会言語学的研究」という内容にしたのも、木村さんの学会発表をきいて刺激をうけたからでした。木村さんは最近の論文で、わたしや、かどやさんの最近の言語権論を「障害学的言語権」と表現されています（きむら・ごろうクリストフ 2012）。この本は、まさに障害学的な言語権をまとめたものです。なお、『社会言語学』刊行会は、ましこ・ひでのりを代表者とする科研費プロジェクトと連動し、2008 年から公開で「情報保障研究会」を開催しています（http://syakaigengo.wixsite.com/home/zk）。本書は、その成果の一部です。

　2004 年に大学院をでてからは、岡山市の実家でフリーターをしながら論文をかいていました。自分のウェブサイトをつくり、ブログもかくようになりました。イタリア料理店で調理をしたり、朝鮮語の講師をしたりしているうちに、2007 年に知的障害者の入所施設で臨時職員として「生活支援員」をすることになりました。その施設で、いろんなことがありました。たのしいことも、たくさんありました。つらくなることも、たくさんありました。それについては、ことあるごとにブログで記事にしてきました。

　知的障害者の施設で仕事をすることにしたのは、打浪（古賀）文子（うちなみ〔こが〕あやこ）さんの「『ことばのユニバーサルデザイン』序説——知的障害児・者をとりまく言語的諸問題の様相から」という論文の影響がありました（こが 2006）。この本の第 2 章「言語という障害」をかくきっかけになった論文でもあります。

　2005 年くらいから、「ユニバーサルデザイン」という理念に関心をもち、なにをどうすることがユニバーサルデザインなんだろうということを、ずっとかんがえてきました。なかでも、すぎむら・なおみさんの実践的なアプローチには、たくさんの刺激と元気をもらった気がします。

　施設で仕事をしながら、よくよんでいたのが、渡邉琢（わたなべ・たく）さんのブログでした（http://takutchan.hatenablog.com/）。わたなべさんは施設の問題について、たくさん記事をかいていました。それを、ほんとうにそうだなあと感じながらよんでいました。それもあって、わたしは 2010 年に「脱施設」をして、京都市に移住し、わたなべさんの職場である日本自立生活センターの自立支援事業所に登録して、介助者になりました。日本自立生活センターのみなさんのおかげで、介助をつづけながら本をかくことができました。いつも、

ありがとうございます。

　これまで、わたしは在野の研究者、正確には「趣味で論文をかいている」という状態でした。それが 2011 年からは愛知県立大学で非常勤講師をつとめることになりました。これも、『社会言語学』の縁があってのことです。「多文化社会とコミュニケーション」という授業を担当しています。この授業でも、この本にまとめた問題意識を実践につなげていくつもりです。

　わたしは自分のサイトやブログなどでも、発言、発信してきました。そのなかで、たくさんの出会いがありました。わたしが精神的にしんどくなっていたときに、ささえてくれたのがウェブをとおして出会った友人たちでした。ここでお礼をいいたいとおもいます。どうもありがとう。

　そして、生活書院の髙橋淳（たかはし・あつし）さんには共編著の『識字の社会言語学』につづいて、単著を出版していただき、こころから感謝しています。『識字の社会言語学』という題にあわせて『障害の社会言語学』という題にしてもよかったのですが、今回は、やわらかい題にすることにしました。

これからのこと

　これからの課題としては、日本の社会保障制度の根本的な問題である申請主義の問題についてとりくむこと、日本語の漢字について問題の全体像をえがくこと、医療通訳などコミュニティ通訳の保障をもとめること、図書館の多文化サービスを充実させること、マルチメディアデイジー図書をたくさんの人が利用できるようにすること、などがあります。問題提起の文章を活字にしていくだけでなく、ウェブでの発信も大事にしたいとおもいます。

　ウェブは、情報保障を実践する場として理想的な空間です。よむ人が利用しやすいように、自由にかたちをかえることができるからです。もちろん、ウェブにアクセスできない人たちがいることも、わすれることはできません。だから、活字とウェブの両方で、発言していくつもりです。また、いろいろな学習会やシンポジウムなどでも、必要なときには客席から発言するということも、これまでどおり、つづけていくつもりです。

　わたしは幸運なことに、自分の言論についてあまり孤独を味わったことがありません。いつも、だれかが賛同してくれたからです。それはとても、ありがたいことです。「わたしは無力ではない」と実感できたということだからです。

ダグラス・ラミスさんは『経済成長がなければ私たちは豊かになれないのだろうか』という本で、「無力感を感じるなら、民主主義ではない」と指摘しています（ラミス 2004：第5章）。社会のなかで、だれもが「自分は無力だ」「社会をかえるちからはない」と感じてしまうなら民主主義の社会ではないという意味です。自分は無力だと感じているのに「自分の責任」を実感できるわけがありません。自分に決定権や影響力があることを実感するからこそ、自分の役割や責任を自覚するようになります。

　情報保障が必要なのは「わたしはこの社会をかたちづくっている一員なのだ」と実感できるようにするためです。情報保障は、民主主義の問題です。それはつまり、わたしたちの問題だということです。

　情報保障は社会参加の土台です。逆にいえば、社会から排除されてしまっている人たちのことをわすれることはできないということです。いま現に、社会から排除されている人たちの現実から出発する必要があります。

　第6章で、言語権は「人間の問題」だと指摘しました。とはいえ、全体としては言語中心の議論になっていると感じます。第2章やコラムでは知的障害者をとりまく社会環境やコミュニケーションの問題をとりあげました。ですが、人間やコミュニケーションというものは、もっと具体的なものです。まだ、ことばにできていないことがたくさんあります。今後の課題とさせてください。

2015 年 1 月 8 日

　　　　　　　　　　　　　　　　　　　　　　　　あべ・やすし

増　補

第7章

漢字のバリアフリーに むけて

1. はじめに

　本章では、漢字という文字が たくさんの人にとって日本語の よみかきの障害（バリア）になっていることを確認し、その現実をどのように解決していくことが できるのかを議論したいと おもいます[1]。日本語表記をバリアフリーにするために、漢字という障害がうみだす問題に、どのように むきあえば いいのかということです[2]。

　まず最初に、バリアフリーという理念について かんたんに確認したいと おもいます[3]。バリアフリーというのは、たとえば どんなことをいうでしょうか。階段だけでなく、スロープも あること。入口に段差が なく、車いすの人も不自由なく利用できること。駅にエレベーターが ついていること。そういったことをバリアフリーと いいます。ここで確認したいのは、バリアフリーと いっても、その利用しやすさが一定であるとは かぎらない、バリアフリーのように みえても、じっさいには利用しにくいものも あるということです。

　スロープが ついていても、その傾斜（角度）が急すぎれば どうでしょうか。車いすの人が一人で利用することは できません。エレベーターが ついていても、そのエレベーターには鏡が ついていない場合があります。鏡がなければ、バックでエレベーターから でるときに、うしろが みえません。鏡が ついていないエレベーターは、バリアフリーとしては不十分であるわけです。さらにいえば、エレベーターのなかで車いすの人が回転できるほどのスペースがあれば、バックで でる必要はなくなります。また、エレベーターのボタンに点字

が ついていない場合も あります。音声案内が ついていないエレベーターも た
くさん あります。駅にエレベーターが ついていないことも あります。その場
合、階段に階段昇降機が設置してあることが あります。あるいはキャタピラ
式の階段昇降機が用意してあることも あります。時間をかけて、階段をのぼ
りおりする装置ですが、これが あればバリアフリーと いえるでしょうか。駅
員をよんで、装置を準備してもらって、のりこんで、時間をかけて階段をの
ぼったり おりたりするわけですが、こわいと感じる人も いるし、そもそも時
間が かかりすぎるわけです。そのレベルのものを「バリアフリー」というこ
とが できるのかということです。バリアフリーというのは、その社会、その
時代の価値観や技術によって左右される面が あります。現代のバリアフリー
と30年後のバリアフリーは、おなじではないはずです。日本語をよみかきす
ることについても、バリアフリーが すすんできました。今後も さらに すすん
でいくでしょう。本章は、そのための議論を提供します。

　なお、本章では表記のバリアフリーの こころみとして、部分的に文章をわ
かちがきしています。意味の きれめを明確にして、文章をよみやすくする ね
らいが あります。

2. 漢字をよむということ──バリアとしての「テレビ型言語」

　日本語の表記、漢字という文字は すぐれている、優秀だ、合理的だという
議論がたくさん あります。なかでも有名なのが鈴木孝夫（すずき・たかお）の
漢字論でしょう[4]。一般的には日本語の漢字に音と訓が あり、音よみにも訓よ
みにも複数の よみが あることは日本語漢字の むずかしさを象徴していると認
識されています。それに対して鈴木は、音訓の つかいわけこそが、日本語を
わかりやすくしていると主張しています。

　　　日本語が漢字を豊富に使い、しかもそれを音と訓の二通りに読むと
　　いう習慣を確立したことが、高級な概念や、難しい言葉を一部特
　　権階級の独占物にしないですんでいる大きな原因なのである（すずき
　　1975：86）。

この一節からすると、鈴木は文字が民主的であることを評価しているようです。しかし、鈴木にはバリアフリーという視点が まったくないように感じられるのです。鈴木は、「現在の日本語は、文字表記を考えに入れない音声だけでは、もはや一人立ち出来ないタイプの言語になっている」と いいます（すずき 1990：195）。そして、

　　　このことと、日本で文盲がほとんど存在しないことは、無関係ではないと思う。教育の普及その他の言語外の理由があるにせよ、現代の日本では、文字を知らなくては普通の社会生活がほとんど不可能なのである（同上：237-238）。

と いっています。鈴木本人の思想の問題というよりは、時代の制約というべきかもしれませんが、ここには「文字を知らなくて」も「普通の社会生活が」可能であることが重要である、可能にすることが必要であるという視点は ありません。バリアフリーの理念が ないわけです。そもそも、日本には非識字者が「ほとんど存在しない」という認識は まちがっています（かどや／あべ編 2010、すみ 2012）。
　鈴木は、日本語は「テレビ型言語」であると いっています。西洋の言語は耳で きいて わかる「ラジオ型言語」であるけれども、日本語は そうではないというわけです。

2.1. みえない人の場合
　ここで問題になるのは漢字という「テレビ画面」が、みえない人、みえにくい人は どうなるのかということです。あるいは「画面」を確認できない状況に いるときは、どうするのかということです。鈴木は、「目の悪い人には非常に気の毒な言語」（すずき 1987：322）といっています。「気の毒」というだけです。それをどうするかという視点は ありません。そうしてみると、梅棹忠夫（うめさお・ただお）による「日本語表記革命──盲人にも外国人にもわかることばを」という文章は画期的だったと いえるでしょう（うめさお 1990）。つまり、鈴木孝夫の漢字論と おなじころに、日本語のバリアフリーが提唱されていたことになります。中途失明者だった梅棹は、「わたしは目がみえませんからニュー

ス源がラジオしかないのです」といって、つぎのように指摘しています。

　　耳できいて完全にわかる言語にしなかったら、やっぱりおかしいです
　　よ。耳できいたことばを漢字におきかえてたしかめなければわからな
　　いなどという言語はぐあいがわるい。わたしは盲人ですからね、漢字
　　をみてたしかめることができないのです（同上 : 15）。

　この文章のなかで、梅棹はアメリカには「盲人のためにちゃんと本をよんで
くれる装置がある」と指摘し、「日本語は、いまのところできない」と いって
います。「いずれまたいろいろむりなくふうをして、できるようになるかもし
れませんけどね」とも いっています[5]（同上 : 14-15）。
　視覚障害者の読書の現状が どのようになっているかについては、福井哲也
（ふくい・てつや）による「合成音声による読書の光と影」という記事が わか
りやすいです（ふくい 2013）。福井の説明の前半をかんたんに整理してみます。
　福井は点字と音声で読書をしている。音声による読書は、人の声による「録
音図書」を利用するか、機械による「合成音声」を利用することができる。合
成音声で文章をよむためには、テキストデータが必要である。印刷物であれば、
スキャナで よみこんで、OCR（光学文字認識）に かけてテキストデータに変
換する。ここでは「OCRによる誤変換がどうしても避けられない」ため「正
確さに難がある」。「OCRの精度は、印刷の鮮明さ、書体、見出しや段組等の
レイアウトなど種々の条件で大きく変わる」（同上 : 100）。
　福井は記事の後半でテキストデータをよみあげる場合について、つぎのよう
に説明しています。

　　では、テキストデータさえあれば、パソコンやプレイヤーはそれ
　　を正しく読み上げるのか。残念ながら百パーセント正確とはいえな
　　い。特に日本語の場合、漢字の読み下しがネックとなる。例えば、私
　　のパソコンのスクリーンリーダでは、「開催日程」を「カイサイビホ
　　ド」、「大相撲通」を「オオズモウドオリ」、「講演を行った」を「コウ
　　エンヲイッタ」と読む。固有名詞はさらに難しい。歌手の氷川きよし
　　は「コオリセンキヨシ」、「倖田來未」は「コウタライヒツジ」となる。

合成音声の不正確さは、漢字の読みだけではない。アクセントが変だったり、間やイントネーションが文意に反することもある。誤読の起こり方は、音声合成エンジンの種類や文章の内容で変わる。試しにこの原稿を私のパソコンのスクリーンリーダで読ませたところ、漢字の誤読が 15 か所、アクセントの不具合が 15 か所あった。この数字が多いか少ないかは議論の分かれるところだろう（同上：101）。

　福井は「誤読の多くは、聞き手の経験と判断力でカバーできる」「スクリーンリーダには『日程』を『ヒニチノニチ、テイドノテイ』のように 1 字ずつ説明する機能があるので、これも判断の助けになる」と説明しています（同上）。ちなみに、この説明機能のことを「詳細読み」と いいます。日本語を入力するときの漢字変換でも「詳細読み」が必要になります。現在、テキストデータには漢字かなまじり文のテキストデータのほかに、「点字データ」が あります。これは、日本語点字のルールによって表記された日本語の文章です。漢字をつかわず、かなづかいも日本語点字のルールで表記され、わかちがきされています。点字データが あれば、点字プリンタで紙に出力するとか、点字ディスプレイに表示させるだけでなく、合成音声で きくこともできます。福井は つぎのように説明しています。

　…視覚障害者の中には点字データをパソコンの音声で聞いている人も意外に多い。その理由は二つある。一つは、中途視覚障害等で点字の触読が難しいため（インターネットのサピエ図書館には点訳のみで音訳はされていないタイトルも多くある）。もう 一つは、点字は触読できるが高価な点字ディスプレイや点字プリンタは持てないため（内容を概観する程度のものは音声で聞く）。
　点字は仮名書きなので、正確に点訳されていれば漢字に起因する誤読はないが、だからといって正確で綺麗な音声になるかというと、そうでもない。漢字を手がかりにする構文解析ができないため、単調なイントネーションになってしまうのだ。記号類も適切に読まれないことがあるなど、この方法にも制約はあるのである（同上）。

合成音声エンジンは、漢字音の高低アクセントをよみわけることが できるのですが、点字データの よみあげの場合、それが できないということです。福井は「耳による快適な読書には、技術を持った人による音訳が一番」としています。合成音声は「即時・低コスト」の手段として利用価値があり、「利用者が使い分けていける環境が望まれる」と指摘しています（同上）。音訳の「技術を持った人」というのは、もちろん、漢字の知識が豊富に ある人ということになるでしょう。

2.2. きこえない人の場合

それでは、テレビの画面は みえても音声が きこえない人にとって、テレビ型言語は どのようなものなのでしょうか。きこえない人にとって、漢字は どのような文字なのでしょうか。

木村晴美（きむら・はるみ）は「ろう者は漢字が大好き」というエッセイで、「ろう者はカタカナが大嫌いである」「意外に思われるかもしれないがろう者は漢字が好きである」と いっています（きむら 2007：230）。木村は つぎのように説明しています。

> ろう学校で漢字の書き取りをさせられたおかげで、漢字をある程度知っているろう者は、漢字が表音でなく表意文字であるため、新しい語に出会っても意味を汲み取ることができる。一方、読みは知らなかったり、間違っていたりするということもある。
>
> NHK手話ニュースでは、字幕に出る漢字すべてにルビがふってある。ろう者が読めるようにするためという配慮らしい。だが、肝心のろう者はルビをあまり見ない。見るのはもっぱら外国人らしく、手話ニュースのおかげで日本語が勉強できると喜ばれているようである。
>
> ろう者全員がルビを見ていないというわけではない。あるろう者は字幕の漢字にふられているルビを見て、初めて正しい読み方を知ったと感謝していた。ルビの効用は大きい。
>
> しかしながら、NHKの、日本語の読みに便宜を図ろうとした当初のもくろみ（?）は成功しているとは言えない。ろう者の日本語の力は一様ではないが、全体的な傾向として漢字混じりの文のほうが読み

やすいのだ（同上：231-232）。

　ろう者にとって、視覚的な文字である漢字は、ひろいよみしやすい。また、みなれているのは漢字まじり文であるから、ひらがなだけの文章よりも、漢字まじり文のほうが いい。そのように まとめることが できるでしょう。ただ問題は、市場（「いちば」「しじょう」）のように熟語の よみが複数ある場合です。矢野一規（やの・かずき）は「漢字とふりがなについて」というエッセイで つぎのように説明しています。

　　　熟語には様々な読み方があり、漢字は同じでも読み方で意味が全く
　　異なるものがあります。そのような場合ろう者は読み方を丸暗記しな
　　くてはならず、それが一番辛くて苦痛に感じるのです。
　　　聴者の場合は、同じ熟語で読み方が違っても耳から自然に情報として
　　繰り返し入ってくるので知識となりますが、ろう者の場合は、口話で教
　　育を受けてきたため、意味が違うということも理解できていないのです。
　　　例を出すと「頭数」ですが、「あたまかず」とも「とうすう」とも
　　読めます。例えそのように読むことができても、意味がわからないと
　　言うろう者が非常に多いのです。この例で言うと「あたまかず」は人
　　間の数を言いますが、「とうすう」は牛や象、馬などの動物の数です
　　（関西手話カレッジ編 2008：82-83）。

矢野は、ほかに つぎのような例をあげています。

　　生花：「いけばな」「せいか」
　　色紙：「いろがみ」「しきし」
　　大家：「おおや」「たいか」「たいけ」
　　手練：「しゅれん」「てれん」（同上：83-84）

　また矢野は、ろう者が「永眠」という字をみて、「亡くなった」のではなく「眠っている」と誤解してしまった例をあげています（同上：85-86）。漢字という文字が いつも意味理解の手がかりとして効果的であるとは かぎらないとい

うことです。また、芸能人の名前なども漢字表記をしっているだけで、よみかたは しらないということが あります。そうしてみると、テレビ型言語が有効に機能するためには、目が みえて、耳が きこえるということが条件になってしまうということです。

2.3. 視認性が不十分な日本語表記——わかちがきをしないことの問題

もうひとつ、ろう者による重要な指摘が あります。それは、日本語の よみかきが苦手な ろう者にとって、日本語の文章が わかちがきされていないことや漢字の よみが わからないことで辞書をしらべるのが困難になってしまうという指摘です。斎藤禎子（さいとう・ていこ）は つぎのように説明しています。

> 最近の文章は、読みやすくするために、漢字をやめてひらがなをふやすようになっているが、ひらがなだと語としての切れ目が分からないので、切り方を間違えると国語辞典をひいてもでてこない。漢字の場合は、読み方が分からないとまず漢和辞典をひかなければならないのだが、これにたいへんな時間がかかる（さいとう 1981：44）。

世界中の ほとんどの文字表記は、わかちがきをとりいれています。表記の工夫として歴史的に導入していったのです[6]。句読点と同様に、わかちがきは表記の視認性を高めます[7]。意味の きれめを明確にします。わかちがきは文字表記のバリアフリーの一種です[8]。

鈴木のいう「テレビ型」とは視覚に依存する言語という意味です。視覚化する、つまり視認性をよくするという意味ではありません。鈴木のテレビ型言語論とは、これまでの日本語表記（漢字かなまじり文）を維持すること（批判しないこと）を目的にした議論だったと いえます。

3. 漢字をかくということ

ここで、日本語を「よむこと」から、「かくこと」に視点をうつします。バリアフリーの視点から いって、日本語をかくこと、漢字をかくことには どのような問題があるでしょうか。

3.1. 音声ワープロによる漢字変換

　三宮麻由子（さんのみや・まゆこ）の『鳥が教えてくれた空』というエッセイ本をみると、音声ワープロの登場によって墨字（点字ではない、目でみる文字のこと）をかけるようになったことが かいてあります（さんのみや 2004）。翻訳の仕事についた三宮は、自身が直面した壁について、つぎのように説明しています。

　　　だが本当の苦労はここから始まった。金融や国際情勢の勉強以前に、
　　私には漢字の総復習が待っていたのだ。たとえば「上場」と書くのに、
　　英語の listed につられて「上乗」だと思い込んでしまう。「続投」は
　　同じ党に残ることなどから、「続党」だと信じ込み、まさか野球用語
　　だなどとは夢にも思わない。
　　　ひと口に「ツイキュウ」といっても、「追求、追及、追究」といろ
　　いろ出てきて、どこでどれを使えばよいのか皆目わからない。会議を
　　call するにも、外国なら「招集」だし、日本の国会なら「召集」する
　　のだそうだ。同じ「シュセキ」でも、中国なら国家主席で、米国なら
　　大統領首席補佐官。通信社のデスクも私も、ひたすら忍の一字で一つ
　　ずつ法則を復習していった（同上：219-220）。

　この本は初版が 1998 年に でているので、現在の状況とは ちがいます。それでも漢字の誤変換は、日常的に あります。みえる人でも入力ミスをするのですから、みえない人が誤変換をするのも当然と いえます。三宮は つぎのように のべています。

　　　…私はいま、この原稿を音声ワープロでしたためているが、漢字の間
　　違いについては、いつもひやひやものだ。…中略…職場では、デスク
　　も同僚も、「漢字は一生の課題」と深い理解を示してくれている。表音
　　文字で育った私にとって、漢字はそれほどの難題なのだ（同上：221）。

　漢字変換の精度が いくら向上しても、みえない人にとって、漢字は「難題」でありつづけるのではないでしょうか。

3.2. 学校や試験の場合

　漢字をかくということに関して いえば、複雑なかたちを肉筆することは、以前よりも すくなくなってきました。情報機器が身近になり、文字は「入力する」ものに なってきているからです。それはバリアフリーという点でも意味の あることです。身体の障害で肉筆することが できない人、むずかしい人も「入力する」という選択肢が できたことで、文字をかくことが できるようになった。そういう人が たくさんいます（あべ 2022）。

　文字の よみかきに困難がある学習障害の こどもでも、情報機器を利用することで学習しやすくなることが指摘されています。問題は、学校や試験のように、規定やルールが ある場合です。いつでも どこでも「入力する」という選択肢が あるわけではないということです。たとえば、学校で漢字テストをします。ほとんどの こどもが肉筆で漢字テストをうけているときに、パソコンで漢字テストをうけることが許容されるかという問題です。『タブレット PC・スマホ時代の子どもの教育』という本の説明をみてみましょう。

　　　子どもたちにパソコンや携帯を利用して勉強させましょうと言えば、「入学試験でそんな配慮は受けられるのか？」「ツールがなければ何もできない子どもになるのでは？」といった声が上がります。確かに現状では十分な配慮が提供されているわけでありません。大学センター入試では、電卓の利用どころか電卓の持ち込みさえ禁止されています。計算も学力の1つだと考えられているからです。パソコンの持ち込みも同様です。ワープロの漢字変換機能が他の子どもたちとの公平さを阻害するとの理由で、どうすればいいか議論されることなく多くの場合拒否されています。パソコンの利用が認められても、漢字変換機能は認めないという措置を平気で返答する大学もあります。肢体不自由があり鉛筆で字を書くことが困難なある受験生は、ペイントソフトにトラックボールで字を書いて解答するように求められました。誰が考えてもおかしなことですが、公平性という御旗のもと相変わらずの対応が見られます（なかむら／こんどう編 2013：85-86）。

　肉筆に こだわる理由の ひとつが、ワープロ／パソコンの漢字変換機能にあ

ると いえそうです。漢字への こだわりが、学習方法のバリアフリーを阻害し
ているということです。その こだわりは、漢字テストに あらわれています。
漢字テストの現状については、阿辻哲次（あつじ・てつじ）が つぎのように問
題を指摘しています。

　　書き取りの答案を採点するときに、「はねる・はねない」などの微
　細な点にこだわるのは、印刷される漢字と手書きの漢字は必ずしも同
　じ形ではないということをまったく理解していないからにほかなりま
　せん（あつじ 2013：68）。

　…常用漢字表に明確に規定されているデザイン差の定義をまったく無
　視して（あるいは存在すら知らずに）、過度の厳密さをもって一点一
　画に拘泥し、教科書や辞書で印刷されている形を忠実になぞるように
　書くことを子どもたちに要求するのは、行きすぎ以外のなにものでも
　ありません（同上：74）。

　このように、学校教育では漢字の規範が つよく重視されている現状が あり、
バリアフリーにするとか、漢字変換をみとめるというような段階には ないこ
とが わかります。学校で「正確に」「肉筆する」ことが要求されるのであれば、
漢字の よみかきに困難をもつ こどもは、ただ無理難題を要求されつづけるこ
とになります。そうすると、学校教育は、なんのために あるのかということ
になります。漢字テストをやめるとか、漢字テストは選択問題だけにするとか、
そういった改善が必要でしょう。

4. 漢字のバリアフリーとは、どうすることか

　そもそも、文字というものは、なんのために あるのでしょうか。人間が社
会生活をいとなみ、人と交流をし、情報を摂取し、書類や私的な文書をかく。
社会の あらゆるところに、文字が あります。この社会には、さまざまな人た
ちが います。身体の状況、使用言語、年齢、学歴など、人によって ちがいが
あります。だれもが公共のものを利用し、情報をやりとりし、人とコミュニ

ケーションをとる権利が あります。だからこそ、バリアフリーが重要なのです。そこで、文字や表記もバリアフリーの対象になるわけです。

　漢字の問題を議論するとき、すぐに指摘されるのが、ふりがなの有効性です。ふりがなが あれば、だれでもよめるはずだというのです。ふりがなは、たしかに、たくさんの人にとって不自由なく利用できるものです。しかし、ディスレクシア（よみかきの困難）が ある人のなかには、文字の視覚認知に困難が ある場合が あります。ふりがなは「視覚認知機能の困難が原因の読み書き障害には効果がないばかりか、複雑な漢字にふりがなをつけることによって、よけいに読みを困難にする場合もあ」るとの指摘が あります（こうの／ひらばやし 2022：88）。それならば、その人が よみやすい表記をえらべるようにすることが大切なのではないでしょうか。わかちがきのほうが いい人、ローマ字のほうが いい人、漢字まじり文に ふりがなが いい人、文字と行間をおおきくしたほうが いい人、ゴシック体が いい人、よこがきが いい人など、いろんな人がいます。そして、そのような多様な表記を選択できるようにすることは、漢字をつかいつづけるかぎり必要になることです。バリアフリーの理念から いっても、必要なことです。

　総務省のウェブサイトの「ホームページのバリアフリー化の推進に関する調査結果報告書（HTML 版）」というページをみると、つぎのような説明が最初に かいてあります。

> HTML 版の結果報告書は、技術的な制約及び音声読み上げソフトによる読み上げ結果への配慮の都合上、次のとおり、一部の表記が PDF 版と異なる部分があります。丸数字は、［マル 1］、［マル 2］、［マル 3］というように、数字の前に仮名で「マル」の文字を付記しております。障害の表記は、音声読み上げソフトで正しく読み上げさせるために、ひらがなを用いずにすべて漢字で記載しております。一部の漢字表記及び記号表記は、音声読み上げソフトで正しく読み上げさせるために、漢字及び記号を用いずにひらがなで記載している部分があります。（http://www.soumu.go.jp/main_sosiki/hyouka/hyouka_kansi_n/ketsuka/33207_02_00.html）

このように、音声よみあげソフトで文章をよんでいる人が いるということをあたりまえの事実として認知するなら、漢字表記の人名や地名は ひらがなで表記するとか、漢字に よみがなをそえる必要があります[9]。

　視覚的に整理された文書のほうが いい人は、印刷物や PDF 版を利用する。よみあげソフトをつかったり、ウェブサービスをつかって、ふりがなをつけたりする人は、テキストデータや HTML 版、イーパブ版、マルチメディアデイジーなどを利用する。そのように、選択肢があることが必要です。

　マイクロソフトの文書作成ソフトの「ワード」には、自動で ふりがなをふる機能が あります。ワードに「和太鼓」というフリーソフトを追加すれば、ふりがなをよみあげさせることが できます。ふりがなの まちがいを修正すれば、正確に よみあげさせることが できるということです（あべ 2014a、本書第 3 章）。電子書籍でも、よみあげソフトが誤読しやすいような漢字の よみを指定し、そちらをよみあげさせることも できます。このように、漢字という障害をバリアフリーにすることは、技術的には できることなのです。あとは、環境を整備すること、必要になる手間をかけることが もとめられるだけです。それは大変なことです。しかし そもそも、日本社会はコストを度外視して漢字をつかいつづけてきたわけです。バリアフリーにも対応することは、当然のことではないでしょうか。

　そして、文字をかくことについては、その人なりの表記が みとめられるべきでしょう。つまり、梅棹忠夫が提唱した「漢字をつかわない自由」が みとめられるべきだということです（おおの編 1975：85、あべ 2012c：156-157）。日本語表記の特徴が多様性であるなら、漢字をつかわない日本語も、多様性の ひとつであるはずです。日本語点字の世界では、それは、あたりまえの事実です。わかちがきをすることも、日本語点字の世界では あたりまえの事実です[10]。

ただしがき ────────

1　本章は、日本のローマ字社 主催、くろしお出版 共催で 2014 年 10 月 25 日に開かれたシンポジウム「日本語表記と漢字の功罪」で発表した内容と、『ことばと文字』4 号に掲載されたものをかきなおしたものです（あべ 2015c）。なお、シンポジウムでは、わたしに つづいて、なかの・まき、かどや・ひでのり、ましこ・ひでのりが発言しました。それぞれ『ことばと文

字』4 号に掲載されています（なかの 2015b、かどや 2015、ましこ 2015）。なお、なかの・まき、ましこ・ひでのりの 2 人とは『ことばと文字』15 号にも漢字や文字の問題について いっしょに文章をよせています（あべ 2022、なかの 2022、ましこ 2022）。とても残念なことに、印刷されるまえに ましこは草稿をのこして 2021 年の 9 月に なくなりました。

2　漢字の問題については、あべ（2002、2004b、2006＝2012c、2011b、2022）などでも論じています。本章は漢字問題の入門編という位置づけです。ましこ（1993、2003、2014b、2015、2017、2022）、すみ（2012）、なかの（2015b、2019）も参考になります。

3　バリアフリーや障害者運動の歴史については、おのうえ（2019）、かわうち（2021）が参考になります。

4　鈴木孝夫は 2021 年に なくなっています。鈴木は知人を通じて本章のもとになった「漢字のバリアフリーにむけて」『ことばと文字』4 号（あべ 2015c）をよみ、その知人をとおして感想をおくってくれました。2020 年 7 月のことでした。わたしとの面談を希望されていましたが、新型コロナウイルスの流行状況などの制約や わたしの都合もあり、直接の やりとりがかなわず そのままになりました。

5　合成音声による読書の先駆者である石川准（いしかわ・じゅん）は、「中条電気というところが『YL-V30』という音声合成装置を開発したんですよ。それが漢字を、一応音読みながらも、とにかく読んだ一番最初。その前は仮名だけ。」と ふりかえっています（いしかわ ほか 2016）。石川によると「漢字は音読み、もう 1 対 1 のテーブルが決まっていて、例えば『見つかりません』は、『けんつかりません』としゃべるわけ」ということです。なお、鹿児島県視覚障害者団体連合会のウェブサイトにある「『視覚障害者とパソコン』その歴史をたどる」というページによると、「YL-V30」が発売されたのは 1987 年とのことです（http://www.kakenshikakuren.jp/historyl.html）。

6　『数量化革命』第 7 章「視覚化するということ」（クロスビー 2003）や『読むことの歴史——ヨーロッパ読書史』などが参考になります（シャルティエ／カヴァッロ編 2000）。

7　まじま（2022）はデザインの観点から「文字の読みやすさには、視認性、判読性、可読性の 3 つの軸があります」と説明しています。そして、「これら 3 つの読みやすさは文字の扱い方、つまり文字組みによっても大きく左右されます。文字サイズ、文字や行の間隔、行の長さや揃え方次第で、文章はぐんと読みやすくなります」と説明しています（同上：88）。わかちがきをすることも文章をよみやすくする効果が あるのではないでしょうか。なお、文字をよむことが苦手な人にとって わかちがきが よみやすい場合があることは、さまざまな文献で指摘されてきました（おかだ 1979、こうの／ひらばやし 2022：91-92）。

8　たとえば、電子書籍（イーパブやマルチメディアデイジー）で わかちがきをする・しないを読者が選択できるようにすることが必要だと指摘されています。あわせて「意味による改行」と、ルビの表示を調整できるようにすることも目標とされています（むらた ほか 2018）。ウェブ上でも、わかちがきをする・しないを選択できるウェブサイトがあります。たとえば、「やさにちウォッチ」が あります（https://watch.tsutaeru.cloud/）。ふりがなを表示する・しないも選択できます。なお、イーパブ（EPUB）とは、デイジー（DAISY）と同様にバリアフリーな電子書籍の国際規格です。

9　本書や、すみ（2012、2020）などで実践されている表記です。ほかにも成田徹男（なりた・

てつお）は「ふりがなは大発明——ふりがなを活用しよう」という文章で「固有名詞は読めない」として人名や地名の漢字の むずかしさを指摘し、「せめて固有名にはふりがなをつけよう」と主張し、「成田徹男【なりた・てつお】」というふうに実践しています（なりた 2019）。この論考は『アジアの中の日本文化』という論文集に おさめられています（名古屋市立大学日本文化研究会編 2019）。この本の「はじめに」で、やまだ あつしが説明しているように、本の全体で人名すべてにカッコ【 】で よみがなが そえられています。成田の提案に各著者が賛同したとのことです。

　たとえば、ぶあつい研究書の本文に「角田（2000）」と かいてあるとします。その本の参考文献一覧の どこに その書誌情報が のっているのかをさがします。しかし、この「角田」が「かくた」なのか「すみだ」なのか「つのだ」なのか、あるいは「かどた」なのか、読者には わからないのです。まったく よみかたが わからない場合には、参考文献一覧を最初から最後までチェックすることになります。

　なお、点訳、音訳、翻訳する人は、固有名詞の漢字の正確な よみをしらべる必要が あります。そのため、よみかたの調査に多大な労力が かかります（きたがわ 2012）。音訳の方法については、くりかわ ほか（2022）が参考になります。

10　日本語点字の かなづかいや わかちがきについては、なかの・まき（2015a、2017a）が参考になります。

第8章

ことばのバリアフリーと
〈やさしい日本語〉

1. はじめに——全体像と位置づけ

　本章では、ことばのバリアフリーをすすめるうえで必要になる「わかりやすい情報」の一例として「やさしい日本語」をとりあげます[1]。逆にいえば、やさしい日本語だけで「ことばのバリア」が解消できるかのような議論には問題があると指摘します[2]。ことばのバリアをうみだしている社会の環境と価値観の問題について考えます。

　ことばのバリアフリーのためには、やさしい日本語が必要です（あべ 2010e、2013b、2018a、2019a）。それは、「人に情報のかたちをあわせる」ためです。「ことばの型」に人間を適合させるためではありません。できる範囲で、理解しあえるように努力すること、配慮することは、コミュニケーションの場では、よくあることです。そして、それがうまくいかないこと、うまくできないことも、よくあることです。わかりやすく説明することも、才能の一種です。わかりやすく説明することが苦手な人もいます。そこで大事なのは、「そもそも、ことばは、むずかしいもの」であることをみんなで確認して、「ことばがむずかしいと感じたとき、むずかしいといえる社会」をつくっていくことです（あべ 2018a：103）。そのためにも、つぎのように、ことばのむずかしさを共有していく必要があります。

　　ことばは、むずかしい。こまることがあって当然だ。だから、どんどん文句をいってください、わからないときは、わからないといって

ください。そのように、いっていくことが大事です。「これがやさし
い日本語です」というのではなく、「ことばって、むずかしいですよ
ね」ということが、逆説的に必要でしょう（同上：104）。

　ことばのバリアフリーのためには、環境を整備し、生活しやすくすることが
必要です。しかし、「教育」の視点にたっていると、「環境に適応できたほうが
いい」という発想をもってしまうことがよくあります。親心のように、期待を
かけてしまいます。適応できるように能力を身につけることを要求してしまう
ことがよくあります。それは、一方的な人間像をもっているからです。人間に
は支配欲があるからです。けれども、いろんな人がいるのです。
　やさしい日本語をひろげていくことが必要であることは、異論がありません。
多くの人にむけて発信される情報は、きちんと理解される必要があります[3]。
多くの人に理解されるためには、むずかしい表現はないほうがいい。わかりや
すいほうがいい。当然のことです。わたしが問題提起したいのは、「やさしい
日本語をどのような全体像のなかに位置づけるのか」ということです。
　全体像というのは、あるべき社会、あるべき言語コミュニケーションをどの
ように考えるのかということです。やさしい日本語を議論し、普及していこう
とする人は、具体的に全体像を考え、議論し、そのなかで、やさしい日本語を
どのように位置づけるのかを提示する必要があると思います。
　ある人にとって、全体像というのは多文化共生という理念であるかもしれま
せん。わたしは言語権や「ことばのバリアフリー」といった理念のなかに、や
さしい日本語を位置づける必要があると考えています。
　コミュニケーションの方法論として考える人、日本語教育の課題として考え
る人もいるでしょう。それぞれ、日常的に接している人のことを念頭において
議論している人も多いでしょう。
　全体像のなかにやさしい日本語を位置づけることで、やさしい日本語では
「なにができないか」「なにをしないか」をはっきりさせることができます。わ
たしの意見としては、やさしい日本語は万能ではないので、やさしい日本語の
限界や、やさしい日本語以外の選択肢を考える必要があります。
　もうひとつ問題提起したいのは、「やさしい日本語ではないもの」にどのよ
うな名前をつけるのかということです（あべ 2014b）。「ふつうの日本語」でしょ

うか、「むずかしい日本語」でしょうか。「これまでの日本語」というふうに名前をつけることもできるでしょう。この問いも、やさしい日本語をどのように位置づけるのかという問題です。

　以下では、高齢者にとっての言語問題を中心的にとりあげます。また言語継承の重要性を指摘し、言語権や多言語主義の立場から日本の単一言語主義の問題を考えます。そして、やさしい日本語をとらえなおす必要性を論じます。

2.『認知症フレンドリー社会』──ATM の問題を例に

　『わたしは、ダニエル・ブレイク』という映画を見たことがあるでしょうか。ケン・ローチ監督のイギリス社会を舞台にした、2016 年公開の映画です。主人公のダニエル・ブレイクは医者に心臓病の診断をうけ、大工の仕事をするのはやめたほうがいいと言われます。59 歳のダニエル・ブレイクは社会保障制度を利用して生活費の補助をうけようとします。しかし、制度の複雑さ、申請手続きのオンライン化、職員の態度などがバリアになって、うまくいきません。心をうちくだかれます。それまでパソコンをつかってこなかったのに、書類もオンラインで提出することを要求され、就職活動をしていることの証明もオンラインでおこなうことを要求されます。

　機械化することで、利用者にとって便利になる。それが理想です。しかし、機械化によって利用がむずかしくなる場合があります。機械化することで、わかりやすくなったとかバリアフリーになったと感じる人がいる一方で、むずかしいと感じる人もいます [4]。機械化と無人化がセットになっていることが多いことを考えれば、機械化というのは利用者側の便利のためではなく、提供者側の都合になっていることが非常に多いといえるでしょう。

　たとえば、銀行の ATM について考えてみましょう。ATM というのが、そもそもローマ字の略語で、すぐに理解することがむずかしいといえます。通帳のお金の管理、振込みなどが機械でできるというものです。この ATM のむずかしさについて、『認知症フレンドリー社会』という本で徳田雄人（とくだ・たけひと）は、つぎのように指摘し、読者に問いかけています。

　　ひとつ例をあげてみたいと思います。

ある町に、一人暮らしをするお年寄りがいたとします。このごろ、認知機能が衰えてきて、機械操作が苦手になってきました。お金をおろす際には、ATMではなく、人がいる窓口でおろすようにしていました。そんなときに、その町にあった銀行の支店が、統廃合の影響でなくなってしまい、ATMコーナーだけが残りました。そのお年寄りは、なんとかATMでお金をおろそうとしますが、画面操作が複雑で、うまくお金をおろすことができません。画面には小さな文字で多くの注意書きが並んでおり、「はい」や「いいえ」といった選択肢を正しく押さないと、次の画面へ行くことができません。周りの人に手助けしてもらいたいとは思うものの、見ず知らずの人に声をかけるのもむずかしい。お金を自分でおろしたり、自分で管理することもむずかしいので、介護施設に入る時期なのかもしれないと思うようになりました。

　この話を聞いて、これは誰が解決すべき課題で、何が課題の本質だと思われるでしょうか（とくだ 2018：ⅲ）。

　ここには機械化と無人化という、この数十年で一挙にすすんだ社会の変化が背景にあります[5]。そして、高齢化による視力や適応力の低下、孤立感によるコミュニケーションのバリアがあります。やさしい日本語の視点でいえば、ここでの解決策は「機械をわかりやすくすること」になるでしょう。しかし、ことばのバリアフリーの視点からいえば、機械をわかりやすくすることだけでなく、そもそも無人化しないこと、必要な人には介助を保障することが必要です。徳田は、つぎのような選択肢もあると指摘しています。

　　ATMなどとは別に、高齢者向けに人が対応する専用のサービスを始めるという選択肢もあるかもしれません。日本ではまだ本格的には始まっていませんが、オランダやニュージーランドの銀行では、顧客サービスの一環として、高齢者の人向けに別室で対応するコーナーを設置する金融機関もでてきています（同上：ⅴ）。

　ATMのような機械を使用していると、どうしても、うしろにならんでいる

198　増補

人たちのことが気になってしまいます。あわててしまうのです。うまく操作ができないとき、ふがいなさを感じてしまうことがあります。ATMという設備そのものが、認知症フレンドリーではないのです。それは、さまざまな人にとっても共感できる話でしょう。

3. 大学という空間の内と外

　日本の大学というのは、とても均質な人たちの集まりであると思います。大学生というのは18歳から23歳くらいまでの人ばかりで、それ以外の年齢の学生はほとんどいません。日本の大学は、おどろくほどに、年齢の多様性がありません。たとえば、老眼の学生のことを考えた学習環境がどれだけ整備されているでしょうか。老眼の人も安心して学習できるような空間でなければ、たとえば60歳以上の人が入学したいとは思えません。「学生は若い人」という固定観念が障害になって、大学という空間が均質な状態で維持されています。そしてさらに障害のある学生が入学することも「特別なこと」のようにとらえられています。

　しかし、学ぶということのありかた、学習スタイルが多様であるということは、すでにわかっていることです。社会には多様な人がいて、それぞれにとって、学びやすい方法があるのです。それをあたりまえの常識として、大学という空間をつくりなおすことが必要であるはずです。

　大学は均質な人たちばかりで形成されています。例外的に、留学生がいます。留学生は、年齢も比較的多様です。もちろん、国籍に関しては、留学生の国籍だけが多様なのではありません。日本の学校をかよってきた大学生にも多様な国籍の人がいます。とはいえ、外国人の親をもつ生徒の多くは定時制高校に通学し、大学には進学しない人が多いようです。高校に進学しない人もいます。大学進学は、ハードルが高いのです。

　そのなかで留学生は、貴重な存在であるといえるかもしれません。言語や文化、経験のことなる人が大学にいること、いっしょに学んでいることは重要なことです。やさしい日本語について考えるときにも、留学生は多くのことを示唆してくれるでしょう。しかし、留学生を基準にして「日本語学習者」をとらえてしまうことには、いくつか問題があると思います。

日本社会で生活している人で日本語が第一言語ではない人には、多様な人がいます。日本で生まれ育ってきた人、大人になって日本に来た人、高齢になって日本に来た人、漢字圏の人、非漢字圏の人など、多様な背景をもつ人がいます。日本語を学ぶことを目的として日本に来た人もいれば、仕事をするために日本に来ている人もいます。日本で子育てをすることになった人もいれば、単身の人もいます。日本に親戚、家族がいるから日本に来た人もいます。日本で生まれ育ってきた人で、日本語が第一言語ではない人として、日本手話を第一言語とするろう者をあげることができます。

　留学生だけを想定して「やさしい日本語」を議論していれば、その日本語は、そのほかの多くの人にとって、「むずかしすぎる日本語」であるかもしれません。日本語の文字には、漢字がたくさんあって、ひらがなもカタカナもあります。それが負担になり、そもそも日本語の読み書きを学びたいと思えないという人もいるでしょう。日本語をたくさん学んだけれども、それでもむずかしいという人もいるでしょう。そうしてみると、ローマ字の日本語がどれだけ普及しているかという問題があります。ローマ字のやさしい日本語が必要な人もいるわけです。一方で、ローマ字だとむずかしい人もいます。

4. 中国帰国者にとっての日本語と医療

　高齢になって日本に来た人のなかには、中国帰国者とその家族がいます。日本語教育の歴史をふりかえってみれば、さまざまな人に対する日本語教育が実施されてきました。そのなかには、中国帰国者とその家族もいるわけです。中国帰国者支援・交流センターのウェブサイトを見てください（https://www.sien-center.or.jp）。このサイトは漢語（中国語）とロシア語にも対応しています。サハリン（樺太）に残留した（放置された）日本人もいるからです（パイチャゼ 2020）。

　中国帰国者支援・交流センターのウェブサイトの「中国帰国者支援・交流センターとは？」というページを見ると、「主な事業」として第一に「帰国者に対する日本語学習・交流支援事業」をあげています（https://www.sien-center.or.jp/center/）。つぎのような内容です。

　　・帰国直後の初期集中研修（首都圏センターのみ）

永住帰国直後の入寮制の日本語・日本事情研修（6ヶ月間）

・定着後の自立研修（首都圏センターのみ）
　定着後の日本語・日本語事情研修（1年間）

　6ヶ月間の研修については、「初期研修」というページで説明しています
（https://www.kikokusha-center.or.jp/tokorozawa/kenshu/shokikenshu_top.htm）。
コースの種類として、年齢などで分類した6つがあげられています。たとえば、
「大人1コース」は「高齢の帰国者一世を主な対象としたコース。心身の健康
維持を目標に無理なく楽しく学ぶことをめざします」と説明しています。日本
語学習を最大目標とはしていない様子がうかがえます。一方、たとえば中学生
コースや小学生コースは学校での「生活に適応できるような力をつけます」と
説明しています。

　高齢の中国帰国者への日本語教育については、本や論文などで紹介されてき
ました。たとえば、小田美智子（おだ・みちこ）は小学校の「適応教室」（取り
出し教室）や東京都の自立研修センターの「大久保日本語教室」（1999年3月に
閉鎖とのこと）での経験をふまえて、中高年の中国帰国者への日本語教育につ
いて紹介しています（おだ2000）。そのなかで、つぎのような指摘があります。

　　中国帰国者の3割は非識字者と言われ、それは東北3省の農村出身
　者に多い。日中双方で正式な調査がなされていないため、正確な数
　は不明だが、学歴から推測して大久保日本語教室の場合、1994年10
　月の受講生を例にとると、14人中4人までが小学校を中退していた。
　数は少ないがクラスの28.6%で、ここから類推すると確かに3割に近
　い数である。テストの問題が読めず、何を求められているのか戸惑う
　様子を見て、中国語の漢字も読めないことを知るが、そのような日中
　ともに文字の読み書きが不自由な受講生に対して、特別に識字教育を
　することなく、一律授業が行われていた。学習している単元の読み書
　きだけでなく、本来小学校レベルの漢字や英語のアルファベット等の
　補講が必要な人々である。日本社会で文字が読めないことによる行動
　の制約や経済的不利益は計り知れない（おだ2000：100-101）。

最近の本では、小笠原理恵（おがさわら・りえ）の『多文化共生の医療社会学——中国帰国者の語りから考える日本のマイノリティ・ヘルス』があります（おがさわら 2019）。7 人の中国帰国者に聞き取り調査をしています（第 7 章「中国帰国者の受療の語り」）。第 8 章「中国帰国者の語りから考える日本の医療」では、「中国帰国者 1 世および一部の 2 世は、国の自立支援通訳派遣事業を利用」すれば「医療通訳支援」を利用できること（同上 : 210）、そして聞き取りをした語り手の場合、「毎回の通院に医療通訳支援を利用することはなく、入院や健康診断、いつもと違う異常を感じたときなど、必要に迫られたときにだけ支援制度を利用していた」と説明しています（同上 : 209）。また、つぎのように指摘しています。

> 　医療通訳支援が利用できない 2 世たちは、必要最低限度を親族や知人に頼り、そのことをとてもすまないと感じていた。どちらの場合にも、多くの場面を片言の日本語と漢字による筆談でやり過ごし、慣れたかかりつけ医に身を委ねている様子がうかがえた。
>
> 　理解できない部分の 3 割は聞き流すという語り。会話は必要ないという語り。医師に伝わらなかったことは家に持ち帰り、次の診察で伝えるという語り。具体的に聞きたいことがあっても、日本語の問題からそのほとんどを飲み込んでしまい、悪化するまで家族の同行を遠慮しているという語り。限られた範囲の日本語では症状を伝えきれずに、結果、薬の処方も受けられなかったという語り。そもそもかかりつけ医もなく、医療受診ができていないという語り。教育歴が低く漢字の読み書きも不得手で、中国人でも漢字による筆談ができないという語り。帰国者らのこうした語りからは、聞きたくても聞けないことに対する自分自身へのフラストレーションや、そのことへの自嘲とあきらめが感じられ、日本語ができないのは自分たちの責任と捉えている様子がうかがえた（同上 : 209-210）。

　ただ、「帰国者たちはおしなべて『問題ない』、『医者はわかっている』と言い、日本の医療や医療者を厚く信頼し、『満足している』と語った」とのこと

です（同上：210）。もし医療にさえ不信があれば、とても不安になるでしょう。

　うえのような語りを見ると、ここには重大な問題があるように感じられます。「日本では日本語」という社会通念が強いがために、患者としての権利意識をもちにくい側面があるように思えるのです。患者の権利として、不安なこと、わからないことは質問していいはずです。そして、その不安を解消するためには医療通訳などの支援が保障されるべきです。これは、わたしの考えです。しかし、もしこのような考えをもつ人がたくさんいれば、医者が患者にわかりやすく説明することは当然のことだという考えが共通認識になるでしょう。患者が「聞き流す」ことも、すくなくなるでしょう。「聞きたいこと」を「飲み込んでしま」うことなく、質問しようとするでしょう。

　現実には、説明をうけたときに、「むずかしい」「わからない」と指摘できない場合があるのです。それは、その人個人の性格の問題というよりは、社会通念、社会環境の問題であると思います。

　わたしが日本語以外の言語で経験してきたことをふりかえってみると、会話のほとんどの内容が理解できている場合には、わからなかった表現について会話をとめて質問することもできます。しかし、ほとんど理解できていない場合には、ただ聞いているしかできません。できるのは、聞きとれた単語をつなぎあわせて意味を想像するくらいです。そして、自分の理解がまったくの誤解だったことに気づくこともあります。

　周囲のことばがわからないことが日常になってしまうと、その場をやりすごそうとするようになります。たとえば教室で、だれかが発言して、自分以外の人たちが笑っている、でも自分は、なにがおもしろかったのか理解できない。わからないけど、とりあえず自分も笑っておこうか……。そのような孤立を味わっている人がいます。あとでだれかに質問できたらいいのですが、自分がおかれた孤立感に理解のある人ばかりではありません。よき理解者がいなければ、とても孤独です。そうして、「わからない」といえなくなるのです。

　「わからない」といえない、いいにくい学習者の現実があるなかで、日本語を第一言語とする人たちが「やさしい日本語なら通じます」というのは、一方的ではないでしょうか[6]。もちろん、やさしい日本語なら通じる場合もあります。しかし、通じないことも当然あります。そのため、通じないときの方法を、言語以外の方法も活用しながら考えることが必要です。たとえば、絵や写真、

ピクトグラムを活用するとか、指さしコミュニケーションボードを活用することもできるでしょう。ジェスチャーも大事です。また、ウェブにある多言語情報を活用することもできるでしょう。学校なら通訳や学習支援員がいれば、孤立感を味わうことがなくなるかもしれません。学校から保護者への連絡も多言語に対応していれば保護者が孤立することもなくなります。つまり、「やさしい日本語」以外の「ひきだし（選択肢）」がどれだけあるかの問題です[7]。

5. おわりに——単一言語主義をこえて

　最後に、日本社会の問題として、日本語だけに価値をおくような、単一言語主義の風潮があることを指摘しておきます[8]。
　たとえば、木村護郎（きむら・ごろう）クリストフは「外国語」という用語についてつぎのように指摘しています。

　　　日本語以外の言語を指す「外国語」ということば自体、日本には言語
　　　が一つしかないという前提を含んでいる。国内に多言語に関する問題
　　　は存在しないというたてまえのもと、アイヌ民族や在日朝鮮人などの、
　　　「異言語」を使用する人々の日本語への同化が進められてきたのであ
　　　る（きむら 2012：689）。

　たとえば、アイヌ語を外国語と表現するのはおかしいわけです。それでは、どのようにとらえたらいいのでしょうか。なかには、アイヌ語を「日本語の方言」ととらえてしまう人がいます。「日本は日本語」という固定観念があるせいで、日本では多くの人が単一言語主義的に考えています。国内少数言語という発想がないのです。「日本の少数言語」という概念のない人が多言語主義的に考えることはむずかしいでしょう。日本語と日本手話は異言語であることも理解できないでしょう。琉球諸語についても理解をしめさないでしょう。
　注意しなければ、やさしい日本語の議論は、日本の単一言語主義を強めることにつながる危険性があります。そうではなく、言語権を保障するためにやさしい日本語を議論するのであれば、言語継承のためにも、いろんな言語をやさしく学べる環境をつくっていく必要があります。そのためにはまず学校教育の

なかでバイリンガル教育をきちんと保障する必要があります[9]。また、社会のなかで日本語教育だけでなく継承語教育（親の言語でコミュニケーションや読み書きができるようにする教育）にとりくむ必要があります。

　たとえば、家族にろう者がいる聴者は、日本手話に接してきています。ただ、どれだけ日本手話ができるかは幅があるでしょう。簡単なやりとりしかできない人もたくさんいるはずです。そうした人が日本手話を学びなおすことのできる環境が必要です。

　ほかにも、やさしいポルトガル語なら理解できるという人が日本社会にいるのです。そうした人が「親の言語」を「自分の言語」と位置づけなおし、学びなおすことのできる環境が必要です。そして、親の言語を自分の言語として維持することのできる環境が必要です[10]。一方、ろう者は親の言語が日本語である場合が多いです。親が聴者であることが多いからです。だからこそ日本手話を身につけることのできる環境が、社会のなかに必要です。聴者である親が日本手話を学習する環境も必要です。言語学習とは大言語を学ぶことだというのは一方的な価値観です。言語を学ぶことで世界はひろがり、人生のひきだしがふえる。そのような価値観をひろげていく必要があります。

　もうひとつ注意したいのは、日本語話者を「日本人」と同一視したり「受け入れる側」に位置づける発想の問題です。日本には多様な言語的な背景をもつ日本語話者がいます。そして非日本語話者もいます。社会学の立場から日本社会や日本文化、あるいは日本語をするどく問いなおした議論をいま一度ふりかえる必要があります（すぎもと／マオア 1995、ましこ 2003）。

　結局のところ、日本語教育の領域だけで日本の言語環境の改善を議論していても、単一言語主義の問題を克服できません。多文化共生という理念をかかげてみても、それは無条件に肯定できるものではありません[11]。多文化共生のような、あいまいなことばで議論するのではなく、反差別や人権の立場から言語問題をとらえなおし、多数派の特権を問題化する議論が必要です[12]。そのうえで、多言語主義の理念をあらためて議論していく必要があると思います[13]。

　「やさしい日本語をどのような全体像のなかに位置づけるのか」という問いは、やさしい日本語を議論する人の課題です。「やさしい日本語」の「関連領域」とは、「ことばによる排除」の問題にとりくむ人たちのことです。そして、ことばのバリアにとりくむ議論と実践は、日本以外にも当然あります。やさし

い日本語を世界のなかに位置づける必要があります。そのためにも、まず、日本語以外の言語でどのようなとりくみがあるのか、注目していく必要があるでしょう[14]（すみ 2014、2020、あべ 2018b、いおり編 2022）。さらには、過去に議論されていた日本語をやさしくしようという議論についても、ふりかえってみる必要があるでしょう（やすだ 2013、きとう 1958）。

　ことばのバリアフリーは、本気でやろうとすると、じつは大変なことです。人に情報のかたちをあわせるというのは、大変なことです。けれども、環境をかえていくことで、バリアをへらすことはできると思います。わかりやすい文書をくばるだけでは、とどいたかどうか、わからない。それならば、いろんな場所に窓口があればいい。対面の窓口、遠隔の窓口があればいい。無人化をやめたらいい。大事なことは個別に連絡したらいい。そのときうまくコミュニケーションがとれなければ、訪問したらいい。ことばだけでなく、そういった社会の環境にも、注目していく必要があります[15]。

ただしがき

1　本章は、2019 年 2 月 8 日に一橋大学で開かれた公開シンポジウム「〈やさしい日本語〉と関連領域」で発表した配布資料をかきなおしたものです。主催者の庵功雄（いおり・いさお）さん、シンポジストの木村晴美（きむら・はるみ）さん、テーヤ・オストハイダさん、木村護郎クリストフ（きむら ごろう くりすとふ）さん、そして打ちあわせのときにていねいに内容について確認してくださった手話通訳者さんに感謝します。なお、本章は「やさしい日本語についての解説」を目的としたものではありません。むしろ、やさしい日本語がたくさんの人に支持され、マスメディアだけでなく、日本政府もやさしい日本語を発信するようになった現在において、いま一度、やさしい日本語の位置づけについて議論しようとするものです。やさしい日本語は、研究者が災害時の情報発信として提唱したものと、減災や防災の文脈にとどめずに普段から必要なものとして提唱したものの 2 種類があります。NPO や一部の自治体が賛同し、やさしい日本語を活用するようになり、NHK もウェブで発信するようになりました。その後、新聞メディアでも議論や実践がはじまり、観光や医療分野などでも活用されるようになりました（さとう 1999、いおり ほか編 2013、いおり 2016、いおり ほか編 2019、かとう編 2019、たけだ ほか編 2021）。そして、国としても実施するようになった経緯があります。たとえば文化庁のウェブサイトに「在留支援のためのやさしい日本語ガイドラインほか」というページがあります。そのなかに、以下のような説明があります。

　　　　日本に住む外国人が増え、その国籍も多様化する中で、日本に住む外国人に情報を伝

えたいときに、多言語で翻訳・通訳するほか、やさしい日本語を活用することが有効です。やさしい日本語を使うことで、日本に住む外国人にもしっかりと国や地方公共団体が発信する情報が届くようになることを目指しています。https://www.bunka.go.jp/seisaku/kokugo_nihongo/kyoiku/92484001.html

2　やさしい日本語の議論に対する批判として、なかしま（2021）が参考になります。なかでも「多言語化の諦め」についての指摘が重要です。

3　たとえば新聞についての議論で「新聞は、読者数が大きくなればなるほど、新聞記事をわかりやすいものにしなければならぬ宿命にある」という指摘があります（ほりかわ1957：30、あべ2014a：160）。新聞の業界では西日本新聞が2018年11月からウェブ上で「やさしい西日本新聞」をはじめています。日本語教師の監修をうけているとのことです（西日本新聞社編2020：328）。2019年3月11日には毎日新聞社の主催（西日本新聞社特別協力、日本語教育情報プラットフォーム協力）で「外国人受け入れと『やさしい日本語』」というシンポジウムが開かれました。毎日新聞は3月14日に「『やさしい日本語』外国人にも伝わる表現を」という社説をのせました。2019年4月18日には『中日新聞』が「やかんちゅうがく学びの喜びみんなに」という社説をやさしい日本語（ふりがなつき）でのせています。近代日本でいえば権威主義的な文体の新聞が「大新聞（おおしんぶん）」とよばれ、娯楽的でわかりやすい新聞は「小新聞（こしんぶん）」とよばれていました（いしい2020）。新聞をわかりやすくすることは、古くて新しい課題であるといえます。ほかにも知的障害者の親の会である全日本手をつなぐ育成会は1996年から2014年まで、1年に4回『みんながわかる新聞 ステージ』というわかりやすい新聞をつくっていました。スウェーデンの『8 Sidor』（オッタ・シードル＝8ページ）を参考にしたものです。全日本手をつなぐ育成会が解散することになり、休刊となりました。その後、スローコミュニケーションという団体が2016年に誕生しています。おなじように、わかりやすいニュースの発信や、わかりやすさの研究をしています（https://slow-communication.jp/）。

4　たとえば新型コロナウイルスの流行によって「外出の自粛」がよびかけられ、「緊急事態宣言」が何度もだされました。そのため、いろいろなことが遠隔で、オンラインでとりくまれました。在宅勤務とか、オンラインでシンポジウムなどをひらくことが一気に広がりました。そのながれにうまく対応できた人もいれば、なかなか困難だった人もいたはずです。

5　この数年でセルフレジや無人の店舗もよく見られるようになりました。

6　むしろ、「もしかすると通じていないかもしれません」と注意をよびかけることも必要でしょう。やさしい日本語を議論し実践する人は、世界のあちこちで実践されている「わかりやすいことば」を体験してみてほしいです。やさしい日本語の必要性が実感できると同時に、異言語のむずかしさを再確認することになるはずです。

7　たとえば文部科学省が運営している「かすたねっと」というウェブサイトがあります。これは「外国につながりのある児童・生徒の学習を支援する情報検索サイト」です（https://casta-net.mext.go.jp/）。また、「外国人患者受入れ情報サイト」というものがあり、これは「外国人患者を受入れる医療機関の質の確保をはかるため、厚生労働省の補助事業の一つとしてメディフォン株式会社が運営」しています（https://internationalpatients.jp/）。

8　もうひとつ、英語偏重という問題もあります（きむら編 2016、きむら 2022）。

9　ろう者の場合は、日本手話で学習できる環境が必要です。日本手話による教材（動画）も必要です。さまざまな情報を第一言語でアクセスできる環境があればこそ、日本語の読み書きのハードルも、さげることができます。多言語環境を整備することで日本語も学習しやすくするという発想が必要でしょう。ろう者の教員や学習支援員をふやしていく必要があります。

10　親とのコミュニケーションで日常会話は身についていても、文章表現や普段使用しない表現についてはまったくわからない場合があります。それでも、親の通訳をまかされてしまうことがよくあります。最近、日本で社会問題化しているヤングケアラーとは、親が社会のなかで十分な支援をうけていないがために、かわりに、ケアの役割を期待されているこどもたちのことです（えんどう 2020、なかつ 2022、おがや 2022）。こどもに通訳をさせることのない社会にしていく必要があります。たとえば「がんの告知」をこどもにさせるのかということです。なお、こども家庭庁がヤングケアラーの特設サイトをつくっています（https://www.mhlw.go.jp/young-carer/）。冒頭にある「こどもがこどもでいられる街に。」ということばのとおりになるよう、対策がとられることを期待します。

10　塩原良和（しおばら・よしかず）は多文化共生のスローガンが主にニューカマーの外国人を想定して使用されていることを指摘し、つぎのように問題点を指摘しています。

> …多文化共生の名の下にニューカマー外国人住民への支援だけが語られることで、在日コリアンやアイヌ民族、琉球・沖縄の人々などが経験してきた苦難の歴史が忘却されてしまいかねない。…後略…（しおばら 2012：28）

多文化という用語をつかって、なにを議論しているのか、その中身が問われます。

11　まつお（2014）の指摘にもあるように、「やさしい日本語を、必要としている人にとどける」というような、情報の送り手と受け手を固定する発想に問題があるといえます。だれもが情報を発信する主体であり、その人なりの表現が尊重されるべきです。マイノリティが発言する場（メディア環境）をつくっていくことが必要です。その意味で、よしとみ（2013b、2019）が報告しているとりくみは、とても重要です。逆にいえば、イ・ヨンスクが主張しているような日本語教育によって「日本社会で能動的に生きる力を与える」という「目標」の設定は、教育の目標としては適切かもしれませんが、社会の目標としては問題があると思います（イ 2013：276-277）。その人の言語能力がどうであろうと、情報をやりとりする権利を保障するべきです。それが、わたしのいう「ことばのバリアフリー」です。その問題意識は障害者の自立生活運動の影響をうけています。あれこれが「自分でできるようになったら自立してもいい」などと家族や支援者にいわれてきた障害者が自立生活のかたちをつくってきました。支援をうけながら、介助を利用しながらです（あさか ほか 2012、てらもと ほか 2008）。

12　角知行（すみ・ともゆき）は「『多文化共生』は『多言語共生』でなければならない。その実質化のための法整備や財政支援がもとめられている」と主張しています（すみ 2020：199）。

13　「わかりやすいことば」が発信されるようになったことには、さまざまな文脈があるといえます。角知行は英語圏のとりくみをくわしく紹介しています（すみ 2020）。とくにアメリ

カでの消費者文書や行政文書をわかりやすくする運動や政策の事例はとても参考になります。アメリカの多言語政策をくわしく紹介したうえで「やさしい英語」のとりくみに注目している点が重要です。

14　「わかりやすいことば」には、障害分野での文脈もあります。スウェーデンでのとりくみについては、ファルム（1999）が参考になります（『北欧の知的障害者』第9章「書きことばの世界への参加――スウェーデン」）。これを翻訳した藤澤和子（ふじさわ・かずこ）は日本で「よみやすい本」を普及するうえで「LLブック」と名づけました。スウェーデンでは知的障害者にとって「よみやすい」文字情報の提供が1960年代にはじまり、それがほかの北欧諸国にひろまりました。国際図書館連盟（IFLA）『読みやすい図書のためのIFLA指針』の英語版が1997年に作成され、日本語には2001年に翻訳されています。このIFLA指針は2010年に「改訂版」がでています。2012年に日本語に翻訳されました（国際図書館連盟特別なニーズのある人々に対する図書館サービス分科会編 2012）。この改訂版には野村美佐子（のむら・みさこ）が参加しています（のむら 2009）。この指針を作成した中心人物であるブロール・トロンバッケは当時、スウェーデンのやさしく読める図書センター所長であり、日本でも「バリアフリー図書の普及を願って――図書館と出版の協働」というシンポジウムで講演しています。講演の題は「やさしく読める図書の出版――スウェーデンの経験から」です。その記録が『国際子ども図書館の窓』第6号にのっています（トロンバッケ 2006）。国連の障害者権利条約も、わかりやすいことば、よみやすい文書の普及を推進しています。たとえば国連の障害者権利委員会のウェブサイトには「Documents in plain language and Easy Read versions（わかりやすいことば・よみやすい版の文書一覧）」というページがあります（https://www.ohchr.org/en/treaty-bodies/crpd/documents-plain-language-and-easy-read-versions）。このページは英語のほかに、アラビア語、中国語、フランス語、ロシア語、スペイン語のバージョンがあります。各言語での「わかりやすい・よみやすい」の表現が確認できます。ヨーロッパの状況についてはリンドホルム／ヴァンハタロ（2021）が参考になります。

15　具体的に、どうすればいいのか。それは、いろんな人に意見をきくしかありません。大切なことは、いろんな人にスポットライトをあてることです。発言してもらうことです。主人公になってもらうことです。きめつけないことです。

第9章

情報保障における音声・動画メディア
の活用をめぐって

1. はじめに

　本章では、情報保障の視点から「文字情報ではないメディア」として音声・動画メディアに注目し、情報保障の実践や研究のありかたについて検討する[1]。いいかえると、情報保障のためには言語情報を文字情報に限定しないことが重要だということである。

　情報保障の分野では、「ワンソース マルチユース（one source multi use）」という概念がある。ひとつの情報をさまざまなかたちで利用できるようにすることをいう。文字情報（電子テキスト）は、点字にすることもできるし、音声にすることもできる。その人にとって利用しやすいように、かたちをかえることができる。ある言語で表現されたものを、多様な表現形態で利用できるようにするものである。そのような多様な情報形態をマルチモーダルという。それは、書きことば（正書法）が確立した言語では比較的うまくいくものである。しかし、基本的に話しことばとしてのみ使用されている言語に関していえば、マルチなかたちにすることは困難である。書きことばが定着していないとか、合成音声が開発されていない、点字の表記法がないなど、言語使用の実態が多様ではないからである。大言語であるからこそ、多様な利用方法が定着している。多言語が共存している社会であっても、書きことばについては、ひとつの言語ばかりが使用されている場合がある。文字情報ばかりに注目していては、その社会の多言語状況や情報保障の状況を把握することはむずかしい。そこで、

「文字ではない情報」がどれだけその社会で流通しているのかに注目する必要があるといえる。音声案内、ラジオ、テレビや動画などのマルチメディアに注目した研究がもとめられる。

　たとえば社会学では談話分析という手法があり、会話を分析するものがある。談話分析では会話内容をテキスト化する。一方、『テレビニュースの社会学——マルチモダリティ分析の実践』ではテキスト中心の研究手法を脱却しようとしている（いとう編 2006）。言語研究の分野でも、プロソディ（発話の強弱やイントネーション、リズムなど）をとりあげるものがあり、これもテキスト以外のものに注目する研究として意義ぶかいといえる（いちかわ 2001、2011）。

　以下では、これまでの情報保障研究の動向をふりかえりながら、テキスト・文書中心主義から脱却することの必要性とその方法、課題について論じる。

2. 情報保障研究におけるテキスト・文書の位置づけと
音声・動画メディアの現状

　情報保障とは、情報やコミュニケーションのかたちにバリアがあることを発見し、それを改善し、だれでもアクセスできるようにすることである。だれでも情報をやりとりすることができる状態にするには、情報の媒体変換と翻訳・通訳・介助が必要である。媒体変換とは、音声を文字にすること、逆に文字を音声にすることなどである。文字には、目で見るための墨字（すみじ）もあれば、点字もある。言語には、音声言語もあれば手話言語もある。翻訳・通訳には、異言語に訳すというだけでなく、わかりやすい表現にかえること、説明を補足することもふくまれる。さらに、盲ろう者に対する指点字通訳や触手話通訳もある。失語症の人にポイント筆記することもふくまれる。

　そうしてみれば、情報保障研究は、マルチメディアを対象にした研究でなければならない。情報保障の産物として、マルチメディアによる情報がつくられていくからである。

　ただ、「情報保障の産物」へのアクセスには、研究上の制約がある。著作権による制限がある場合、その研究者になんらかの印刷物障害[2]がなければ図書館などで制作された音訳図書や点字データを自由に利用することができない。活用できるのはウェブ上などで公開されているものや販売されているものにな

る。公的機関や公共性の高いメディアがだれでも利用できる情報を流通させる必要がある。バリアフリーな情報のかたちは、じっさいに体験してみてこそ、その必要性や便利さが実感できる。

　その意味で、NHKのわかりやすいニュース「ニュース・ウェブ・イージー」（https://www3.nhk.or.jp/news/easy/）、スウェーデンのわかりやすい新聞『8 Sidor（オッタ・シードル）』やノルウェーのわかりやすい新聞『Klar Tale（クラール・ターレ）』は意義ぶかいといえる（うちなみ 2018）。また、スウェーデンにならって日本でも出版されている「LL ブック[3]」は、出版物として販売され、図書館に所蔵される。その意義はおおきい。

　しかし、新聞や本、パンフレットといった「文書」のかたちだけを流通させても万全な情報保障にはならない。文書だけでは不十分である。その意味で、これまでの情報保障研究はテキストや文書にかたよってきたといえる[4]。そして、それはたんに、日本の情報保障の実践や研究がテキスト・文書中心主義的だったのであり、ほかの地域に注目してみれば、テキストや文書にとどまらない情報保障の実践があるようである[5]。

　たとえば、「8 Sidor」でウェブを検索すれば、公式ウェブサイトだけでなく、ツイッターやフェイスブック、アップルの iOS 用のアプリやグーグルのアンドロイド用のアプリ、インスタグラムのアカウントがでてくる（https://8sidor.se）。ユーチューブのアカウントもある（公式サイト以外の URL は省略する。以下同様）。

　おなじように、「Klar Tale」でウェブを検索すれば、公式ウェブサイトだけでなく、フェイスブックやツイッター、サウンドクラウド（SoundCloud）、ユーチューブ、アップルの iOS やグーグル・アンドロイド用のアプリ、アップルのポッドキャスト、インスタグラムのアカウントがでてくる（https://www.klartale.no）。サウンドクラウドは、自作の音楽を無料公開する場として活用されていることが多いが、クラール・ターレのアカウントはニュースの朗読を公開している。

　知的障害者むけにわかりやすい情報を提供するイギリスの団体「ユナイテッド・レスポンス（United Response）」も、公式ウェブサイトだけでなく、ツイッター、フェイスブック、ユーチューブで情報を発信している（https://www.unitedresponse.org.uk）。

スペインでも「よみやすい（Lectura Fàcil）」という呼称のとりくみがある。たとえば「よみやすい協会」（Associació Lectura Fàcil）という団体がある（http://www.lecturafacil.net）。公式サイトには、フェイスブック、ツイッター、ユーチューブ、スクープイット（Scoop.it）のアカウントへのリンクがある[6]。

韓国でも、知的障害者を対象にした、わかりやすい表現による解説冊子や本がつくられている（あべ 2018b）。わかりやすい文章による書籍だけでなく、動画もあわせて公開されている場合がある（同上）。

このような海外の状況と対比してみると、日本の情報保障には動画メディアが不足しているといえる。視覚的な情報という意味では、日本では文章と音声を同期させて表示できるマルチメディアデイジー[7]が制作されており、その意義はおおきい。しかし、デイジー図書を利用するためには、専用の機械か、ソフトが必要である。利用方法は、初心者にとっては簡単なものではない[8]。

知的障害者へのわかりやすい情報についての研究動向として、注目にあたいするのが、わかりやすいテレビ放送（知的障害者のためのテレビ放送研究会 2016、ふじさわ 2017）、わかりやすい字幕[9]についての議論や実践である。

また、知的障害者が発信する動画メディアとして、「パンジーメディア」をあげることができる（https://pansymedia.com）。これは「東大阪市で活動する社会福祉法人『創思苑』が運営してい」るものである（https://pansymedia.com/whats/）。

以上のような、動画メディアなどをふくめた情報保障の実践と研究が必要である。

3. 書きことばがない言語、
よみかきが苦手な人にとっての音声・動画メディア

その社会の主流言語による情報をマルチモーダルにすること、つまり音声にしたり点字にしたりすることだけが情報保障ではない。書きことばが定着していない言語で情報発信することも重要である。つまり主流言語による発信だけを想定するのではなく、少数言語による発信を保障する必要がある。しかし、テキスト・文書中心の情報保障研究では、書きことばのない言語による情報がとりあげられない。

ひとつの社会において、話しことばとしては多様な言語や地域バリエーションが話されている現実があっても、書きことばはそれほど多様ではない場合がある。漢語（中国語）のように、音声上は地域バリエーションがかなり多様であっても、表記としてはそれほどその音声的特徴が表面化しない場合がある。書きことばの規範がつよく、書きことばに地域バリエーションがほとんどあらわれない言語もたくさんあるだろう。また、よみかきが（ほとんど）できない人もいる。

それならば、テキスト・文書にこだわるのではなく、音声情報、動画情報を流通させることが重要であるといえる。ラジオやテレビ、案内放送のように、「ながれていく」情報も重要であるが、「かたちがのこる」情報も重要である。CD や DVD・ブルーレイディスクのような「かたち」も重要であるし、ファイルという「かたち」も重要である。

3.1. 録音図書について

まず台湾の録音図書に注目する。

台湾では録音図書を「有声書」という。一般的にも、なじみのある表現である。公共図書館の子どもフロアにいけば、「有声書」の CD をあつめたコーナーがある。透明の手さげ袋に、ひとつひとつ絵本と CD が入っている。台湾で「国語」とされる北京官話の朗読だけでなく、英語や日本語のような「外国語」のものもあれば、いわゆる「台湾語」（ホーロー語／閩南語）のものもある。台湾の「有声書」にはデイジー図書もある。形式は、録音デイジーであり、録音デイジーの CD ロムが書店で販売されている場合もある。あべ（2017）で紹介したように、台湾国立文学館は、台湾文学の選集として『台湾民間文学』（5冊セット、CD4 枚と DVD1 枚）と『台湾現代文学』の「小説巻」「新詩巻」「散文巻」の 3 冊（それぞれに CD3 枚と録音デイジーの CD ロム 1 枚）を出版している。録音図書であれば、ホーロー語や客家語のように、書きことばがそれほど定着していない話しことばを「かたちにする」ことができる。CD とデイジーを利用者が選択できる点も意義ぶかいといえる。

にたような例としては、伊藤忠記念財団と鳥取県立図書館などが共同で作成した『因幡の白うさぎ』のマルチメディアデイジーをあげることができる[10]。著作権者に了承をえているため印刷物障害のない人でも利用できる[11]。デイ

ジーを再生するソフトなどが必要になる。伊藤忠記念財団は全国の図書館と共同で各地の地域語昔話をマルチメディアデイジーにしている。伊藤忠記念財団の「わいわい文庫」のウェブページで、「お試し再生」として『舌をぬかれたお獅子』方言テキスト版（東京都稲城市）を公開している[12]。ウェブブラウザでそのままマルチメディアデイジーが再生できる。

　地域語や少数言語の復権のために、動画や朗読（録音図書）を活用することができる。台湾の国立文学館の例のように、少数言語の絵本などを録音CDと録音デイジー、あるいはマルチメディアデイジーをセットにして出版するのはどうだろうか。

3.2. 手話動画について

　つぎに、手話の動画についてとりあげる。

　日本では、「手話で読める本」として熊本聾学校などが『ごんぎつね』の手話版を2008年に制作している（かわむら2017）。とくに近年、手話の動画の制作や映像作品の字幕制作が活発になっている様子である（日本図書館協会障害者サービス委員会編2021a／2021b）。たとえば『改訂　図書館のアクセシビリティ』では偕成社が2020年に『ノンタンがんばるもん』など3つの絵本を手話で読み聞かせした手話動画のDVDとして『手話で楽しむ絵本』（はやせ2020）を出版したことを紹介している（のぐち／うえむら編2021：46-47）。また、以下のような枚方（ひらかた）市立図書館のとりくみが紹介されている。

　　…中央図書館では「手話・字幕付き映像資料」の製作も行っている。以前は市内在住の聴覚障害当事者に自らの戦争体験や昔の枚方市のことなどについて手話で語ってもらったものを撮影し、それに日本語字幕を挿入していた。最近では「手話ブックトーク」の模様を撮影して、映像資料としてまとめ、提供している。これらの作業は職員が行っているが、手話を読み取り、日本語に翻訳する作業と字幕挿入の作業に時間を要しタイトル数が増えないという悩みはあるが、製作した資料はよく利用されている（同上：147）。

　ほかにも『改訂　図書館のアクセシビリティ』では、図書館利用案内の手話

版が作成された例を紹介している（同上：133、146）。

　図書館以外のとりくみとしては、さまざまな団体が日本手話で情報発信している。

　たとえば明晴学園は2010年6月17日にユーチューブチャンネルをつくっている（https://www.youtube.com/user/meisei2010/）。

　国立障害者リハビリテーションセンター学院手話通訳学科も2014年8月11日にユーチューブチャンネルをつくっている（https://www.youtube.com/channel/UCTcxcZ6Lm5PU0R3Ry7cX60w/）。国立の機関がこのように手話動画を発信していることの意義はおおきい。

　そのほか、日本手話教育研究大会のユーチューブチャンネル（https://www.youtube.com/channel/UCX1-OfQkafEVDqCSZ608XlA/）や個人のチャンネル、また『文法が基礎からわかる日本手話のしくみ』という本の「動画例文集」のためのチャンネルもある（https://www.youtube.com/user/BBEDbooks/）。

　あべ（2018b）で紹介したように、韓国の国立障害者図書館はユーチューブのチャンネルで「韓国手語映像図書」を一部公開している[13]（https://www.youtube.com/channel/UCJfnKMjX6imsPQWLkc4D7Uw/）。さまざまな本について、内容を手話で紹介する動画もあれば、手話絵本の動画もある。「映像図書」と名づけたことに意義がある。映像図書と名づけ、動画を「本」として見立てることにより、手話の動画が、本という「かたちになる」のである。手話の本（「手語映像図書」）をあらわすアイコンもつくっている。手話の動画に名前とアイコンをつけることにより、「手話の本」という概念をつくりだしている[14]。

　あべ（2014a）で紹介したように、「ろう児がもっとも楽しく読める本は、手話の本、すなわち手話による読み聞かせや、手話DVDなどです」という指摘がある（はせべ 2012：7）。最近でも、公共図書館の課題として山内薫（やまうち・かおる）が「手話の本の提供を」と問題提起している（やまうち 2018：4-5）。

　手話翻訳というとりくみも重要である。最近の例でいえば『障害のある先生たち』（はたの ほか編 2018）という本の全文が日本手話に翻訳されている。本を購入した人が「引換券」を出版社に送付すれば「手話翻訳版」を「視聴するための方法」が「メールで」連絡されるしくみになっている。

　2019年2月2日には、この手話翻訳の制作過程について紹介する「学術出版のアクセシビリティを考える——書籍の手話翻訳の実践から」というシンポ

ジウムが筑波大学図書館情報メディア系の主催で開催された（共催 NPO 法人手話教師センター）。さらに 5 月 11 日には日本出版学会 2019 年春季研究発表会で「学術書のアクセシビリティ――手話翻訳動画、テキストデータ提供の実践から」が開催された（うえむら ほか 2019）。

斉藤くるみ（さいとう・くるみ）が日本手話で作成された修士論文（日本社会事業大学）の例を紹介しているように、日本手話による発信をふやしていく必要がある（さいとう・くるみ 2017）。

3.3. わかりやすい情報について

さらに、わかりやすい情報についても注目したい。

高雅郁（かお・やゆ）がかんたんに紹介しているように、台湾でも知的障害者にむけたわかりやすい情報提供のとりくみがある（かお 2015、2018、2020）。障害者権利条約のわかりやすい版[15] や選挙の投票についてのわかりやすいハンドブック[16] などがある。やさしくよめるという意味で、易読（イートゥー）という。台湾の「易読」には漢字にルビ（注音符号）がついていない場合が多い（移民むけのメディアでは総ルビの文章もよく見られる）。たとえルビがあっても文章をよむのが苦手な人にとっては、やさしくよめるとはいえないだろう。台湾の主流言語である「国語」の文章だけで「わかりやすい情報」を発信しても情報保障にはならないだろう。そこで、やはり音声や動画による情報が重要になる[17]。なお、台湾ではマルチメディアデイジーはまだ普及していない。

デイジー図書は、専用の再生機をもっているとか、パソコンやスマートフォン・タブレット用のソフトをすでにダウンロードしている人にとっては、つかいやすいものである。しかし、そのようなものについて知識のない人にとっては、むしろ使用しにくいものである。CD や DVD プレイヤーのほうが使用しやすい人もいる。スマートフォンやタブレットのようなモバイル端末を使用する人にとっては、ファイルにアクセスできたほうが便利である。CD のほうが不便という場合もある。そうしてみると、音声や動画ファイルが購入できるとか、無料でアクセスできる状態がのぞましい。ウェブをうまく活用して、わかりやすい情報を音声や動画でつたえることが重要である。そこで重要なのは、わかりやすいメディアでわかりやすい情報を発信することである。

4. 音声・動画メディアの活用に必要な環境整備とは

　文章を編集することにくらべて、音声や動画を録音・録画、そして編集することには時間と労力がかかる。雑音のない、しずかな部屋を確保する必要もでてくる。手話の場合は無音にしてもよいだろうが、手話が見やすいように環境をととのえる必要があるだろう。動画を編集する場合、処理能力の高いパソコンも必要となる。ウェブで公開するには、高速のインターネット通信も必要になる。ファイルが大量になってくれば、それだけサーバーの容量が必要になる。無料サービスを使用する場合は、突然サービスが停止される場合もあり、持続可能性の問題がある。

　そうしてみると、文書・テキストがあつかいやすいメディアであることが再確認できる。しかし、ここで重要なのは、文書・テキストが情報のかたちとして優位だと主張することではない。どのような情報のかたちであれ、必要としている人がいる。優劣を論じることは不適切である。むしろ確認したいのは、文書・テキストとちがって、音声情報や動画情報には必要経費があることを認知し、音声や動画メディアを発信することへの社会的な支援が必要であるということだ[18]。

　たんに放置していれば、多様な情報のかたちが流通するのではなく、文書・テキストばかりが発信される。ますます情報格差が拡大する。書きことばのない少数言語がさらに排除される。いまの状態を改善するためには、音声情報や動画情報を発信することへの公的支援が必要である。

　近年、一部の公共図書館はマルチメディアを活用、制作できるような環境を整備している。そのような図書館は、「図書情報館」という名前がつけられている。写真や動画、音声を編集することのできる場が社会のなかに必要である。また、音声や動画による情報を発信する機関・団体も必要であり、財政的補助が保障される必要がある。また、テレビやラジオ放送で、マイノリティが企画、編集、発信するチャンネルや番組が必要である。

　そして音声・動画メディアを普及させると同時に、音声・動画メディアを視聴できる空間をつくっていくことも必要である。この点について山内薫は公共図書館にもとめられることとして、つぎのようにのべている。

障害者用の資料として新たに作成されている資料の中にはマルチメ
　ディア DAISY 図書や音声 DAISY、字幕入り手話入り映像資料など
　のように資料利用に音声を伴うものも多い。そうした資料を図書館で
　利用するには一般の利用者が利用するスペースとは別の隔離されたス
　ペースが必要になる。文部科学省の学校における合理的配慮の例でも
　「LD、ADHD、自閉症等の発達障害」の子どものための配慮として
　「個別指導のためのコンピュータ、デジタル教材、小部屋等の確保」
　「クールダウンするための小部屋等の確保」が挙がっている。図書館
　でこのような小部屋を用意することによって先の音声資料の利用をは
　じめ、クールダウンのため、発達障害等の子どもへの読み聞かせ、ガ
　イドの方と一緒に来館して資料を利用する場合等に利用できるだろう。
　…後略…（やまうち 2018：5）

　つまり、これまでのように「文字を黙読する場」があるだけでは不十分であ
り、音声・動画メディアを視聴する場をつくっていく必要がある。人によって
はパソコンとヘッドホンを利用したい場合もあるだろうし、山内がいうように
小部屋のほうが利用しやすい場合もあるだろう。
　また、個々人が音声・動画メディアで発信しやすい環境をつくるためには、
ウェブ上のヘイトスピーチ問題についての対策も必要であるといえる。脅迫コ
メントが削除されず放置されるような環境では、だれも情報の発信者になりた
いとはおもえない。肉声ということばがあるように、声だけをとってみても、
その人の特徴がでる。多くの人が匿名で文字だけで発信しているなかで、顔を
だして情報を発信することには心理的負担がかかる。

5. おわりに──これからの情報保障研究にもとめられること

　さいごに、これからの情報保障研究にもとめられることを以下のように提起
する。

　第一に、テキスト・文書中心主義から脱却する必要がある。

第二に、量的研究だけでなく質的研究をすすめる必要がある。

第三に、音声・動画情報をふまえた国際比較をすすめる必要がある。

たとえば、わたしが 2010 年に論じた「識字のユニバーサルデザイン」では、多様なとりくみを紹介した（あべ 2010e）。けれども、文書に関するとりくみばかりに注目し、音声や動画メディアの活用については、とりあげていない。わかりやすい標識（サイン、ピクトグラム）についても、あべ（2019a）でふれたような音サイン、フラッシュサインについてはとりあげていない。音声言語の書きことばを発信源として規定し、それをいかにバリアフリーにするかという問題設定では、書きことばがない、あるいは定着していない言語のことを無視してしまう。その点に注意し、音声や動画メディアの現状と課題をさぐる必要があるだろう。

小田格（おだ・いたる）が何度もとりあげている中国の方言放送のとりくみは、情報保障という意味でも注目にあたいする（おだ 2018 ほか多数）。とくに中国の非就学者は北京官話があまりできないとか、文字がよめない場合がある。そうした人にとって、地域語放送／地域語番組のとりくみは、重要な情報源となると予想される。

情報保障の研究では、複数のわかりやすい文書をとりあげ計量分析し比較するという研究方法が活発である。それは文書（テキスト）という素材の利点をいかした研究方法であるといえる。客観性を確保するという意味もあるだろう。しかし、『中途盲ろう者のコミュニケーション変容』（しばさき 2017）のような質的研究も必要であるとおもわれる。

アンケート調査のように数字をだすことにこだわるのではなく、インタビューをしていくなかで見えてくる課題を記述していくことも重要だろう。また、聞き書きや共同執筆というかたちで、研究協力者自身に語ってもらうというアプローチも重要だろう。

情報保障の現状を改善していくためにも海外の動向に注目する必要がある。ただ、海外の動向を参考にするのであれば、テキスト・文書中心主義的な発想から脱却する必要がある。そうでなければ、どうしても「自分の常識」にとらわれ、そこにあるものが見えないということがおきる。自分の発想にないことは、そこにあっても見いだせない場合がある。自他の研究がなにを見落して

いるのかを確認しながら、情報保障の課題を追求する必要がある。文字情報だけにこだわることなく、音声・動画メディアに注目すること、そしてさらに音声・動画メディアを推進していくことがもとめられる。音声・動画メディアをどのようなかたちで保存し、公開していくのか、また、どのように検索するようにするのかなど、メディアの特性に即して議論していく必要がある。

ただしがき

1　本章は、台湾と韓国の図書館を調査した知見をもとにした議論である。本章とあわせて、あべ（2017、2018b）を参照されたい。

2　印刷物障害とは「プリント・ディスアビリティ」（print disability ／ print disabilities）の翻訳語である。いしかわ（2011）、きたむら ほか（2011）、日本図書館協会障害者サービス委員会／著作権委員会編（2021）などを参照のこと。日本では 2009 年に改正され 2010 年に施行された著作権法第 37 条第 3 項で「視覚障害者その他視覚による表現の認識に障害のある者」と表現され、「視覚障害者等」と略されている。印刷物障害があると認定する主体は図書館などのバリアフリー資料を提供する事業者であるため、「図書館の障害者サービスにおける著作権法第 37 条第 3 項に基づく著作物の複製等に関するガイドライン」が発表されている（https://www.jla.or.jp/library/gudeline/tabid/865/Default.aspx）。国公私立大学図書館協力委員会、全国学校図書館協議会、全国公共図書館協議会、専門図書館協議会、日本図書館協会の共同によるガイドラインである。バリアフリー資料へのアクセス方法は、国立国会図書館のウェブサイトにある「障害のある方へ」のページ（https://www.ndl.go.jp/jp/support/）と、サピエ図書館（視覚障害者情報総合ネットワーク）のウェブサイト（https://www.sapie.or.jp/cgi-bin/CN1WWW）を参照のこと。

3　LL ブックとは、スウェーデンで 1960 年代からとりくまれている「やさしくよめる本」のことであり、スウェーデン語で「Lättläst bok（レットレスト ブック）」という。文章をみやすく、わかりやすくするだけでなくピクトグラムを活用する点に特徴がある（ファルム 1999、ふじさわ／はっとり編 2009、こばやし そーでるまん じゅんこ ほか 2012、あべ 2010e、うちなみ 2018）。

4　日本の情報保障研究のなかで、「わかりやすい表現」や「やさしい日本語」をテーマとする研究では、わかりやすい表現による文書を計量分析する研究が多く見られる。

5　スウェーデンでは LL ブックは録音図書にもなっており、「音声だけのものと、音声と絵や文字が同期するもの」があるという（ふじさわ 2018：9）。

6　ヨーロッパにおける「わかりやすい情報」のとりくみについては、インクルージョン・ヨーロッパによる PDF ファイル『すべての人に情報を—情報をよみやすく、わかりやすくするためのヨーロッパ標準（Information for all European standards for making information easy to read and understand）』が参考になる（https://www.inclusion-europe.eu/wp-content/uploads/2017/06/EN_Information_for_all.pdf）。

7　デイジー（DAISY）とは、バリアフリーな電子書籍の国際規格である。パソコンや専用端末、

スマートフォンのアプリなどで再生できる。くわしくは、あべ（2010e）を参照のこと。

8 NHK E テレ『バリバラ』2018 年 8 月 26 日放送「生放送 障害者はテレビを救う」http://www6.nhk.or.jp/baribara/lineup/single.html?i=830 一般社団法人スローコミュニケーション「NHK バリバラで『やさしい字幕』をやりました」https://slow-communication.jp/info/640/

9 社会言語学での言語景観研究においても、視覚的な言語景観だけに注目していると音声上の言語景観（サウンド・ランドスケープ）をみおとすことになる。

10 「鳥取県立図書館による鳥取弁の『因幡の白うさぎ』が完成 伊藤忠記念財団の方言によるマルチメディアデイジーの第 1 話」『カレントアウェアネス -R』2015 年 05 月 01 日 https://current.ndl.go.jp/car/27947

11 https://www.itc-zaidan.or.jp/pdf/ebook/waiwai_list_2015-02.pdf

12 https://www.itc-zaidan.or.jp/summary/ebook/waiwai/

13 韓国では手話のことを「スファ（手話）」というのが一般的だったが 2002 年ごろから「スオ（手語）」という呼称がのぞましいという議論があり、2016 年に韓国手話言語法が制定されたときに、「韓国手語」が正式な呼称になった（あべ 2012b、2018b）。

14 2023 年 6 月 30 日現在、韓国国立障害者図書館には「手語映像図書」が 7017 件あるようである。著作権のしばりがあるため、利用登録しなければ利用できない（https://www.nld.go.kr/ableFront/index.jsp）。なお、2018 年 10 月 22 日の時点では 2649 件だった（あべ 2018b：109）。

15 台湾で 2017 年 12 月に出版された障害者権利条約のわかりやすい版については、衛生福利部が運営する障害者権利条約の専用ウェブサイト「身心障礙者権利公約」で公開されている（「聯合國身心障礙者權利公約易讀版」https://crpd.sfaa.gov.tw/BulletinCtrl?func=getBulletin&p=b2&c=F&bulletinId=321）。衛生福利部による「臺灣易讀參考指南—讓資訊易讀易懂（台湾『やさしくよめる』参考ガイド—情報をやさしくよめる、わかりやすいものにする）」もあわせて参照のこと（https://www.chsh.ntct.edu.tw/resource/openfid.php?id=38063）。

16 2018 年の統一地方選挙にむけて制作、発表されたもの。中央選挙委員会のウェブサイトで公開されていたようであるが、現在はリンクぎれとなっている。地方自治体のウェブサイトなどからアクセスできる。たとえば、嘉義（チアーイー）市政府「易讀版投票指南手冊 -107 年地方公職人員選舉及全國性公民投票」（https://www.chiayi.gov.tw/News_Content.aspx?n=464&s=220182）。

17 台湾の知的障害者親の会である中華民国智障者家長総会のウェブサイトに「2020 大選易讀版投票指南手冊說給您聽—中文版、台語版同步上線（2020 年大統領選挙よみやすい版投票ハンドブックの解説をお聞かせします—中国語版・台湾語版同時公開）」というページがあり、よみやすい投票ハンドブックの解説動画を 2 言語で制作し公開している（https://www.papmh.org.tw/news/741）。

18 わかりやすい文書をつくるために絵を活用することがある。視覚的に見やすいデザインにすることもある。そのためにデザイナーなどに依頼すれば必要経費がかかる。そのようなとりくみにも支援が必要である。

増補新版あとがき

　今回、増補として漢字の問題、やさしい日本語についての議論、音声メディアや動画メディアの活用についての議論を追加しました。「ことばのバリアフリー入門」として、より具体的な内容になったのではないかと自負しています。参考文献も、ことばのバリアフリーに関連するものを追加しました。

　2015年に本書の初版が出版され、さまざまな反応がありました。たとえば『やさしい日本語』（いおり 2016）という岩波新書や、『漢字廃止の思想史』（やすだ 2016）という、ぶあつい本で引用されました。なかでも印象的だったのは、「知的障害児教育における気候危機の取り組み──知的障害児の知る権利に応える授業」という論文でした（むらかみ 2021）。わかりやすいことばで知的障害のある生徒と地球温暖化について議論するという教育実践の報告です。

　わたしは『温暖化の〈発見〉とは何か』（ワート 2005）という本を2005年に買っていたことがあり、地球温暖化問題にはある程度は関心があったのですが、2018年ごろまではあまり注意していませんでした。しかし日本でも世界でも豪雨による水害が何度も何度もおきるようになり、あついときには40度前後の気温になるのがあたりまえになりました。気候危機ということばで注意喚起と対策の必要性がいわれるようになりました。そうして、あらためて温暖化問題に気づかされました。

　温暖化対策に必要なこととして、緩和策と適応策が指摘されています。緩和策とは、温室効果ガスの「削減」です。つまり、根本的な対策をしながら、環境の変化に「適応」する必要があるということです。

　ここで大切なのは、適応策のひとつとして、災害情報の重要性が指摘されていることです。災害が予想されるとき、住民に危険をしらせる必要があります。そこに、情報保障の課題があります。

　国際連合広報センターのウェブサイトに「気候変動と国連」のページがあり、2023年の発信に「『すべての人に早期警報システムを』イニシアチブの規模を拡大し具体的なアクションにつなげる」という文書があります（https://www.unic.or.jp/files/f99fffa8684c9b0294be1d7bd14084a6.pdf）。国連防災機関（UNDRR）

と世界気象機関（WMO）による合同文書です。この文章の冒頭には「気候変動の要因に最も寄与していない人々が異常気象によって最も苦しんでいる」とあります。そして「早期警報は効率的かつ費用対効果の高い気候変動適応策」だと説明しています。情報保障が世界規模の課題であることが再確認できます。

　日本でも気象庁が災害情報を多言語とやさしい日本語で発信するようになっています。気候危機の緩和策と適応策を世界レベルで共有し、とりくんでいく必要があります。

　なお、地球温暖化についてはデマの問題があります。「人間活動のせいではない」とか、「温暖化は心配いらない」といった懐疑論や楽観論がばらまかれています。温室効果ガスをたくさんだしているのは裕福な人たちです。国際的にみれば、日本も裕福な国です。再生可能エネルギーへの転換は石油産業などにとっては不都合なことです。自分たちの利益を確保し、生活スタイルを維持するために温暖化を否定するうごきがあるのです。そのため、情報保障は、うそやデマにどのように対処するのかという課題に直面しているといえます。環境活動家へのヘイトスピーチ（差別や嫌悪感をあおる言論）という問題もあります。

　『私たちはいつまで危険な場所に住み続けるのか──自然災害が突き付けるニッポンの超難問』という本で指摘されているように、日本の人口は減少してきているのに洪水で浸水するリスクのある地域の人口は増加しているという問題があります（きむら　ほか 2021：6-7、はだ 2020）。そのなかでも「水害は高齢者や障害者、子どもなどの社会的弱者を狙い撃ちにする」という現実があります（きむら　ほか 2021：54）。情報だけの問題ではないですし、情報の問題でもあります。たとえば、2020 年 8 月の改正宅地建物取引業施行規則によって、「不動産売買や賃貸借の際に宅地建物取引業者に義務付けている重要事項説明の項目に、水害リスクの説明が新たに加わった」ことを、日本でくらす人のあいだできちんと共有できているでしょうか（同上：85）。ハザードマップの内容や気候危機の重大さを国や自治体がしっかりと周知する必要があります。国土地理院の「ハザードマップポータルサイト」もチェックしてください（https://disaportal.gsi.go.jp/）。

　事態がさらに深刻になるまえに「気候危機の障害学」や「人の移動と気候危機の社会言語学」を議論していくべきなのです。

もうひとつ、本書を引用した研究で印象的だったのが小澤かおる（おざわ・かおる）の博士論文や研究論文です（おざわ 2015、2016）。2018 年には『現代の図書館』で「性的マイノリティへの情報サービス」という特集がくまれ、これに小澤は「性的少数者と図書館の重要性——情報保障はなぜ必要か」という文章をかいています（おざわ 2018）。

　最近ではトランスジェンダーへの差別・バッシングがウェブ上や活字媒体でもはげしくなっています。当然ですが、当事者にとって必要なのはヘイトスピーチではなく先輩や同世代の人のことばであるはずです。さまざまな当事者がことばをとどけるために発信しているのに、攻撃にさらされてしまうのでは言論の自由が保障できません。差別の問題は情報保障の問題です。安心して情報にアクセスできる環境が必要です。

　本書の初版が 2015 年にでて、この 8 年のうちに言語権や情報保障、コミュニケーションの問題について、意欲的な議論がいくつも展開されています（うちなみ 2018、2020、なかしま 2018、2021 など）。なかでも圧倒的なのが杉本篤史（すぎもと・あつぶみ）による言語権の研究です（すぎもと 2019、2020、2022 ほか多数）。憲法学の立場から、差別の実態をていねいに記述し問題提起しているところに独自性があります。たとえば、すぎもと（2022）では同化政策や植民地主義、SNS でのバッシングなどの問題をとりあげ、ボランティア依存の状況についても問題提起しています。なかでも以下の主張は、本書がめざした内容そのものです。

　　障害者権利条約を前提とした言語権とは、言語的・非言語的を問わず
　　利用可能なあらゆる手段を駆使し、他者や制度・設備等の助力を得つ
　　つ情報の受発信が保障されることである（同上 : 129）。

　こういった問題意識をみて思いだすのは 2021 年 9 月になくなったましこ・ひでのりさんのことです。ましこさんや、そのほかたくさんの研究仲間とおたがいに刺激しあって議論してきた成果が今回の増補版だといえます。ましこさんとの交流の歴史については『社会言語学』21 号にかきのこしてあります（あべ 2021b）。

さて、障害者権利条約と関連して日本では以下のようなうごきがありました。

・障害者権利条約 2014 年 1 月に批准、2 月に発効となる
・障害者差別解消法 2013 年 6 月に制定、2016 年 4 月に施行
・マラケシュ条約 2018 年 10 月に批准、2019 年 1 月に発効となる
・読書バリアフリー法 2019 年 6 月に制定・施行
・障害者情報アクセシビリティ・コミュニケーション施策推進法 2022 年 5
　月に制定・施行

　これらを活用して、情報・コミュニケーションの権利を保障していくことが
今後の課題となります。
　なお、マラケシュ条約とは、締約国のあいだでバリアフリー資料を自由にや
りとりできるようにするものです。印刷物障害のある人が利用できます。くわ
しくは、国立国会図書館のウェブページを参照してください（「マラケシュ条約
に基づく国際サービス」https://www.ndl.go.jp/jp/library/supportvisual/marrakesh_
lib.html）。
　ほかにも国立国会図書館は「学術文献のテキストデータの製作」をしていま
す（https://www.ndl.go.jp/jp/library/supportvisual/supportvisual-02-02.html）。　こ
れも、印刷物障害のある人が利用できます。

　2015 年から 2023 年までをふりかえると、たいへんな事態もありました。
2016 年の 7 月 26 日に神奈川県にある障害者施設で 19 人の障害者が元職員に
よって殺害され、たくさんのひとがケガをおわされました。まず、犯人がヘイ
トクライム（自分が差別する対象に危害をくわえること／憎悪犯罪）をして、その
後「犯人のことば」としてヘイトスピーチが拡散されました。犯人は「ことば
をはなせない」ひとを殺害しようとしたのだといいます。しかし、あのひと
（犯行をおこなった人物）に、なにがわかるというのか。
　ひとが、いきている。ひとと、ひとが、かかわっている。つながっている。
その現実をまえにして、いのちの価値があるとか、ないとか、おしゃべりする
ことは、ゆるさない。きずつけるのは、ゆるさない。わたしは、そのように、
ことばをのこしておきたいです。

事件後、施設職員の労働環境を問題視する議論もありましたが、じょうだんではありません。給料がすくないといって殺害する道理なんてありません。おそろしい議論だと感じました。

　ひとが大事にされている様子をみて、自分もそのように接する。そういう文化があったのか、なかったのか。それが問題です。自由で開放感のある空間だったのかどうか。それが問題です。

　あの事件のあと、あのひとに共感するような差別発言が拡散されました。一方で、優生思想を批判するうごきもありました。旧優生保護法による強制不妊手術の問題があらためて社会問題になり、国が「旧優生保護法一時金支給法」という法律をつくって、謝罪し、補償しました。

　厚生労働省のウェブサイトに「旧優生保護法による優生手術等を受けた方へ」というページがあり、手話・字幕つき動画や点字データでも情報提供しています（https://www.mhlw.go.jp/stf/kyuuyuuseiichijikin_04351.html）。「旧優生保護法による子どもができなくなる手術などをうけた人へ　お金をうけとることができます。」という、わかりやすいパンフレットがつくられました。国の大事なことについては国の責任で、しっかり情報保障するべきです。だまされるようなかたちで自分の意思決定とは関係なく不妊手術をされてしまったのですから、その補償をするのなら、情報保障は絶対に必要なことです。テレビ、ラジオ、新聞・雑誌、SNSなど、つかえるメディアはすべてつかうという姿勢が必要です。

　各地で提起された旧優生保護法に対する国家賠償請求訴訟のゆくえも気になります。

　わたしは2020年度の前期を最後に、大学の非常勤講師の契約がなくなり、現在は京都市内で障害者の訪問介助の仕事だけをしています。

　2020年前期の授業は新型コロナウイルスの影響で授業の開始が5月に延期され、最初から最後まで、すべてが遠隔授業になりました。わたしは以前から授業のためのウェブページを用意し、関連する情報をのせていました。そのようなとりくみは遠隔授業にも有効だったように思います。

　2023年には、感染状況はおさまっていないのに「おさまったことにする」

という状態になりました。

これまで不自由な生活を余儀なくされてきた人たちが、新型コロナウイルスによってより一層不自由な生活をおしつけられるという問題もおきています（こだま編 2023、おかやま 2023）。緊急事態宣言の状況で施設や病院で面会制限をすることは理解できる一方で、別の手段を提供するとか、面会の方法を工夫することが不十分だったとおもいます。たくさんの人が遠隔会議や遠隔授業をしている一方で、遠隔で交流することができずにいる人たちがいたこと、いuntil でもいることの問題をかんがえないといけません。新型コロナウイルスの流行によってあきらかになった情報・コミュニケーションの問題についても、しっかり検討される必要があります。

初版の「あとがき」で選挙の投票所でのことをかきました。まえから気になっていた問題に、日本の選挙制度では記号式投票や電子投票ではなく自書投票か代筆投票がルールになっていることがあります。電子投票も地方選挙で一部導入されましたが、あまり普及していませんし、電子投票をやめた自治体もあります（かわむら 2021）。そこで 2021 年に「日本の選挙制度における投票自書主義の問題」という論文をかきました（あべ 2021a）。識字問題の研究で、こういう先行研究はありません。2013 年には「金融機関の窓口における代読・代筆について」という論文をかきました（あべ 2013c）。

最近のうごきとして、行政窓口で「書かない窓口」がでてきました。たとえば「北海道北見市 システム構築と業務の標準化で『書かない窓口』を実現」という記事が参考になります（ながくら 2021）。

来庁者がすることは、職員に目的をつたえること、氏名や住所をつたえること、そして職員によって入力され印刷された書類を確認し、署名することです。来庁者にタッチパネルの端末を操作させるとか、そういうことではないです。ポイントは、ふたつあります。ひとつは、「利用者が申請書に手書きすることなく手続きができる『書かない窓口』」ということです。もうひとつは、「複数の部署をまたぐ手続きが 1 つの窓口で完了するワンストップの窓口サービス」ということです（同上 : 58）。

このような「書かない窓口」が文化として各地の窓口に普及するといいです。「書かせない窓口」という表現もあります。行政窓口だけでなく、いろいろな

場所でとりいれてほしいです。文字をかくことの環境整備も情報保障の論点のひとつなのです。

　もうひとつ、いいニュースがありました。2026年から司法試験でパソコンを導入し、手書き試験をやめるとの報道です。わたしは2003年に手書きにこだわることの問題を「てがき文字へのまなざし——文字とからだの多様性をめぐって」という論文にまとめました（あべ2003）。2010年に加筆したものを『識字の社会言語学』にのせました（あべ2010c）。ずいぶんと時間がかかりましたが、わたしが期待する方向に、すこしずつ社会は変化しているようです。

　最後に、大学の授業で経験したことを共有させてください。大学で授業をしていると、内容が理解されているかをチェックする必要があり、学生にコメントをかいてもらっていました。コメントで、するどい質問をされることもありましたし、貴重な意見や体験談をおしえてもらいました。わたしの方針としてコメントはメールでの提出も受けつけていました。文字をてがきするのが苦手な学生もいるわけですから。

　非常勤講師の控え室には、何種類かのコメントシートが用意されていました。コメントをかくところに線がずらっとひいてあるものと、線がないものがありました。あるときから、その両方をもっていって学生各自にえらんでもらう方式にしました。すると、とっても好評でした。選択肢があるって大事なことなのだと再確認しました。

　一方で、あるとき講義室に、ちいさな、ちいさなコメント用紙がおちているのをみつけました。かなしく、いやな気分になったので、もってかえりました。「こういうことはしてはいけない」と授業でも紹介しました。でもそれは学生ではなく、教員につたえないといけないことです。この場をかりて、おつたえさせていただきます。

　コメントの紙も、回をかさねると大量になり、おもたく、管理もたいへんです。それは理解できます。しかし、ちいさい文字をかくことは、人によっては、かなり困難なことなのです。ちいさいコメント用紙にあわせて、線のほそいシャープペンシルを用意する必要もでてくるでしょう。ちいさなワクに人間をおしこめるのは、やめてください。おねがいします。抗議の意味をこめて、実物大で掲載させていただきます。

2022 年から岡山市の実家で、くだものの苗木をうえはじめました。白桃やブラッドオレンジ、イチジク、ポポーの木など、いろんな苗木をうえました。たくさん実をつけてくれるとうれしいです。今回の増補版が、たくさんのひとにとどき、議論と実践の種となり、実をむすびますように。

2023 年 7 月 1 日

あべ・やすし

講義の感想等　　　　　科目名（　　　　　　　　）
（　　　　　）学科・専攻　（　）年　学籍番号（　　　　　）
　　　　　　　　　　　　　氏名（　　　　　　　　）

増補新版のための文献案内

　文献案内として、2015 年以降に発表された文献をかんたんに紹介する。本書でとりあげた内容・テーマと関連する本や論文、雑誌特集をあつかう。

差別論について

　『新版 差別論──偏見理論批判』（さとう 2018）は差別を偏見の問題と位置づける議論を再検討し、「他者化」の問題として差別を論じている。初版は2005 年であり、新版として「指差しと視線による他者化──安倍首相『こんな人たち』発言」が追加された。差別については「悪意はなかった」「差別の意図はなかった」と弁明する場合がよくある。この点について『差別の哲学入門』（いけだ／ほった 2021）、『差別はたいてい悪意のない人がする──見えない排除に気づくための 10 章』（キム・ジヘ 2021）や『日常生活に埋め込まれたマイクロアグレッション──人種、ジェンダー、性的指向　マイノリティに向けられる無意識の差別』（スー 2020）が参考になる。マイクロアグレッションとは、はげしく攻撃的とはいえなくても、無自覚に、だからこそ気楽に発せられる差別発言のことをいう。

　『10 代から知っておきたい あなたを閉じこめる「ずるい言葉」』（もりやま2020）、『10 代から知っておきたい 女性を閉じこめる「ずるい言葉」』（もりやま 2023）、『10 代から知っておきたい あなたを丸めこむ「ずるい言葉」』（きど 2023）の 3 冊は、わかりやすく明確に、ことばによるハラスメントの問題を論じている。

　以前は複合差別といわれていたものが、最近では交差性（インターセクショナリティ）といって複合的な差別問題が議論されている。『現代思想』2022 年5 月号の「インターセクショナリティ」特集号（現代思想編集部編 2022）など。

　『エイジズムを乗り越える──自分と人を年齢で差別しないために』（アップルホワイト 2023）や『現代思想』2021 年 11 月号「ルッキズムを考える」特集号（現代思想編集部編 2021）のように、年齢差別、見た目差別、能力主義など、差別についての認識がふかめられつつあるなかで、言語差別についての議論は

不十分であるように感じられる。言語差別は社会言語学の分野ではよくある議論であるし、本書の内容も、まさに言語差別を論じたものである。日本語で議論されている差別論では社会言語学の蓄積があまり活用されていない。交流が必要である。

　なお、言語差別に関する社会言語学的な議論として『**行動する社会言語学——ことば／権力／差別Ⅱ**』（かどや／ましこ編 2017）、『**言語現象の知識社会学——社会現象としての言語研究のために**』（ましこ 2017）、『**対抗する言語——日常生活に潜む言語の危うさを暴く**』（かきはら ほか編 2021）などがある。さまざまな社会問題のなかに言語問題や言語差別があり、情報・コミュニケーションの問題がある。

障害とカテゴリーについて

　『**当事者宣言の社会学——言葉とカテゴリー**』（かしだ／おがわ編 2021）は「ろう文化宣言」や「吃音者宣言」など、言語に関する当事者宣言もとりあげている。ただ、「ろう文化宣言」については、本書第1章でとりあげた「**ろう文化宣言以後**」（きむら／いちだ 2000b）にも言及がほしいところである。「ろう文化宣言」については「**ろう文化宣言を振り返る**」（きむら・はるみ 2020）もあわせて参照されたい。

ろう者の言語権について

　ろう者の言語権／ろう教育に関しては、『**日本手話とろう教育——日本語能力主義をこえて**』（クァク 2017）、『**ろう教育と「ことば」の社会言語学——手話・英語・日本語リテラシー**』（なかしま 2018）が意欲作である。『**日本手話で学びたい！**』（さの ほか編 2023）とあわせて参照されたい。

　ろう教育の問題が改善されないままである一方で、電話リレーサービスの制度化は重要な改善であるといえる。『**マイノリティ・マーケティング——少数者が社会を変える**』（いとう 2023）が参考になる。

障害学的言語権について

「障害学的言語権論の展望と課題 改訂版」（きむら・ごろうクリストフ 2020）は本書の議論を障害学的言語権と位置づけ、その意義をまとめている。「**障害学的観点からみた言語権概念の再検討と射程**」（ましこ 2020a）、「**カテゴリーの共生から相互行為としての共生へ**」（なかしま 2021）とあわせて参照のこと。

優生思想について

2016 年 7 月に障害者施設で元職員による大量殺人・殺傷事件がおきた。その事件そのものに関する文献も多数発表されたが、優生思想に関する文献も増補版や新作が出版された。たとえば、博士論文『**草の根の優生思想——近現代日本の場合**』（ホワニシャン 2017）、『**優生保護法が犯した罪——子どもをもつことを奪われた人々の証言 増補新装版**』（優生手術に対する謝罪を求める会編 2018）、『**強制不妊——旧優生保護法を問う**』（毎日新聞取材班 2019）、『**強制不妊と優生保護法——"公益"に奪われたいのち**』（ふじの 2020）、『**近代日本の優生学——〈他者〉像の成立をめぐって**』（ほんだ 2022）などがある。

ことばの優生思想についても議論が必要である。グラハム・ベルの優生思想に対する批判として、『**手話の歴史——ろう者が手話を生み、奪われ、取り戻すまで 下**』（レイン 2018b）の第 11 章「手話コミュニティの最大の敵、グラハム・ベル」がある。グラハム・ベルが考案した視話法をまなんだ伊沢修二（いさわ・しゅうじ）は、ろう者、吃音者、地域語話者、植民地住民などに対して標準日本語の音声を矯正する教育を展開した。『**伊沢修二と台湾**』（きのした編 2018）が参考になる。

能力主義と個人化について

「個人が身につけるべき能力」というものばかりが重視され、教育の目標とされ、自力で「自立」することが要求されている。そうした能力主義や個人化の問題については、『**暴走する能力主義——教育と現代社会の病理**』（なかむら 2018）、『**自立へ追い立てられる社会**』（ひろせ／さくらい編 2020）、『**能力 2040**

──AI 時代に人間する』（いけだ ほか 2020）、『教育は社会をどう変えたのか──個人化をもたらすリベラリズムの暴力』（さくらい 2021）などがある。

異性愛至上主義と性別二元論の問題について

　ジェンダーとセクシュアリティについては『LGBT を読みとく──クィア・スタディーズ入門』（もりやま 2017）をはじめ多数の本や特集がでている。最近は日本社会のなかでも性的少数者に対する差別の問題が話題になりやすくなった。差別発言が批判されるようになった。その意味では社会は進歩した。しかし一方で最近ではトランスジェンダーの人に対するバッシングがはげしくなっている。『トランスジェンダー入門』（しゅうじ／たかい 2023）、『われらはすでに共にある──反トランス差別ブックレット』（反トランス差別ブックレット編集部編 2023）、『クィア・スタディーズをひらく 1　アイデンティティ、コミュニティ、スペース』（きくち ほか編 2019）、『クィア・スタディーズをひらく 2　結婚、家族、労働』（きくち ほか編 2022）、『クィア・スタディーズをひらく 3 健康／病、障害、身体』（きくち ほか編 2023）などが参考になる。

障害者運動／自立生活運動と重度訪問介護について

　障害者運動については『障害者運動のバトンをつなぐ──いま、あらためて地域で生きていくために』（おのうえ ほか 2016）、「障害者運動」（ひろの 2019）など。
　自立生活運動と重度訪問介護については、『ズレてる支援！──知的障害／自閉の人たちの自立生活と重度訪問介護の対象拡大』（てらもと ほか 2015）、『当事者に聞く自立生活という暮らしのかたち』（かわもと 2020）、『自立生活楽し‼ 知的障害があっても地域で生きる　親・介助者・支援者の立場から』（ささき／ひろかわ編 2021）、「重度訪問介護支給時間数の地域差に関する考察──全国の重度訪問介護事業利用者への調査より」（やまぐち／はらだ 2020）、『入院中における重度訪問介護の利用に関する調査研究　報告書』（社会福祉法人りべるたす 2021）など。

知的障害者とことばについて

　本書第2章で中心的にとりあげた「『ことばのユニバーサルデザイン』序説——知的障害児・者をとりまく言語的諸問題の様相から」（こが 2006）は加筆修正版が2種類でている。ひとつは「ことば・情報のユニバーサルデザイン——知的障害児・者と言語の関係を中心に」（うちなみ こが 2017）であり、もうひとつは『知的障害のある人たちと「ことば」——「わかりやすさ」と情報保障・合理的配慮』（うちなみ 2018）である。わかりやすいことばで情報を発信する必要性が論じられている。おなじ時期に、関連する博士論文がふたつでている。ひとつは『「わかりやすさ」を意識して書かれた文章の言語的特徴——各種新聞記事の分析を中心とした考察』（はやま 2018）であり、もうひとつは『情報弱者のための知る権利の構成要素及びその保障制度の構築』（こばやし 2018a）である。『知的障害者への代読ボランティア養成講座』（ふじさわ編 2023）とあわせて参照のこと。

「情弱」と「コミュ障」について

　差別的に使用されている「情弱」という語や自虐的な自称としても使用される「コミュ障」という語については『〈情弱〉の社会学——ポスト・ビッグデータ時代の生の技法』（しばた 2019）、『「コミュ障」の社会学』（きど 2018）、『現代思想』2017 年8月号「『コミュ障』の時代」特集号（現代思想編集部編 2017）、『こころの科学』191 号「"コミュ障" を超えて」特集号（日本評論社 2017）がある。

　現代社会ではさまざまなことについて情報があつめられている。そのなかで権力をにぎる人が「なにが重要な情報か」を規定し、自分の知識を絶対的なもののように主張し、だれかを「情弱」などといって差別する。一方的な主張である。「コミュ障」というのも、理想化された「コミュニケーション能力」というものがあやふやに想定され、権限をにぎる側が就職希望者などに対してコミュニケーション能力を評価しようとする、不公平な構造がある。そのなかで、自信をうしなっている人もたくさんいる。しかし、相手あってのコミュニケーションである。それが「どのような相手なのか」ということも、重要なポイン

トである。たとえば、どなりちらす人にうまく対処できるかどうか、そんなことに意味はない。どなりちらすのをやめろというしかないのだ。

図書館サービスについて

　関連する法律が整備され、図書館の障害者サービスはおおきく前進している。『**図書館利用に障害のある人々へのサービス　補訂版**』上巻（利用者・資料・サービス編）（日本図書館協会障害者サービス委員会編 2021a）と『**図書館利用に障害のある人々へのサービス　補訂版**』下巻（先進事例・制度・法規編）（日本図書館協会障害者サービス委員会編 2021b）は歴史から最近の動向まで、くわしく解説している。『**改訂　図書館のアクセシビリティ――「合理的配慮」の提供へ向けて**』（のぐち／うえむら編 2021）と『**障害者サービスと著作権法　第 2 版**』（日本図書館協会障害者サービス委員会／著作権委員会編 2021）の 2 冊とあわせて参照のこと。

出版と読書のバリアフリーについて

　『**電子書籍アクセシビリティの研究――視覚障害者等への対応からユニバーサルデザインへ**』（まつばら編 2017）、『**奇跡のフォント　教科書が読めない子どもを知って――UD デジタル教科書体開発物語**』（たかた 2023）、『**読書バリアフリーの世界――大活字本と電子書籍の普及と活用**』（のぐち 2023）、『**読書バリアフリー――見つけよう！　自分にあった読書のカタチ**』（読書工房編 2023）が参考になる。

情報のバリアフリーについて

　『**情報社会のユニバーサルデザイン　改訂版**』（ひろせ／せきね編 2019）のほか、さまざまな雑誌特集がでている。参考文献にあげた雑誌特集一覧を参照のこと。

プライバシーの権利について

『プライバシーという権利——個人情報はなぜ守られるべきか』（みやした 2021）をはじめ多数の文献がでている。

識字問題について

基礎教育保障学会が結成され、『基礎教育保障学研究』が 2017 年に創刊された。6 巻の特集は「リテラシー調査の意義と課題」（基礎教育保障学会 2022）である。2 つの研究グループが識字調査にとりくんでいる。ひとつは、野山広（のやま・ひろし）らによる「基礎教育を保障する社会の基盤となる日本語リテラシー調査の開発に向けた学際的研究」である（https://kaken.nii.ac.jp/ja/grant/KAKENHI-PROJECT-19H00627/）。もうひとつは福永由佳（ふくなが・ゆか）らによる「定住外国人のよみかき研究」グループである（https://www2.ninjal.ac.jp/jll/ali/）。

言語学習のバリアフリーについて

河住有希子（かわすみ・ゆきこ）らによる「視覚障害教育から切り拓く国際共生社会における日本語インクルーシブ教育の基盤構築」は点字使用者にむけた日本語教育の研究をすすめている（https://kaken.nii.ac.jp/ja/grant/KAKENHI-PROJECT-16K02819/）。

ほかにも「言語教育におけるインクルージョンを考える」という研究グループがある（http://incl4lang.html.xdomain.jp/）。

『言語文化教育研究』2022 年 20 号の「ディスアビリティ・インクルージョンと言語文化教育」特集号（言語文化教育研究学会 2022）も充実した内容になっている。

他者表象と当事者による発信について

非当事者が当事者を演じるとか描写することがある。映画や小説などの世界ではよくあることである。しかし、当事者からすればその描写が不正確だと感

じられることがある。ステレオタイプを助長しているとか、おとしめていると感じられることもある。たとえば、聴者がろう者を演じることの問題が指摘されている。そのような他者表象や当事者による発信については、『季刊 福祉労働』2023 年 174 号の「特集 2 障害と言葉、表現すること」（福祉労働編集委員会編 2023）がある。

　なお、他者表象の社会言語学といえるような研究分野として「役割語」の研究がある。文庫版が出版された『ヴァーチャル日本語　役割語の謎』（きんすい 2023a）と『コレモ日本語アルカ？ 異人のことばが生まれるとき』（きんすい 2023b）が参考になる。

刑務所の現状について

　『塀の中の事情——刑務所で何が起きているか』（きよた 2020）がくわしく取材している。

警察官／収容施設の職員による暴力について

　警察官や刑務所や入管などの職員が個人を制圧することがあり、場合によっては過剰な暴力をふるうことがある。2007 年におきた死亡事件については『健太さんはなぜ死んだか——警官たちの「正義」と障害者の命』（さいとう・たかお 2017）。啓発本として、『知ってほしい・知っておきたい 知的障害と「警察」』（全国手をつなぐ育成会連合会権利擁護センター 2014 年度運営委員会編 2015）がある。入管職員による暴力については何度も事件があり、文献がある。たとえば『入管問題とは何か——終わらない〈密室の人権侵害〉』（すずき／こだま編 2022）がある。巻末には「入管収容をめぐる年表」がついている（279-297 ページ）。

基地騒音について

　『日米地位協定の現場を行く——「基地のある街」の現実』（やまもと／みやぎ 2022）は各地の基地を取材し、騒音問題もとりあげている。
　騒音の問題や音環境のバリアフリー全般については、『バリアフリーと音』

（日本騒音制御工学会編 2015）が参考になる。

気象災害について

　地球温暖化によって猛暑日がふえただけでなく、海水温の上昇などによって突発的に大雨がふるようになった。線状降水帯や局地的大雨、台風、竜巻や落雷など、天気のしくみについて学習することが重要になっている。**『すごすぎる天気の図鑑』**（あらき 2021）と**『もっとすごすぎる天気の図鑑』**（あらき 2022）が参考になる。**『災害情報はなぜヒットしないのか──住民の避難を進めるために』**（やまざき 2023）でも確認できるように、気象災害は情報保障の問題でもある。

初出一覧

第 2 章　「言語という障害——知的障害者を排除するもの」『社会言語学』9 号（「社会言語学」刊行会）2009

第 3 章　「『識字』という社会制度——識字問題の障害学 (2)」『社会言語学』12 号（「社会言語学」刊行会）2012

第 4 章　「情報保障の論点整理——「いのちをまもる」という視点から」『社会言語学』11 号（「社会言語学」刊行会）2011

第 5 章　「言語学習のユニバーサルデザイン」『日本語学』2014 年 9 月号（明治書院）

増補第 7 章「漢字のバリアフリーにむけて」『ことばと文字』4 号（日本のローマ字社）2015

増補第 9 章「情報保障における音声・動画メディアの活用をめぐって」『社会言語学』19 号（「社会言語学」刊行会）2019

参考文献

あおき・しょうぞう（青木省三）2012『ぼくらの中の発達障害』筑摩書房

あおき・しんたろう（青木慎太朗）編 2010『視覚障害学生支援技法 増補改訂版』生存学研
　究センター報告 12

アクセシビリティ研究会 2003『情報アクセシビリティとユニバーサルデザイン――誰もが
　情報にアクセスできる社会をめざして』アスキー

あさい・しほ（朝井志歩）2009『基地騒音――厚木基地騒音問題の解決策と環境的公正』法
　政大学出版局

あさか・じゅんこ（安積純子）ほか 2012『生の技法――家と施設を出て暮らす障害者の社
　会学 第 3 版』生活書院

あつじ・てつじ（阿辻哲次）2013『漢字再入門』中央公論新社

アップルホワイト、アシュトン（しろかわ・けいこ〔城川桂子〕訳）2023『エイジズムを乗
　り越える――自分と人を年齢で差別しないために』ころから

あべ・やすし 2002「漢字という障害」『社会言語学』2 号、37-55

あべ・やすし 2003「てがき文字へのまなざし――文字とからだの多様性をめぐって」『社会
　言語学』3 号、15-30

あべ・やすし 2004a「文字のよみかきをめぐる差別（1）――識字運動をかんがえる」『人権
　21・調査と研究』8 月号、35-42

あべ・やすし 2004b「漢字という権威」『社会言語学』4 号、43-56

あべ・やすし 2005「識字と人権――人間の多様性からみた文字文化」『人権と社会』1 号（岡
　山人権問題研究所）、31-44

あべ・やすし 2006「漢字という障害」ましこ編『ことば／権力／差別』三元社、131-163

あべ・やすし 2008「識字のユニバーサルデザインにむけて――表記改革と文字情報サービ
　スをめぐって」（https://hituzinosanpo.sakura.ne.jp/abe2008a.html）

あべ・やすし 2010a「西日本入管センターへの面会活動に参加して」『むすびめ 2000』72 号
　（在日外国人と図書館をむすぶ会（むすびめの会）会報）、31-34

あべ・やすし 2010b「均質な文字社会という神話――識字率から読書権へ」かどや／あべ編
　『識字の社会言語学』生活書院、83-113

あべ・やすし 2010c「てがき文字へのまなざし――文字とからだの多様性をめぐって」かど
　や／あべ編『識字の社会言語学』生活書院、114-158

あべ・やすし 2010d「識字問題の障害学――識字活動と公共図書館をむすぶ」かどや／あべ
　編『識字の社会言語学』生活書院、257-283

あべ・やすし 2010e「識字のユニバーサルデザイン」かどや／あべ編『識字の社会言語学』
　生活書院、284-342

あべ・やすし 2010f「識字の社会言語学をよむ――あとがきにかえて」かどや／あべ編『識
　字の社会言語学』生活書院、343-365

あべ・やすし 2011a「言語という障害――知的障害者を排除するもの」『社会言語学』別冊 1 号、
　61-78

あべ・やすし 2011b「日本語表記の再検討――情報アクセス権／ユニバーサルデザインの視

点から」『社会言語学』別冊 1 号、97-116

あべ・やすし 2011c「情報保障の論点整理──『いのちをまもる』という視点から」『社会言語学』11 号、1-26

あべ・やすし 2011d「『多文化』の内実をといなおす（1）」『むすびめ 2000』77 号（在日外国人と図書館をむすぶ会（むすびめの会）会報）、5-13

あべ・やすし 2012a「『多文化』の内実をといなおす（2）」『むすびめ 2000』78 号（在日外国人と図書館をむすぶ会（むすびめの会）会報）、45-50

あべ・やすし 2012b「漢字圏の手話の呼称と『規範化』の問題」『ことばの世界 愛知県立大学高等言語教育研究所年報』4 号、9-21
（http://www.for.aichi-pu.ac.jp/gengoken/link/nenpou/2012nenpo.pdf）

あべ やすし 2012c「漢字という障害」ましこ・ひでのり編『ことば／権力／差別 新装版──言語権からみた情報弱者の解放』三元社、131-163

あべ・やすし 2012d「情報のかたちをその人にあわせる、人の手をかりながら。」『社会言語科学会 第 30 回大会発表論文集』156 ページ（社会言語科学会 第 30 回大会 ワークショップ 1「だれもが参加できる公正な社会をめざして──情報保障とコミュニケーション」）

あべ・やすし 2012e「『識字』という社会制度──識字問題の障害学（2）」『社会言語学』12 号、21-33

あべ・やすし 2013a「社会がうみだす情報弱者──ことばのバリアフリーにむけて」『日本言語政策学会 第 15 回記念大会 予稿集』69-73（日本言語政策学会 第 15 回記念大会 第 2 分科会「障害とコミュニケーション──社会がうみだす情報弱者の視点を中心に」）

あべ・やすし 2013b「情報保障と『やさしい日本語』」いおり ほか編『「やさしい日本語」は何を目指すか』ココ出版、279-298

あべ・やすし 2013c「金融機関の窓口における代読・代筆について──公共性とユニバーサルサービスの視点から」『社会言語学』13 号、59-83
（http://hituzinosanpo.sakura.ne.jp/abe2013b.html）

あべ・やすし 2014a「情報のユニバーサルデザイン」ささき編『マイノリティの社会参加──障害者と多様なリテラシー』くろしお出版、156-179

あべ・やすし 2014b「言語的マイノリティをめぐる情報・コミュニケーションの課題」いおり・いさお（庵功雄）ほか「第 33 回研究大会シンポジウム 言語マイノリティーへの情報保障」『社会言語科学』17(1)、143-144

あべ・やすし 2014c「言語学習のユニバーサルデザイン」『日本語学』9 月号、56-67

あべ・やすし 2015a「これからの日本語を構想する」かみよし・ういち（神吉宇一）編『日本語教育　学のデザイン』凡人社、194-195

あべ・やすし 2015b『ことばのバリアフリー──情報保障とコミュニケーションの障害学』生活書院

あべ・やすし 2015c「漢字のバリアフリーにむけて」『ことばと文字』4 号、97-105

あべ・やすし 2017「台湾の図書館とその周辺──日本の状況と対比して」『社会言語学』17 号、123-134

あべ・やすし 2018a「ことばのバリアフリーと〈やさしい日本語〉」『学習院女子大学主催シンポジウム 〈やさしい日本語〉と多文化共生 予稿集』103-108
（http://www4414uj.sakura.ne.jp/Yasanichi/2018symposium.html）

あべ・やすし 2018b「情報保障に関する韓国の法制度概観」『社会言語学』18 号、97-112

あべ・やすし 2019a「ことばのバリアフリーからみたピクトグラムと〈やさしい日本語〉」 いおり ほか編『〈やさしい日本語〉と多文化共生』ココ出版、193-209

あべ・やすし 2019b「情報保障における音声・動画メディアの活用をめぐって」『社会言語学』 19 号、123-132

あべ・やすし 2020「観光と言語のバリアフリー」やまかわ・かずひこ（山川和彦）編『観 光言語を考える』くろしお出版、153-169

あべ・やすし 2021a「日本の選挙制度における投票自書主義の問題」『社会言語学』21 号、 55-79

あべ・やすし 2021b「ましこさんと、わたし、そして『社会言語学』誌の 21 年」『社会言語学』 21 号、222-223

あべ・やすし 2022「ことばの かたちを ひとに あわせる──時代の変化と日本語表記」『こ とばと文字』15 号、101-108

あべ・やすし 2023「ことばの かたちを ひとに あわせる図書館サービス」『ことばと社会』 25 号、14-44

アムネスティ・インターナショナル日本編 2011『市民が視た刑務所──日本の刑事施設調 査報告』現代人文社

あらい・たかあき（新井孝昭）2000「『言語学エリート主義』を問う──『ろう文化宣言』 批判を通して」現代思想編集部編『ろう文化』青土社、64-68

あらき・けんたろう（荒木健太郎）2021『すごすぎる天気の図鑑』KADOKAWA

あらき・けんたろう（荒木健太郎）2022『もっとすごすぎる天気の図鑑』KADOKAWA

アンガー、マーシャル J.／かやしま・あつし（茅島篤）／たかとり・ゆき（高取由紀）編 2017『国際化時代の日本語を考える──二表記社会への展望』くろしお出版

あんどう・よしこ（安藤淑子）2010「地域在住外国人の多様な背景要因と日本語能力との関 連に関する考察」『移民政策研究』2 号、159-168

いいぬま・かずそう（飯沼和三）1996『ダウン症は病気じゃない』大月書店

いおり・いさお（庵功雄）2016『やさしい日本語──多文化共生社会へ』岩波書店

いおり・いさお（庵功雄）編 2022『「日本人の日本語」を考える──プレイン・ランゲージ をめぐって』丸善出版

いおり・いさお（庵功雄）ほか編 2013『「やさしい日本語」は何を目指すか──多文化共生 社会を実現するために』ココ出版

いおり・いさお（庵功雄）ほか編 2019『〈やさしい日本語〉と多文化共生』ココ出版

「生きる力」編集委員会編 2006『生きる力──神経難病 ALS 患者たちからのメッセージ』 岩波書店

いけだ・けんいち（池田賢市）ほか 2020『能力 2040──AI 時代に人間する』太田出版

いけだ・たかし（池田喬）／ほった・よしたろう（堀田義太郎）2021『差別の哲学入門』ア ルパカ

いけだ・りちこ（池田理知子）編 2010『よくわかる異文化コミュニケーション』ミネルヴァ 書房

いごう・よしのぶ（居郷至伸）2005「救いはコミュニケーション『能力』にあるのか？ コ ンビニエンス・ストア従業員の要員管理に着目して」『ソシオロゴス』29、199-214

いしい・くみこ（石井久美子）2020「大新聞と小新聞の語彙」ちん・りきえい（陳力衛）編『シ リーズ日本語の語彙 5 近代の語彙』朝倉書店、12-22

いしかわ・くみこ（石河久美子）2012『多文化ソーシャルワークの理論と実践』明石書店

いしかわ・じゅん（石川准）2006「アクセシビリティはユニバーサルデザインと支援技術の共同作業により実現する」むらた・じゅんいち（村田純一）編『共生のための技術哲学——「ユニバーサルデザイン」という思想』未来社、124-138

いしかわ・じゅん（石川准）2008「本を読む権利はみんなにある」うえの・ちづこ（上野千鶴子）ほか編『ケアという思想』岩波書店、91-106

いしかわ・じゅん（石川准）2011「電子書籍を読書障壁にしないために——出版社と国立国会図書館への期待」『現代の図書館』49（2）、83-88

いしかわ・じゅん（石川准）2012「アクセシビリティの視点から電子書籍の成功を望む」『出版ニュース』8月下旬号、4-9

いしかわ・じゅん（石川准）ほか 2016「視覚障害学生石川准と東大図書館員河村宏——その1970年代から21世紀へ」科研費基盤（B）『高等教育機関における障害者の読書アクセシビリティの向上——ICTによる図書館の活用』報告書（http://www.arsvi.com/2010/20140322ij.htm）

いしかわ・じゅん（石川准）／くらもと・ともあき（倉本智明）編 2002『障害学の主張』明石書店

いしかわ・じゅん（石川准）／ながせ・おさむ（長瀬修）編 1999『障害学への招待』明石書店

意思疎通支援実態調査事業検討委員会編 2014『意思疎通支援実態調査事業 報告書』全日本ろうあ連盟
（http://www.jfd.or.jp/info/2014/20140408-ishisotsu-report.pdf）

移住労働者と連帯する全国ネットワーク編 2009『多民族・多文化共生社会のこれから 2009年改訂版』現代人文社・大学図書

いちかわ・あきら（市川熹）2001『人と人をつなぐ声・手話・指点字』岩波書店

いちかわ・あきら（市川熹）2011『対話のことばの科学——プロソディが支えるコミュニケーション』早稲田大学出版部

いちかわ・あきら（市川熹）／てじま・のりゆき（手嶋教之）編 2006『福祉と情報技術』オーム社

いちはし・まさはる（市橋正晴）／視覚障害者読書権保障協議会編 1998a、b『読書権ってなあに』（上・下）大活字

いといがわ・みき（糸魚川美樹）2017「多言語化の多面性——言語表示から通訳ボランティアまで」かどや／ましこ編『行動する社会言語学』三元社、205-224

いといがわ・みき（糸魚川美樹）2020「医療通訳とは何をする職業なのか——専門職としての医療通訳の課題」『ことばと社会』22号、34-57

いとう・あづさ（伊藤あづさ）ほか 2011「座談会 東日本大震災——被災障害者の実態と新生への提言」『月刊ノーマライゼーション』7月号、14-31

いとう・けい（伊藤啓）2006「色覚の多様性から考えるカラーユニバーサルデザイン」出版UD研究会編『出版のユニバーサルデザインを考える』読書工房、9-24

いとう・しゅうへい（伊藤周平）2001『介護保険を問いなおす』筑摩書房

いとう・しゅうへい（伊藤周平）2011『保険化する社会福祉と対抗構想』山吹書店

いとう・まもる（伊藤守）編 2006『テレビニュースの社会学——マルチモダリティ分析の実践』世界思想社

いとう・よしひろ（伊藤芳浩）2023『マイノリティ・マーケティング──少数者が社会を変える』筑摩書房

いのうえ・いっぺい（井上逸平）2005『ことばの生態系──コミュニケーションは何でできているか』慶應義塾大学教養研究センター

いぶすき・まこと（指宿信）2011「『矯正と図書館サービス連絡会』について」『刑政』10月号（矯正協会）、14-21

イ・ヨンスク 2013「日本語教育が『外国人対策』の枠組みを脱するために──外国人が能動的に生きるための日本語教育」いおり ほか編『「やさしい日本語」は何を目指すか』ココ出版、259-278

いわさき・みのる（岩崎稔）ほか編 2005『継続する植民地主義──ジェンダー／民族／人種／階級』青弓社

いわた・かずなり（岩田一成）2014「公的文書をわかりやすくするために」『日本語学』9月号、44-54

いわた・かずなり（岩田一成）2016『読み手に伝わる公用文──〈やさしい日本語〉の視点から』大修館書店

いわた・まさみ（岩田正美）2008『社会的排除』有斐閣

いわつき・ともや（岩槻知也）編 2016『若者と学習支援──リテラシーを育む基礎教育の保障に向けて』明石書店

いわぶち・こういち（岩渕功一）編 2010『多文化社会の〈文化〉を問う──共生／コミュニティ／メディア』青弓社

いわみ・みやこ（岩見宮子）ほか 2009「日本の難民受け入れ政策の成果と課題」のやま・ひろし（野山広）／いしだ・えりこ（石田恵理子）編『日本語教育の過去・現在・未来』1巻、凡人社、166-193

いわみや・しんいちろう（岩宮眞一郎）2007『音のデザイン──感性に訴える音をつくる』九州大学出版会

いわみや・しんいちろう（岩宮眞一郎）2012『サイン音の科学──メッセージを伝える音のデザイン論』コロナ社

イングスタッド、ベネディクト／スーザン レイノルズ・ホワイト編（なかむら・まきお〔中村満紀男〕ほか訳）2006『障害と文化──非欧米世界からの障害観の問いなおし』明石書店

ヴィゴツキー、レフ・セミョノヴィチ（まつだ・よしまつ〔松田義松〕訳）2001『新訳版 思考と言語』新読書社

ウィトゲンシュタイン（ふじもと・たかし〔藤本隆志〕訳）1976『ウィトゲンシュタイン全集 8 哲学探究』大修館書店

ウイング、ローナ（くぼ・ひろあき〔久保紘章〕ほか監訳）1998『自閉症スペクトル』東京書籍

うえだ・こうじ（植田晃次）／やました・ひとし（山下仁）編 2006『「共生」の内実──批判的社会言語学からの問いかけ』三元社

うえむら・かなめ（植村要）ほか 2019「学術書のアクセシビリティ──手話翻訳動画、テキストデータ提供の実践から」『日本出版学会会報』148、11-13

うえむら・まきこ（植村麻紀子）ほか 2020「なぜ当事者駆動型の学習環境設計が必要か──言語教育におけるインクルージョンの実現のために」『神田外語大学紀要』32、377-398

ウォーレル、ビル（かとうだ・ひろし〔河東田博〕訳）2010『ピープルファースト 当事者活動のてびき』現代書館

うちなみ・あやこ（打浪文子）2014「知的障害者への情報提供媒体の国際比較からの考察──『わかりやすい』情報提供の実現のために」日本社会福祉学会第62回大会（https://www.jssw.jp/conf/62/pdf/PA-30.pdf）

うちなみ・あやこ（打浪文子）2015「知的障害者の情報機器の利用に関する社会的課題──軽度及び中度の当事者への聞き取り調査から」『淑徳大学短期大学部研究紀要』54、105-120

うちなみ・あやこ（打浪文子）2018『知的障害のある人たちと「ことば」──「わかりやすさ」と情報保障・合理的配慮』生活書院

うちなみ・あやこ（打浪文子）2020「知的障害者向けの『わかりやすい情報提供』の現状と課題──医療に関する情報保障に焦点を当てて」『ことばと社会』22号、10-33

うちなみ・あやこ（打浪文子）／かどや・ひでのり 2014「ノルウェーにおける情報保障──活字媒体『クラール・ターレ』について」第11回障害学会報告（http://www.jsds.org/jsds2014/poster/jsds11poster19.html）

うちなみ（こが）あやこ（打浪〔古賀〕文子）2009「障害者と情報アクセシビリティに関する諸課題の整理──情報保障の概念を中心に」『社会言語学』9号、1-16

うちなみ（こが）あやこ（打浪〔古賀〕文子）2011「知的障害者への情報のユニバーサルデザイン化に向けた諸課題の整理」『社会言語学』別冊1号、5-19

うちなみ（こが）あやこ（打浪〔古賀〕文子）2012「知的障害と情報保障──『ステージ』の実践から考える現状と課題」『社会言語科学会 第30回大会発表論文集』154-155（社会言語科学会 第30回大会 ワークショップ1「だれもが参加できる公正な社会をめざして──情報保障とコミュニケーション」）

うちなみ（こが）あやこ（打浪〔古賀〕文子）2014a「知的障害者への『わかりやすい』情報提供に関する検討──『ステージ』の実践と調査を中心に」『社会言語科学』17（1）、85-97

うちなみ（こが）あやこ（打浪〔古賀〕文子）2014b「知的障害者の社会生活における文字情報との接点と課題──軽度・中度の当事者への聞き取り調査から」『社会言語学』14号、103-120

うちなみ（こが）あやこ（打浪〔古賀〕文子）2017「ことば・情報のユニバーサルデザイン──知的障害児・者と言語の関係を中心に」かどや／ましこ編『行動する社会言語学』三元社、67-95

うちやま・かずお（内山一雄）2001「識字教育の新たな展開に向けて──その課題と展望」おおさか識字・日本語センター（http://www.call-jsl.jp/volunteer/utiyama.html リンク切れ http://web.archive.org/web/20040518234649/http://www.call-jsl.jp/volunteer/utiyama.html）

うどう・まりこ（有働眞理子）2003「知的障害児の言語表現を解釈する視点について」『言語表現研究』19（兵庫教育大学言語表現学会）、45-55

うの・かずひろ（宇野和博）2014「弱視児の学習環境、そして視覚障害者の読書環境の今」『出版ニュース』2月中旬号、8-13

うめさお・ただお（梅棹忠夫）1990「日本語表記革命──盲人にも外国人にもわかることばを」『月刊日本語』3月号、10-15

えぐち・さとし（江口怜）2022『戦後日本の夜間中学——周縁の義務教育史』東京大学出版会

えんどう・しおみ（遠藤しおみ）2020「耳の聞こえない両親と聞こえる私」しぶや・ともこ（澁谷智子）編『ヤングケアラー わたしの語り』生活書院、123-147

おおいし・ますお（大石益男）編 2000『改訂版 コミュニケーション障害の心理』同成社

おおかわ・あきひろ（大川昭博）2014「外国人住民の生活支援」『季刊 福祉労働』145 号、65-72

おおじ・なおや（大路直哉）1998『見えざる左手——ものいわぬ社会制度への提言』三五館

おおた・はじめ（太田肇）2003『選別主義を超えて』中央公論新社

おおた・やすはる（太田康晴）2005「情報バリアフリーに関する一考察」『福祉情報実践研究会紀要』1 号、13-19

おおた・やすはる（太田康晴）2006「『情報コミュニケーション支援』小論」『福祉情報実践研究会紀要』2 号、7-11

おおと・やすひろ（大戸安弘）／やくわ・ともひろ（八鍬知広）編 2014『識字と学びの社会史——日本におけるリテラシーの諸相』思文閣出版

おおの・さらさ（大野更紗）2011『困ってるひと』ポプラ社

おおの・すすむ（大野晋）編 1975『対談 日本語を考える』中央公論社

おおの・ろべると（大野ロベルト）2019「日本語のユニバーサルデザインをめぐって——視覚・聴覚に障害を持つ学生が共に学ぶために」『日本社会事業大学研究紀要』65、101-114

おおはし・つよし（大橋毅）／こだま・こういち（児玉晃一）2009「『全件収容主義』は誤りである」『移民政策研究』1 号、85-103

おがさ・たけし（小笠毅）1998『就学時健診を考える』岩波書店

おがさわら・りえ（小笠原恵）2019『多文化共生の医療社会学——中国帰国者の語りから考える日本のマイノリティ・ヘルス』大阪大学出版会

おかだ・あきら（岡田明）1979『弱視児の読みに関する実証的研究』学芸図書

おかだ・ただおき（岡田忠興）2023『多文化共生と行政書士業務——在留資格・渉外相続・司法通訳』税務経理協会

おがや・ちほ（小ヶ谷千穂）2022「移動する子どもと『ケア』役割——『移動する家族』と『移動の中の子ども時代（Mobile Childhood）』の文脈から」『現代思想』11 月号、78-85

おかやま・ゆみ（岡山祐美）2023「『安心安全』の名のもとの行動制限・人権侵害」『支援』13 号、41-55

おがわ・よしみち（小川喜道）／すぎの・あきひろ（杉野昭博）編 2014『よくわかる障害学』ミネルヴァ書房

おざわ・かおる（小澤かおる）2015『マイノリティの情報保障——性的少数者のライブラリとアーカイブズを中心として』首都大学東京博士論文

おざわ・かおる（小澤かおる）2016「性的少数者関係情報と情報保障」『社会言語学』別冊 2 号、87-101

おざわ・かおる（小澤かおる）2018「性的少数者と図書館の重要性——情報保障はなぜ必要か」『現代の図書館』56（4）、163-168

おざわ・わたる（小澤亘）2022「アクセシブルなデジタル教材の可能性」さいとう・ひろみ（齋藤ひろみ）編『外国人の子どもへの学習支援』金子書房、79-87

オストハイダ、テーヤ 2005「聞いたのはこちらなのに…──外国人と身体障害者に対する『第三者返答』をめぐって」『社会言語科学』7(2)、39-49

オストハイダ、テーヤ 2019「『やさしい日本語』から『わかりやすいことば』へ──共通語としての日本語のあり方を模索する」いおり ほか編『〈やさしい日本語〉と多文化共生』ココ出版、83-97

おだ・いたる（小田格）2018「中華人民共和国上海市における上海語テレビ放送と言語政策──ポスト標準中国語普及時代の方言放送の行方」『人文研紀要』89号（中央大学）、223-254

おだ・いたる（小田格）2021「中華人民共和国における新型コロナウイルス感染症対策の応急言語サービスについて」『ことばと社会』23号、89-109

おだ・みちこ（小田美智子）2000「中国帰国者の異文化適応──中高年の日本語教育を中心に」あららぎ・しんぞう（蘭信三）編『「中国帰国者」の生活世界』行路社、87-113

おのうえ・こうじ（尾上浩二）2019「障害者運動と法制度の現在──障害当事者の立ち上がりから障害者権利条約批准まで」『立命館生存学研究』2、41-68

おのうえ・こうじ（尾上浩二）ほか 2016『障害者運動のバトンをつなぐ──いま、あらためて地域で生きていくために』生活書院

おもだ・そのえ（重田園江）2003『フーコーの穴──統計学と統治の現在』木鐸社

ガーゲン、J・ケネス（ひがしむら・ともこ〔東村知子〕訳）2004『あなたへの社会構成主義』ナカニシヤ出版

カーティス、スーザン（くぼた・きそう〔久保田競〕ほか訳）1992『ことばを知らなかった少女ジーニー──精神言語学研究の記録』築地書館

外国人地震情報センター編 1996『阪神大震災と外国人──「多文化共生社会」の現状と可能性』明石書店

かお・やゆ（高雅郁）2015「台湾における本人活動のいま」『手をつなぐ』7月、14-15

かお・やゆ（高雅郁）2018「意思伝達と自己決定の基礎──台湾における障害者権利条約分かりやすいバージョン作成について」第15回障害学会報告 http://www.arsvi.com/2010/20181117ky.htm

かお・やゆ（高雅郁）2020「台湾における知的障害者への『わかる情報』の模索と実践──社会参加実現のための『読みやすい、わかりやすい情報』」わたなべ・かつのり（渡辺克典）／さくらい・さとし（櫻井悟史）編『知と実践のブリコラージュ』晃洋書房、68-69

かお・やゆ（高雅郁）2021「『権利』をわかりやすく伝えることの難しさ──日本における『わかりやすい障害者権利条約』の作成過程の一考察」『Core Ethics』17、65-77

かきはら・たけし（柿原武史）ほか編 2021『対抗する言語──日常生活に潜む言語の危うさを暴く』三元社

かしだ・よしお（樫田美雄）／おがわ・のぶひこ（小川伸彦）編 2021『当事者宣言の社会学──言葉とカテゴリー』東信堂

かすや・けいすけ（糟谷啓介）1994「日本の『言語問題』」『現代思想』8月号、146-156

カチンス、ハーブ／カーク、スチュアート A.（たかぎ・しゅんすけ〔高木俊介〕ほか訳）2002『精神疾患はつくられる』日本評論社

かつらぎ・たかお（桂木隆夫）編 2003『ことばと共生──言語の多様性と市民社会の課題』三元社

かとう・よしたか（加藤好崇）編 2019『「やさしい日本語」で観光客を迎えよう──インバ

ウンドの新しい風』大修館書店

かどや・ひでのり 2006「言語権からコミュニケーション権へ」『人権 21 ──調査と研究』8
　月号、78-83

かどや・ひでのり 2010「日本の識字運動再考」かどや／あべ編『識字の社会言語学』生活書院、
　25-82

かどや・ひでのり 2012「識字／情報のユニバーサルデザインという構想──識字・言語権・
　障害学」『ことばと社会』14 号、141-159

かどや・ひでのり 2015「漢字の問題化がすすまないのはなぜか──言語差別現象の一部と
　しての漢字」『ことばと文字』4 号、113-120

かどや・ひでのり／あべ・やすし編 2010『識字の社会言語学』生活書院

かどや・ひでのり／ましこ・ひでのり編 2017『行動する社会言語学──ことば／権力／差
　別 II』三元社

かなざわ・たかゆき（金澤貴之）2013『手話の社会学──教育現場への手話導入における当
　事者性をめぐって』生活書院

「壁の涙」製作実行委員会編 2007『壁の涙──法務省「外国人収容所」の実態』現代企画室

かほく（河北）新報社編集局編 2012『生きている──「植物状態」を超えて』日本評論社

かめい・のぶたか（亀井伸孝）2010「少数言語としての手話、少数文字としての点字」ひろ
　せ・こうじろう（広瀬浩二郎）編『万人のための点字力入門──さわる文字から、さわ
　る文化へ』生活書院、151-162

かわうち・よしひこ（川内美彦）2006「語る者の姿勢」むらた編『共生のための技術哲学』
　未来社、201-206

かわうち・よしひこ（川内美彦）2021『尊厳なきバリアフリー──「心・やさしさ・思いやり」
　に異議あり！』現代書館

かわぐち・ゆみこ（川口有美子）2009a「意思伝達不可能性は人を死なせる理由になるのか」
　『季刊 福祉労働』123 号、28-35

かわぐち・ゆみこ（川口有美子）2009b『逝かない身体── ALS 的日常を生きる』医学書
　院

かわぐち・ゆみこ（川口有美子）2014『末期を超えて── ALS とすべての難病にかかわる
　人たちへ』青土社

かわさき・かずよ（川崎和代）／いのうえ・ひでお（井上英夫）編 2014『代読裁判──声
　をなくした議員の闘い』法律文化社

かわむら・かずのり（河村和徳）2021『電子投票と日本の選挙ガバナンス──デジタル社会
　における投票権保障』慶應義塾大学出版会

かわむら・ちづこ（川村千鶴子）ほか編 2009『移民政策へのアプローチ──ライフサイク
　ルと多文化共生』明石書店

かわむら・ひろし（河村宏）2017「手話で読む本」『出版ニュース』9 月下旬号、14

かわもと・のぞみ（河本のぞみ）2020『当事者に聞く自立生活という暮らしのかたち』三輪
　書店

関西手話カレッジ編 2008『驚きの手話「パ」「ポ」翻訳』星湖舎

関東弁護士会連合会編 2012『外国人の人権──外国人の直面する困難の解決をめざして』
　明石書店

かん・ゆに（康潤伊）ほか編 2019『わたしもじだいのいちぶです──川崎桜本・ハルモニ

たちがつづった生活史』日本評論社

きくさわ・りつこ（菊澤律子）／よしおか・のぼる（吉岡乾）編 2023『しゃべるヒト——ことばの不思議を科学する』文理閣

きくち・きゅういち（菊池久一）2001『憎悪表現とは何か——〈差別表現〉の根本問題を考える』勁草書房

きくち・なつの（菊地夏野）ほか編 2019『クィア・スタディーズをひらく 1 アイデンティティ、コミュニティ、スペース』晃洋書房

きくち・なつの（菊地夏野）ほか編 2022『クィア・スタディーズをひらく 2 結婚、家族、労働』晃洋書房

きくち・なつの（菊地夏野）ほか編 2023『クィア・スタディーズをひらく 3 健康／病、障害、身体』晃洋書房

きぐち・えみこ（木口恵美子）2014『知的障害者の自己決定支援——支援を受けた意思決定の法制度と実践』筒井書房

きたがみ・しんじ（北神慎司）2002「ピクトグラム活用の現状と今後の展望——わかりやすいピクトグラム・よいピクトグラムとは？」『京都大学大学院教育学研究科紀要』48、527-538

きたがわ・かずひこ（北川和彦）2012『音訳・点訳のための読み調査ガイド——視覚障害者サービスの向上に向けて』日外アソシエーツ

きたむら・さよ（北村小夜）1987『一緒がいいならなぜ分けた』現代書館

きたむら・やよい（北村弥生）ほか 2011「プリント・ディスアビリティのある人への電子図書の活用と災害情報の提供」『LISN』149、14-20

きだ・やすお（木田泰夫）ほか 2021「電子書籍における日本語表示環境と国際標準」『現代の図書館』59(2)、116-124

きとう・れいぞう（鬼頭礼蔵）1958『日本語をやさしくしよう——よりよい生活と文化のために』くろしお出版

きど・りえ（貴戸理恵）2011『「コミュニケーション能力がない」と悩むまえに』岩波書店

きど・りえ（貴戸理恵）2018『「コミュ障」の社会学』青土社

きど・りえ（貴戸理恵）2023『10代から知っておきたい あなたを丸めこむ「ずるい言葉」』WAVE出版

きのした・ともたけ（木下知威）編 2018『伊沢修二と台湾』台湾大学出版中心

キム・ジヘ（ユン・イキョン〔尹怡景〕訳）2021『差別はたいてい悪意のない人がする——見えない排除に気づくための10章』大月書店

キム・ダソム 2021「『共通語としての日本語』という議論の変遷——土居光知の『基礎日本語』と〈やさしい日本語〉の比較から」『言語政策』17号、53-82

キム・チョヨプ／キム・ウォニョン（まきの・みか〔牧野美加〕訳）2022『サイボーグになる——テクノロジーと障害、わたしたちの不完全さについて』岩波書店

きむら・ごろうクリストフ（木村護郎クリストフ）2001「言語は自然現象か——言語権の根拠を問う」『社会言語学』1号、39-55

きむら・ごろうクリストフ（木村護郎クリストフ）2006「『共生』への視点としての言語権——多言語的公共圏に向けて」うえだ／やました編『「共生」の内実』三元社、11-27

きむら・ごろうクリストフ（木村護郎クリストフ）2010a「日本における『言語権』の受容と展開」『社会言語科学』13(1)、4-18

きむら・ごろうクリストフ（木村護郎クリストフ）2010b「言語権——日本におけるとりくみのこれまでとこれから」『日本語学』29（14）、235-246

きむら・ごろうクリストフ（木村護郎クリストフ）2012「『言語権』からみた日本の言語問題」すなの編『多言語主義再考』三元社、687-709

きむら・ごろうクリストフ（木村護郎クリストフ）2020「障害学的言語権論の展望と課題 改訂版」『社会言語学』別冊3号、15-33

きむら・ごろうクリストフ（木村護郎クリストフ）2021『異言語間コミュニケーションの方法——媒介言語をめぐる議論と実際』大修館書店

きむら・ごろうクリストフ（木村護郎クリストフ）2022「日本社会を開く妨げとしての英語偏重」むらた・かずよ（村田和代）編『越境者との共存にむけて』ひつじ書房、153-178

きむら・ごろうクリストフ（木村護郎クリストフ）編 2016『節英のすすめ——脱英語依存こそ国際化・グローバル化対応のカギ』萬書房

きむら・ごろうクリストフ（木村護郎クリストフ）／わたなべ・かつよし（渡辺克義）編 2009『媒介言語論を学ぶ人のために』世界思想社

きむら・しゅん（木村駿）ほか 2021『私たちはいつまで危険な場所に住み続けるのか——自然災害が突き付けるニッポンの超難問』日経BP

きむら・はるみ（木村晴美）2007『日本手話とろう文化』生活書院

きむら・はるみ（木村晴美）2009『ろう者の世界』生活書院

きむら・はるみ（木村晴美）2011『日本手話と日本語対応手話（手指日本語）——間にある「深い谷」』生活書院

きむら・はるみ（木村晴美）2012『ろう者が見る夢』生活書院

きむら・はるみ（木村晴美）2020「ろう文化宣言を振り返る」『手話・言語・コミュニケーション』9、103-122

きむら・はるみ（木村晴美）／いちだ・やすひろ（市田泰弘）2000a「ろう文化宣言」現代思想編集部編『ろう文化』青土社、8-17

きむら・はるみ（木村晴美）／いちだ・やすひろ（市田泰弘）2000b「ろう文化宣言以後」レイン、ハーラン編（いしむら・たもん〔石村多門〕訳）『聾の経験』東京電機大学出版局、396-428

きよた・こうじ（清田浩司）2020『塀の中の事情——刑務所で何が起きているか』平凡社

きょう・あきら（京明）2013『要支援被疑者の供述の自由』関西学院大学出版会

きんすい・さとし（金水敏）2023a『ヴァーチャル日本語 役割語の謎』岩波書店

きんすい・さとし（金水敏）2023b『コレモ日本語アルカ？ 異人のことばが生まれるとき』岩波書店

クァク・ジョンナン 2017『日本手話とろう教育——日本語能力主義をこえて』生活書院

グールド、スティーヴン J.（すずき・ぜんじ〔鈴木善次〕訳）2008 a、b『人間の測りまちがい』（上・下）河出書房新社

くじらおか・たかし（鯨岡峻）1998「関係が変わるとき」はたの／やまだ編『コミュニケーションという謎』ミネルヴァ書房、173-200

くぼた・まさひと（久保田正人）2007『ことばは壊れない——失語症の言語学』開拓社

くりかわ・おさむ（栗川治）ほか 2022「座談会 音で読む『世界』——視覚障害者と情報保障」『世界』11月号、260-267

くろさき・えいじ（黒崎英志）2017「日本におけるミャンマー難民の図書館・言語・読書活動——言語権と司書の観点から」『現代の図書館』55(2)、75-82

クロスビー、アルフレッド・W.（おざわ・ちえこ〔小沢千恵子〕訳）2003『数量化革命』紀伊國屋書店

くわやま・あや（桑山亜也）2011「矯正施設における読書支援拡充と環境整備に向けて」『情報の科学と技術』61（6）、228-232

言語権研究会編 1999『ことばへの権利——言語権とはなにか』三元社

言語障害者の社会参加を支援するパートナーの会・和音編 2008『改訂 失語症の人と話そう』中央法規

こいけ・としひで（小池敏英）2001「知的障害に関する基礎知識」こいけ・としひで（小池敏英）／きたじま・よしお（北島善夫）『知的障害の心理学』北大路書房、1-22

こうの・としひろ（河野俊寛）2019『タブレット PC を学習サポートに使うための Q&A』明治図書

こうの・としひろ（河野俊寛）／ひらばやし・るみ（平林ルミ）2022『読み書き障害（ディスレクシア）のある人へのサポート入門』読書工房

こが・あやこ（古賀文子）2006「『ことばのユニバーサルデザイン』序説——知的障害児・者をとりまく言語的諸問題の様相から」『社会言語学』6 号、1-17（https://9e42f27d-03eb-4760-b03c-de3961a0fc28.filesusr.com/ugd/afcbdb_fb47df7313a147b0aca45d135c132c0d.pdf）

国際図書館連盟特別なニーズのある人々に対する図書館サービス分科会編（日本図書館協会障害者サービス委員会監訳）2012『読みやすい図書のための IFLA 指針（ガイドライン）改訂版』日本図書館協会

こさか・じゅんこ（小坂淳子）2019「二重の人権侵害を背負わされたろう者の優生手術——公表できた環境（明）と拡散する優生思想（暗）」『創発 大阪健康福祉短期大学紀要』18、15-29

こざかい・としあき（小坂井敏晶）2011『増補 民族という虚構』筑摩書房

こだま・まみ（児玉真美）編 2023『増補新版 コロナ禍で障害のある子をもつ親たちが体験していること』生活書院

ごとう・よしひこ（後藤吉彦）2005「障害者／健常者カテゴリーの不安定化にむけて」『社会学評論』55（4）、400-417

ごとう・よしひこ（後藤吉彦）2007『身体の社会学のブレークスルー』生活書院

こばやし そーでるまん じゅんこ（小林ソーデルマン淳子）／よしだ・ゆうこ（吉田右子）／わけ・なおみ（和気尚美）2012『読書を支えるスウェーデンの公共図書館——文化・情報へのアクセスを保障する空間』新評論

こばやし・たかし（小林隆）ほか 2012「東日本大震災と被災地の方言——東北大学方言研究センターの取り組み」『日本語学』8 月号、28-41

こばやし・たく（小林卓）／のぐち・たけのり（野口武悟）2012「まとめと展望」こばやし／のぐち編『図書館サービスの可能性』日外アソシエーツ、185-199

こばやし・たく（小林卓）／のぐち・たけのり（野口武悟）編 2012『図書館サービスの可能性——利用に障害のある人々へのサービス その動向と分析』日外アソシエーツ

こばやし・たつお（小林龍生）2014「EPUB におけるルビの実現——日本語書記技術論の視座から」『情報の科学と技術』64(11)、456-462

こばやし・みつえ（小林美津江）2018a『情報弱者のための知る権利の構成要素及びその保障制度の構築』佛教大学博士論文

こばやし・みつえ（小林美津江）2018b「わかりやすい文章作成のための表記法の素材の研究――ソーシャルインクルージョンの社会をめざして」『日本保健医療行動科学会雑誌』33(1)、57-67

こんどう・あつし（近藤敦）2019『多文化共生と人権――諸外国の「移民」と日本の「外国人」』明石書店

こんどう・あつし（近藤敦）編 2011『多文化共生政策へのアプローチ』明石書店

こんどう・あつし（近藤敦）／しおばら・よしかず（塩原良和）／すずき・えりこ（鈴木江理子）編 2010『非正規滞在者と在留特別許可』日本評論社

こんどう・たけお（近藤武夫）2012a「支援技術による読み書き困難のある児童生徒の学習支援」『LD 研究』21（2）、162-169

こんどう・たけお（近藤武夫）2012b「読み書きできない子どもの難関大学進学は可能か？ 高等教育における障害学生への配慮と支援の公平性」なかむら／ふくしま編『バリアフリー・コンフリクト』東京大学出版会、93-111

こんどう・たけお（近藤武夫）2012c「合理的配慮に関する日米の比較」なかむら／ふくしま編『バリアフリー・コンフリクト』東京大学出版会、115-116

こんどう・たけお（近藤武夫）2014「図書のアクセシビリティ」ひろせ／せきね編『情報社会のユニバーサルデザイン』NHK 出版、213-229

こんどう・たけお（近藤武夫）編 2016『学校での ICT 利用による読み書き支援――合理的配慮のための具体的な実践』金子書房

こんどう・ともこ（近藤友子）2013「公共図書館における障害者サービスについての一考察――障害者自身の読書権への視点から」『情報学』10（2）、1-11

さいとう・くるみ（斉藤くるみ）2017「大学教育における『日本手話』――『手話による教養大学』と『日本手話』による学位論文」『ことばと社会』19 号、244-250

さいとう・くるみ（斉藤くるみ）編 2017『手話による教養大学の挑戦――ろう者が教え、ろう者が学ぶ』ミネルヴァ書房

さいとう・たかお（斎藤貴男）2017『健太さんはなぜ死んだか――警官たちの「正義」と障害者の命』山吹書店

さいとう・ていこ（斎藤禎子）1981「聴覚障害者と国語と図書館」図書館問題研究会編『障害者と図書館』ぶどう社、41-49

さいとう・ひろみ（齋藤ひろみ）編 2022『外国人の子どもへの学習支援』金子書房

さかもと・のりひと（坂本徳仁）／さくらい・さとし（櫻井悟史）編 2011『聴覚障害者情報保障論―コミュニケーションを巡る技術・制度・思想の課題』生存学研究センター報告 16

さくら・ともみ（佐倉智美）2006『性同一性障害の社会学』現代書館

さくらい・ちえこ（桜井智恵子）2012『子どもの声を社会へ――子どもオンブズの挑戦』岩波書店

さくらい・ちえこ（桜井智恵子）2021『教育は社会をどう変えたのか――個人化をもたらすリベラリズムの暴力』明石書店

ささき・かずこ（佐々木和子）／ひろかわ・じゅんぺい（廣川淳平）編 2021『自立生活楽し!! 知的障害があっても地域で生きる 親・介助者・支援者の立場から』解放出版社

ささき・みちこ（佐々木倫子）編 2012『ろう者から見た「多文化共生」——もうひとつの言語的マイノリティ』ココ出版

ささき・みちこ（佐々木倫子）編 2014『マイノリティの社会参加——障害者と多様なリテラシー』くろしお出版

さとう・かずゆき（佐藤和之）1999「震災時に外国人にも伝えるべき情報——情報被災者を一人でも少なくするための言語学的課題」『月刊言語』8月号、32-41

サトウ・タツヤ 2006『IQ を問う——知能指数の問題と展開』ブレーン出版

さとう・ゆたか（佐藤裕）2018『新版 差別論——偏見理論批判』明石書店

サックス、オリバー 1993「言葉の扉が開かれるとき」シャラー、スーザン（なかむら・たえこ〔中村妙子〕訳）『言葉のない世界に生きた男』晶文社、13-19

サックス、オリバー（さの・まさのぶ〔佐野正信〕訳）1996『手話の世界へ』晶文社

さの・あいこ（佐野愛子）ほか編 2023『日本手話で学びたい！』ひつじ書房

さの・なおこ（佐野直子）1999「フランシタン（francitan）への考察」『一橋論叢』（122）2、282-297

さの・なおこ（佐野直子）2001「『言語的人権』についての批判的考察——欧州地域少数言語憲章と『少数言語』」『名古屋市立大学人文社会学部研究紀要』11、147-158

さの・なおこ（佐野直子）2015『社会言語学のまなざし』三元社

さわだ・たかし（沢田貴志）2006「医療通訳は誰のため？」外国人医療・生活ネットワーク編『講座 外国人の医療と福祉—— NGO の実践事例に学ぶ』移住労働者と連帯するネットワーク、54-57

さんのみや・まゆこ（三宮麻由子）2004『鳥が教えてくれた空』集英社

さんのみや・まゆこ（三宮麻由子）2012『感じて歩く』岩波書店

しおばら・よしかず（塩原良和）2012『共に生きる——多民族・多文化社会における対話』弘文堂

しばさき・みほ（柴﨑美穂）2017『中途盲ろう者のコミュニケーション変容』明石書店

しばた・くにおみ（柴田邦臣）2019『〈情弱〉の社会学——ポスト・ビッグデータ時代の生の技法』青土社

しばた・くにおみ（柴田邦臣）ほか編 2016『字幕とメディアの新展開』青弓社

しまや・むねやす（嶋谷宗泰）2011「矯正施設における読書指導充実と発展のために考えること」『刑政』10月号（矯正協会）、32-43

しみず・かずひこ（清水一彦）2017「出版における言説構成過程の一事例分析——『江戸時代の識字率は高かった』という“常識”を例として」『出版研究』48、1-21

しもじ・みちのり（下地理則）／パトリック・ハインリッヒ編 2014『琉球諸語の保持を目指して』ココ出版

社会福祉法人日本盲人会連合 2014『視覚障害者の同行援護事業に関する実態把握と課題における調査研究事業報告書』

社会福祉法人りべるたす 2021『入院中における重度訪問介護の利用に関する調査研究 報告書』（https://www.mhlw.go.jp/content/12200000/000798622.pdf）

シャラー、スーザン（なかむら・たえこ〔中村妙子〕訳）1993『言葉のない世界に生きた男』晶文社

シャルティエ、ロジェ／グリエルモ・カヴァッロ編（たむら・つよし〔田村毅〕ほか訳）2000『読むことの歴史——ヨーロッパ読書史』大修館書店

しゅうじ・あきら（周司あきら）／たかい・ゆとり（高井ゆと里）2023『トランスジェンダー
　　入門』集英社
「障害者差別禁止法制定」作業チーム編 2002『当事者がつくる障害者差別禁止法』現代書館
情報福祉の基礎研究会編 2008『情報福祉の基礎知識――障害者・高齢者が使いやすいイン
　　ターフェース』ジアース教育新社
昭和女子大学女性文化研究所編 2012『女性と情報』御茶の水書房
ショー、ビクトリア（おがた・めぐむ〔小形恵〕訳）2008『がまんしないで、性的な不快感
　　――セクハラと性別による差別』大月書店
しらいし・はじめ（白石草）2011『メディアをつくる――「小さな声」を伝えるために』岩
　　波書店
しん・よんほん（愼英弘）2005『盲ろう者の自立と社会参加』新幹社
スー、デラルド・ウィン（マイクロアグレッション研究会訳）2020『日常生活に埋め込まれ
　　たマイクロアグレッション――人種、ジェンダー、性的指向　マイノリティに向けられ
　　る無意識の差別』明石書店
すえなが・ひろし（末永弘）2008「『見守り』という介護」てらもと　ほか『良い支援？』生
　　活書院、266-281
すえなが・ひろし（末永弘）2009「知的障害者へのコミュニケーション支援とは」『季刊 福
　　祉労働』123 号、86-92
すがわら・かずよし（菅原和孝）1996a「序論 コミュニケーションとしての身体」すがわら
　　／のむら編『コミュニケーションとしての身体』大修館書店、8-38
すがわら・かずよし（菅原和孝）1996b「ひとつの声で語ること――身体とことばの『同時
　　性』をめぐって」すがわら／のむら編『コミュニケーションとしての身体』大修館書店、
　　246-287
すがわら・かずよし（菅原和孝）1998「反響と反復――長い時間のなかのコミュニケーショ
　　ン」はたの／やまだ編『コミュニケーションという謎』ミネルヴァ書房、99-125
すがわら・かずよし（菅原和孝）2004『ブッシュマンとして生きる――原野で考えることば
　　と身体』中央公論新社
すがわら・かずよし（菅原和孝）2010『ことばと身体――「言語手前」の人類学』講談社
すがわら・かずよし（菅原和孝）／のむら・まさいち（野村雅一）編 1996『コミュニケーショ
　　ンとしての身体』大修館書店
すぎの・あきひろ（杉野昭博）2007『障害学――理論形成と射程』東京大学出版会
すぎの・あきひろ（杉野昭博）2008「障害者と共生社会政策――障害学会における情報保
　　障を題材として」みえの・たかし（三重野卓）編『共生社会の理念と実際』東信堂、
　　42-71
すぎむら・なおみ（杉村直美）2007「高校生と共有できる『性暴力』の定義を求めて」『女
　　性学年報』25、159-180
すぎむら・なおみ 2011『エッチのまわりにあるもの――保健室の社会学』解放出版社
すぎむら・なおみ 2013「障害をもつ身体が性暴力被害にあったとき――マイナー・マイノ
　　リティの『つたわらない』困難」『社会言語学』13 号、1-15
すぎむら・なおみ／えすけん編 2014『はなそうよ！恋とエッチ――みつけよう！からだと
　　きもち』生活書院
すぎむら・なおみ／「しーとん」編 2010『発達障害チェックシート できました――がっこ

うの まいにちを ゆらす・ずらす・つくる』生活書院

すぎもと・あつぶみ（杉本篤史）2019「日本の国内法制と言語権——国際法上の言語権概念を国内法へ受容するための条件と課題」『社会言語科学』22(1)、47-60

すぎもと・あつぶみ（杉本篤史）2020「憲法学と言語権・言語政策論——研究動向と課題」『社会言語学』20 号、21-41

すぎもと・あつぶみ（杉本篤史）2022「言語権の視点からことばの教育を再考する」いながき・みどり（稲垣みどり）ほか編『共生社会のためのことばの教育』明石書店、109-140

すぎもと・よしお（杉本良夫）／ロス・マオア 1995『日本人論の方程式』筑摩書房

すずき・えりこ（鈴木江理子）編 2011『東日本大震災と外国人移住者たち』明石書店

すずき・えりこ（鈴木江理子）／こだま・こういち（児玉晃一）編 2022『入管問題とは何か——終わらない〈密室の人権侵害〉』明石書店

すずき・たかお（鈴木孝夫）1975『閉ざされた言語・日本語の世界』新潮社

すずき・たかお（鈴木孝夫）1987「日英高級語彙の意味論的比較——風力計と anemometer」はしもと・まんたろう（橋本萬太郎）ほか編『漢字民族の決断』大修館書店、299-326

すずき・たかお（鈴木孝夫）1990『日本語と外国語』岩波書店

すずき・ゆうじ（鈴木祐司）2003「グローバリゼーションと識字」『月刊ヒューマンライツ』4 月号、11-16

すずき・りえ（鈴木理恵）2014「『一文不通』の平安貴族」おおと／やくわ編『識字と学びの社会史』思文閣出版、47-89

すずき・りょう（鈴木良）2010『知的障害者の地域移行と地域生活』現代書館

スタッキー、J.E.（きくち・きゅういち〔菊池久一〕訳）1995『読み書き能力のイデオロギーをあばく』勁草書房

すなの・ゆきとし（砂野幸稔）2012「序論 多言語主義再考」すなの編『多言語主義再考』三元社、11-48

すなの・ゆきとし（砂野幸稔）編 2012『多言語主義再考——多言語状況の比較研究』三元社

すみ・ともゆき（角知行）2012『識字神話をよみとく——「識字率99%」の国・日本というイデオロギー』明石書店

すみ・ともゆき（角知行）2014「『Plain English（やさしい英語）』再考——文書平易化運動の観点から」『ことばと文字』4 号、130-138

すみ・ともゆき（角知行）2020『移民大国アメリカの言語サービス——多言語と〈やさしい英語〉をめぐる運動と政策』明石書店

すみや・としお（角谷敏夫）2010『刑務所の中の中学校』しなのき書房

せき・そうすけ（関聡介）2010「難民認定制度の現状と法改正の必要性」外国人人権法連絡会編『外国人・民族的マイノリティ人権白書 2010』明石書店、188-194

せき・けいこ（関啓子）2003『失語症を解く』人文書院

全国自立生活センター協議会編 2001『自立生活運動と障害文化』現代書館

全国知的障害養護学校長会編 2005『コミュニケーション支援とバリアフリー』ジアース教育新社

全国手をつなぐ育成会連合会権利擁護センター 2014 年度運営委員会編 2015『知ってほしい・知っておきたい——知的障害と「警察」』全国手をつなぐ育成会連合会

全国盲ろう者協会編 2008『盲ろう者への通訳・介助』読書工房

せんじゅう・あつし（千住淳）2014『自閉症スペクトラムとは何か』筑摩書房

全日本手をつなぐ育成会 1998『自立生活ハンドブック7 いや』全日本手をつなぐ育成会

全日本手をつなぐ育成会 2009『わかりやすい障害者の権利条約──知的障害のある人の権利のために』全日本手をつなぐ育成会

全日本手をつなぐ育成会「ステージ」編集委員 2012「知的障害のある人にとってのわかりやすい情報──みんながわかる新聞『ステージ』の取り組み」『月刊ノーマライゼーション』6月号、36-37

相関図書館学方法論研究会編 2016『マイノリティ、知的自由、図書館──思想・実践・歴史』京都図書館情報学研究会

たかしま・ゆふこ（高嶋由布子）2020「危機言語としての日本手話」『国立国語研究所論集』18、121-148

たかしま・ゆふこ（高嶋由布子）／すぎもと・あつぶみ（杉本篤史）2020「人工内耳時代の言語権──ろう・難聴児の言語剥奪を防ぐには」『言語政策』16、1-28

たかしま・ゆふこ（高嶋由布子）／まつざき・じょう（松崎丈）／おか・のりえ（岡典江）2012「ろう者・難聴者と情報保障」『社会言語科学会 第30回大会発表論文集』152-153（社会言語科学会 第30回大会 ワークショップ1「だれもが参加できる公正な社会をめざして──情報保障とコミュニケーション」）

たかしま・りょうこ（高島涼子）2007「高齢者サービスの課題」『図書館界』59（2）、81-86

たかた・ゆみ（高田裕美）2023『奇跡のフォント 教科書が読めない子どもを知って── UDデジタル教科書体開発物語』時事通信出版局

たかはし・まさあき（高橋正明）2009「通訳の役割──コミュニティー通訳の視点から」『シリーズ多言語・多文化協働実践研究』別冊2（東京外国語大学多言語・多文化教育研究センター）、50-62

たかはた・さち（高畑幸）2020「日本語の理解が難しい人びと──2018年・静岡県夜間中学ニーズ調査から」『社会と調査』24、18-25

たかやなぎ・やすよ（高柳泰世）2002『つくられた障害「色盲」』朝日新聞社

たけうち・あきろう（竹内章郎）2007『新自由主義の嘘』岩波書店

たけだ・こうこ（竹田晃子）2012「被災地域の方言とコミュニケーション──東日本大震災を契機にみえてきたこと」『日本語学』8月号、42-53

たけだ・ゆうこ（武田裕子）2021「健康の社会的決定要因としての『日本語』──医療と『やさしい日本語』との出会い 研究会活動報告」『日本語教育』179号、1-15

たけだ・ゆうこ（武田裕子）ほか編 2021『医療現場の外国人対応──英語だけじゃない「やさしい日本語」』南山堂

たけなか・ひとし（竹中均）2008『自閉症の社会学──もう一つのコミュニケーション論』世界思想社

多言語化現象研究会編 2013『多言語社会日本──その現状と課題』三元社

たていわ・しんや（立岩真也）1997『私的所有論』勁草書房

たていわ・しんや（立岩真也）2000『弱くある自由へ』青土社

たていわ・しんや（立岩真也）2004『ALS──不動の身体と息する機械』医学書院

たていわ・しんや（立岩真也）2008『良い死』筑摩書房

たていわ・しんや（立岩真也）2009『唯の生』筑摩書房

たていわ・しんや（立岩真也）2013『私的所有論 第2版』生活書院

たなか・かつひこ（田中克彦）1981『ことばと国家』岩波書店

たなか・くにお（田中邦夫）2004「情報保障」『社会政策研究』4号、93-118

たなか・くにお（田中邦夫）2011「情報はどう保障されているか——中途失聴者から見た現状」『社会言語学』別冊1号、223-239

たなか・しんや（田中慎也）ほか編 2009『移民時代の言語教育』ココ出版

たなか・りょうた（田中良太）1991『ワープロが社会を変える』中央公論社

知的障害者のためのテレビ放送研究会 2016『知的障害者を対象としたテレビ放送に関する調査・研究報告書』(http://www.osaka-ikuseikai.or.jp/jigyo/file/honninkatudou/TVhoukokusyo.pdf)

チョン・ウン（あべ・やすし訳）2008「（ディス）コミュニケーションにおける対話的アプローチの重要性」『社会言語学』8号、111-131

DPI（ディーピーアイ）日本会議編 2012『最初の一歩だ！ 改正障害者基本法』解放出版社

デッカー、シドニー（はが・しげる〔芳賀繁〕監訳）2009『ヒューマンエラーは裁けるか——安全で公平な文化を築くには』東京大学出版会

てらもと・あきひさ（寺本晃久）2003「自己決定にこだわりつつ、こだわらない」『月刊福祉』10月号、96-99

てらもと・あきひさ（寺本晃久）／すえなが・ひろし（末永弘）／おかべ・こうすけ（岡部耕典）／いわはし・せいじ（岩橋誠治）2008『良い支援？ 知的障害／自閉の人たちの自立生活と支援』生活書院

てらもと・あきひさ（寺本晃久）ほか 2015『ズレてる支援！ 知的障害／自閉の人たちの自立生活と重度訪問介護の対象拡大』生活書院

どい・よしひこ（土井佳彦）2012「多言語支援センターによる災害時外国人支援——情報提供と相談対応を中心に」すずき編『東日本大震災と外国人移住者たち』明石書店、159-173

東京盲ろう者友の会編 2012『指点字ハンドブック』読書工房

同行援護従事者養成研修テキスト編集委員会編 2011『同行援護従事者養成研修テキスト』中央法規

同行援護従事者養成研修テキスト編集委員会編 2014『同行援護従事者養成研修テキスト 第3版』中央法規

とうどう・えいこ（藤堂栄子）編 2010『学習支援員のいる教室』ぶどう社

東北大学方言研究センター編 2012『方言を救う、方言で救う—— 3.11被災地からの提言』ひつじ書房

読書権保障協議会 2011「読み書き（代読・代筆）サービスの実現」『出版ニュース』2月下旬号、10-13

読書権保障協議会編 2012『高齢者と障害者のための読み書き（代読・代筆）情報支援員入門』小学館

読書工房編 2023『読書バリアフリー——見つけよう！自分にあった読書のカタチ』国土社

とくだ・たけひと（徳田雄人）2018『認知症フレンドリー社会』岩波書店

とくだ・たけひろ（徳田雄洋）2012『震災と情報——あのとき何が伝わったか』岩波書店

図書館問題研究会編 1981『障害者と図書館——図書館奉仕の原点としての障害者サービス』ぶどう社

とみた・あきら（冨田哲）2011「書評 かどやひでのり・あべやすし編『識字の社会言語学』（生活書院、2010年）」『社会言語学』11号、239-245

ともの・たかお（伴野崇生）2013「『難民日本語教育』の可能性と課題——難民の権利・尊

厳の保障のための日本語学習支援の構想」『難民研究ジャーナル』3 号、26-43

トロンバッケ、ブロール 2006「やさしく読める図書の出版――スウェーデンの経験から」『国際子ども図書館の窓』6 号、5-12

なか・きよし（仲潔）2008「言語観教育序論――ことばのユニバーサルデザインへの架け橋」『社会言語学』8 号、1-21

なか・きよし（仲潔）2012「〈コミュニケーション能力の育成〉の前提を問う――強いられる〈積極性／自発性〉」『社会言語学』12 号、1-19

ながくら・かつえ（長倉克枝）2021「北海道北見市 システム構築と業務の標準化で『書かない窓口』を実現」『日経コンピュータ』1036、58-61

なかざわ・たくみ（中沢卓実）／ゆうき・やすひろ（結城康博）編 2012『孤独死を防ぐ――支援の実際と政策の動向』ミネルヴァ書房

なかしま・たけし（中島武史）2018『ろう教育と「ことば」の社会言語学――手話・英語・日本語リテラシー』生活書院

なかしま・たけし（中島武史）2019「コーダイメージと言語意識――移民の子どもとの類似・相違」『社会言語学』19 号、85-99

なかしま・たけし（中島武史）2021「カテゴリーの共生から相互行為としての共生へ」『社会言語科学』24(1)、109-124

なかじま・かずこ（中島和子）編 2010『マルチリンガル教育への招待――言語資源としての外国人・日本人年少者』ひつじ書房

なかじま・みち（中島みち）2007『「尊厳死」に尊厳はあるか――ある呼吸器外し事件から』岩波書店

ながせ・おさむ（長瀬修）2000「〈障害〉の視点から見たろう文化」現代思想編集部編『ろう文化』青土社、46-51

ながせ・おさむ（長瀬修）2009「おわりに」全日本手をつなぐ育成会『わかりやすい障害者の権利条約』全日本手をつなぐ育成会、48-51

ながせ・おさむ（長瀬修）2011「障害者制度改革の取組み――日本の障害者制度の課題」まつい ほか編『障害を問い直す』東洋経済新報社、131-163

なかつ・まみ（中津真美）2022「ヤングケアラーの中のコーダ――きこえない親をもちきこえる子どもの通訳の役割」『現代思想』11 月号、68-76

なかね・けんいち（中根憲一）2010『刑務所図書館――受刑者の更生と社会復帰のために』出版ニュース社

なかね・けんいち（中根憲一）2011「長野修練道場図書館誕生史話」『刑政』10 月号（矯正協会）、44-55

なかの・まき 2009「映像評 長野県梓川高校放送部『漢字テストのふしぎ』（2007 年）」『社会言語学』9 号、271-282

なかの・まき 2015a『日本語点字のかなづかいの歴史的研究』三元社

なかの・まき 2015b「日本語点字の表記論――漢字をつかわない日本語文字としての日本語点字」『ことばと文字』4 号、106-112

なかの・まき 2017a「左手書字をめぐる問題」かどや／ましこ編『行動する社会言語学』三元社、247-269

なかの・まき 2017b「点字と墨字のわかちがきについて」『ことばと文字』7 号、129-136

なかの・まき（中野真樹）2019「現代日本語表記に漢字は不可欠なのか――日本語点字研究

との関連を中心に」『関東短期大学紀要』61、21-29

なかの・まき 2022「左手ききというマイノリティからみた漢字教育・書写教育について」『こ
　　とばと文字』15 号、73-80

なかむら・けんりゅう（中邑賢龍）2007『発達障害の子どもの「ユニークさ」を伸ばすテク
　　ノロジー』中央法規

なかむら・けんりゅう（中邑賢龍）2013「なぜタブレット PC 利用をためらうのか？」なか
　　むら／こんどう編『タブレット PC・スマホ時代の子どもの教育』明治図書、81-88

なかむら・けんりゅう（中邑賢龍）2021『どの子も違う』中央公論新社

なかむら・けんりゅう（中邑賢龍）／こんどう・たけお（近藤武夫）監修 2012『発達障害
　　の子を育てる本――ケータイ・パソコン活用編』講談社

なかむら・けんりゅう（中邑賢龍）／こんどう・たけお（近藤武夫）監修 2019『発達障害
　　の子を育てる本――スマホ・タブレット活用編』講談社

なかむら・けんりゅう（中邑賢龍）／こんどう・たけお（近藤武夫）編 2013『タブレット
　　PC・スマホ時代の子どもの教育』明治図書

なかむら・けんりゅう（中邑賢龍）／ふくしま・さとし（福島智）編 2012『バリアフリー・
　　コンフリクト――争われる身体と共生のゆくえ』東京大学出版会

なかむら・たかやす（中村高康）2018『暴走する能力主義――教育と現代社会の病理』筑摩
　　書房

なかむら・まきお（中村満紀男）2022『日本統治下の台湾と朝鮮における特殊教育――発展
　　と停滞の諸相』明石書店

なかむら・やすひで（中村安秀）2012「ことばと文化の壁を越えて――在住外国人の保健医
　　療に関する課題と挑戦」いけだ・みつほ（池田光穂）編『コンフリクトと移民』大阪大
　　学出版会、137-152

なぐも・あきひこ（南雲明彦）2011「『読み書きが「普通」にできる』という前提は疑うべ
　　きかもしれない」『特別支援教育研究』1 月号、7-11

なぐも・あきひこ（南雲明彦）2012『LD は僕の ID――字が読めないことで見えてくる風景』
　　中央法規

名古屋市立大学日本文化研究会編 2019『アジアの中の日本文化』風間書房

なだみつ・ようこ（灘光洋子）2001「法廷通訳人が直面する問題点――文化的差異をどう捉
　　えるか」『異文化コミュニケーション研究』13（神田外語大学）、59-82

なりた・てつお（成田徹男）2019「ふりがなは大発明――ふりがなを活用しよう」名古屋市
　　立大学日本文化研究会編『アジアの中の日本文化』風間書房、3-26

なりまつ・いちろう（成松一郎）2009『五感の力でバリアをこえる――わかりやすさ・ここ
　　ちよさの追求』大日本図書

なんば・としみつ（難波利光）／はらだ・やすみ（原田康美）／あさい・よしひこ（浅井義
　　彦）編 2010『福祉社会と情報化――介護サービスの経済・福祉・情報学的アプローチ』
　　大学教育出版

ニキ・リンコ 2002「所属変更あるいは汚名返上としての中途診断――人が自らラベルを求
　　めるとき」いしかわ／くらもと編『障害学の主張』明石書店、175-222

にしがき・ちはる（西垣千春）2011『老後の生活破綻』中央公論新社

にしだ・みなこ（西田美奈子）2011「日本の識字問題の展開――図書館との関わりの可能性」
　　『三田図書館・情報学会研究大会発表論文集』2011 年度、33-36

にしだ・みなこ（西田美奈子）2015「夜間中学在籍者と識字——識字学習者が抱える問題点と学習ニーズ、公共図書館との接点」いけたに・のぞみ（池谷のぞみ）ほか編『図書館は市民と本・情報をむすぶ』勁草書房、265-272

西日本新聞社編 2020『新移民時代——外国人労働者と共に生きる社会へ 増補』明石書店

にしむら・あい（西村愛）2006「知的障害児・者の自己決定の援助に関する一考察——援助者との権力関係の観点から」『保健福祉学研究』4、71-85

にしむら・あい（西村愛）2007「『親亡き後』の問題を再考する」『保健福祉学研究』5、75-91

にしむら・あい（西村愛）2010「親役割を降りる支援の必要性を考える——『親亡き後』問題から一歩踏み出すために」『青森県立保健大学雑誌』10（2）、155-164

にしむら・あい（西村愛）2012「社会福祉分野における当事者主体概念を検証する」『大原社会問題研究所雑誌』645、30-42

にしむら・あきお（西村明夫）2009『疑問・難問を解決！ 外国人診療ガイド』メジカルビュー社

にしむら・あきお（西村明夫）2012「医療通訳派遣システムの促進要因」『移民政策研究』4号、83-96

日本騒音制御工学会編 2015『バリアフリーと音』技報堂出版

日本尊厳死協会編 2013『新・私が決める尊厳死』中日新聞社

日本図書館協会障害者サービス委員会編 2003『障害者サービス 増補版』日本図書館協会

日本図書館協会障害者サービス委員会編 2021a、2021b『図書館利用に障害のある人々へのサービス 補訂版』上巻「利用者・資料・サービス編」／下巻「先進事例・制度・法規編」日本図書館協会

日本図書館協会障害者サービス委員会／著作権委員会編 2021『障害者サービスと著作権法 第2版』日本図書館協会

日本図書館協会図書館の自由に関する調査委員会編 1990『「読む自由」と図書館活動』日本図書館協会

日本犯罪社会学会編 2009『犯罪からの社会復帰とソーシャル・インクルージョン』現代人文社

日本弁護士連合会刑事拘禁制度改革実現本部編 2011『刑務所のいま——受刑者の処遇と更生』ぎょうせい

日本盲人社会福祉施設協議会情報サービス部会編 2014『高齢者と障害者のための読み書き支援——「見る資料」が利用できない人への代読・代筆』小学館

ネザマフィ、シリン 2009『白い紙／サラム』文芸春秋

ネザマフィ、シリン 2010「拍動」『文学界』6月号、98-137

のぐち・たけのり（野口武悟）2023『読書バリアフリーの世界——大活字本と電子書籍の普及と活用』三和書籍

のぐち・たけのり（野口武悟）／うえむら・やしお（植村八潮）編 2021『改訂 図書館のアクセシビリティ——「合理的配慮」の提供へ向けて』樹村房

のざわ・かずひろ（野沢和弘）2006a『わかりやすさの本質』日本放送出版協会

のざわ・かずひろ（野沢和弘）2006b「知的障害者のための新聞『ステージ』」『月刊言語』7月号、60-67

のぞえ・めぐみ（野副めぐみ）2009「失語症の人への情報アクセスの試み——『ポイント筆記』」『地域リハビリテーション』10月号、833-836

のだ・みき（野田実紀）2020「新型コロナウイルス感染症にともなう新たなピクトグラムの出現とその課題」『社会言語学』20 号、83-100

のだ・みき（野田実紀）2021「『見える化マーク』によるコミュニケーション」『社会言語学』21 号、115-136

のむら・まさあき（野村雅昭）／きむら・よしゆき（木村義之）編 2016『わかりやすい日本語』くろしお出版

のむら・みさこ（野村美佐子）2009「『読みやすい図書のための IFLA 指針』の改訂について」『カレントアウェアネス』302、5-7

のむら・みさこ（野村美佐子）2012「マルチメディア DAISY を活用した電子教科書」『情報の科学と技術』62（5）、203-208

ハインリッヒ、パトリック／しもじ・みちのり（下地理則）編 2011『琉球諸語記録保存の基礎』東京外語大学アジア・アフリカ言語文化研究所

ハインリッヒ、パトリック／まつお・しん（松尾慎）編 2010『東アジアにおける言語復興——中国・台湾・沖縄を焦点に』三元社

パイチャゼ、スヴェトラナ 2020「サハリン帰国者の若い世代の顕在化する多言語使用とエスニック・アイデンティティの多重性」ふくなが・ゆか（福永由佳）編『顕在化する多言語社会日本』三元社、156-177

はしうち・たけし（橋内武）／ほった・しゅうご（堀田秀吾）編 2012『法と言語——法言語学へのいざない』くろしお出版

はせがわ・さだお（長谷川貞夫）2010「ヘレンケラーホンで電話——携帯のカメラで盲ろう者の前にあるものを遠くから伝えてあげられます」ひろせ・こうじろう（広瀬浩二郎）編『万人のための点字力入門——さわる文字から、さわる文化へ』生活書院、108-111

はせべ・ともこ（長谷部倫子）2012「手話で学ぶ子どもたち——明晴学園」『こどもの図書館』11 月号、6-7

はたの・えつこ（秦野悦子）／やまだ・ようこ編 1998『コミュニケーションという謎』ミネルヴァ書房

はたの・まほ（羽田野真帆）ほか 2018「手話で本を読む権利についての一考察——書籍の手話翻訳版作成の取組みをもとに」第 15 回障害学会報告（http://www.arsvi.com/2010/20181117hm.htm）

はたの・まほ（羽田野真帆）ほか編 2018『障害のある先生たち』生活書院

ハタノ、リリアン テルミ 2011「『共生』の裏に見えるもう一つの『強制』」まぶち編『「多文化共生」は可能か』勁草書房、127-148

はだ・やすのり（秦康範）2020「洪水浸水想定区域の人口の推移とその特徴」『災害情報』18、165-168

はまい・こういち（浜井浩一）2006『刑務所の風景——社会を見つめる刑務所モノグラフ』日本評論社

はまい・こういち（浜井浩一）2009『2 円で刑務所、5 億で執行猶予』光文社

はまだ・すみお（浜田寿美男）2005『『私』をめぐる冒険』洋泉社

はやし・きみのり（林公則）2011『軍事環境問題の政治経済学』日本経済評論社

はやせ・けんたろう（早瀬憲太郎）2020『手話で楽しむ絵本』偕成社

はやま・しんすけ（羽山慎亮）2014「点字新聞の語彙的特徴」『社会言語学』14 号、82-101

はやま・しんすけ（羽山慎亮）2017「政府刊行物の『わかりやすい版』の言語的特徴——知

的障害者が制度を理解するという観点による考察」『社会言語科学』20(1)、146-160

はやま・しんすけ（羽山慎亮）2018「『わかりやすさ』を意識して書かれた文章の言語的特徴——各種新聞記事の分析を中心とした考察」名古屋大学博士論文

はるはら・けんいちろう（春原憲一郎）編 2009『移住労働者とその家族のための言語政策——生活者のための日本語教育』ひつじ書房

パロット、アンドレア（とみなが・ほし〔富永星〕訳）2005『デートレイプってなに？ 知りあいからの性的暴力』大月書店

はん・すんみん（韓星民）2012『情報福祉論の新展開——視覚障害者用アシスティブ・テクノロジーの理論と応用』明石書店

反トランス差別ブックレット編集部編 2023『われらはすでに共にある——反トランス差別ブックレット』現代書館

ピープルファーストひがしくるめ（東久留米）編 2007『知的障害者が入所施設ではなく地域で暮らすための本』生活書院

ピープルファーストひがしくるめ（東久留米）編 2010『知的障害者が入所施設ではなく地域で生きていくための本——当事者と支援者が共に考えるために』生活書院

ひおき・まさゆき（日置将之）2011a「矯正と図書館サービス連絡会の発足について」『図書館雑誌』105（2）、82-83

ひおき・まさゆき（日置将之）2011b「『少年院と図書館サービス』の今後——少年院における読書活動と、公共図書館との連携について」『刑政』10月号（矯正協会）、22-31

ひおき・まさゆき（日置将之）2012a「矯正施設の読書環境と図書館サービス」こばやし／のぐち編『図書館サービスの可能性』日外アソシエーツ、145-179

ひおき・まさゆき（日置将之）2012b「少年院法改正への動きと、矯正と図書館サービス連絡会の活動について」『図書館雑誌』2月号、76-77

ひがしむら・たけし（東村岳史）2004「『千島アイヌ語絶滅の報告』の背景と文脈——ある『危機言語』をめぐる調査者-被調査者関係」『社会言語学』4号、1-9

ひがしむら・たけし（東村岳史）2005「『危機言語』調査をめぐる『危機』認識と表象——『千島アイヌ語絶滅の報告』に関する考察補遺」『社会言語学』5号、1-12

ひがしむら・たけし（東村岳史）2006『戦後期アイヌ民族‐和人関係史序説』三元社

ひがしむら・たけし（東村岳史）2007「呼称から考える『アイヌ民族』と『日本人』の関係——名付けることと名乗ること」『国際開発研究フォーラム』34、87-101

ひがの・かずお（日向野和男）2016『重度障害者用 意思伝達装置操作スイッチ 適合マニュアル』三輪書店

ひぐち・けんいちろう（樋口謙一郎）2012「『人間の安全保障』と言語政策」まつばら／やまもと編『言語と貧困』明石書店、244-258

ひご・こういち（肥後功一）2000「コミュニケーション障害を産み出す見方」おおいし編『改訂版 コミュニケーション障害の心理』同成社、19-38

ひらい・ともひさ（平井智尚）2009「『コミュニケーション能力』を批判することの困難さ——メディア・テクストの分析を足がかりとして」『慶應義塾大学大学院社会学研究科紀要』67、113-129

ひらた・あつし（平田厚）2002『増補 知的障害者の自己決定権』エンパワメント研究所

ひらた・ゆみ（平田由美）2005「非・決定のアイデンティティ」うえの・ちづこ（上野千鶴子）編『脱アイデンティティ』勁草書房、167-198

ひろせ・ようこ（広瀬洋子）／せきね・ちか（関根千佳）編 2014『情報社会のユニバーサルデザイン』NHK出版

ひろせ・ようこ（広瀬洋子）／せきね・ちか（関根千佳）編 2019『情報社会のユニバーサルデザイン 改訂版』NHK出版

ひろせ・よしのり（広瀬義徳）／さくらい・けいた（桜井啓太）編 2020『自立へ追い立てられる社会』インパクト出版会

ひろの・しゅんすけ（廣野俊輔）2019「障害者運動」やまむら・りつ（山村りつ）編『入門 障害者政策』ミネルヴァ書房、179-205

ファルム、シャシュテイン（ふじさわ・かずこ〔藤澤和子〕訳）1999「書きことばの世界への参加——スウェーデン」テッセブロー、ヤン ほか編（にもんじ・まさあき〔二文字理明〕監訳）『北欧の知的障害者』青木書店、203-234

ふかい・ようこ（深井耀子）1992『多文化社会の図書館サービス——カナダ・北欧の経験』青木書店

ふくい・てつや（福井哲也）2013「合成音声による読書の光と影」『図書館雑誌』107(2)、100-101

ふくしま・さとし（福島智）1997『盲ろう者とノーマライゼーション』明石書店

ふくしま・さとし（福島智）2011『盲ろう者として生きて——指点字によるコミュニケーションの復活と再生』明石書店

ふじい・かつのり（藤井克徳）2012「新しい福祉制度と障害者運動」ふじい／みずの『新しい福祉制度とコミュニティー通訳論』文理閣、11-67

ふじい・かつのり（藤井克徳）／みずの・まきこ（水野真木子）2012『全通研学校講義集8 新しい福祉制度とコミュニティー通訳論』文理閣

ふじい・たけし（藤井毅）2010「多文化社会をどうとらえるか」『シリーズ多言語・多文化協働実践研究』別冊3（東京外国語大学多言語・多文化教育研究センター）、37-44

ふじさわ・かずこ（藤澤和子）2017「中度と軽度の知的障害者のテレビ視聴に関する調査」『大和大学研究紀要 保健医療学部編』3、29-35

ふじさわ・かずこ（藤澤和子）2018a「LLブックとは」よしむら・かずま（吉村和真）ほか編『障害のある人たちに向けたLLマンガへの招待』樹村房、5-12

ふじさわ・かずこ（藤澤和子）2018b「スウェーデンにおける知的障害のある人に対するわかりやすい情報提供の取り組みの動向」『社会福祉研究』133、98-105

ふじさわ・かずこ（藤澤和子）編 2019『公共図書館でできる知的障害者への合理的配慮』樹村房

ふじさわ・かずこ（藤澤和子）編 2023『知的障害者への代読ボランティア養成講座』知的障がいと自閉症児者のための読書活動を進める会

ふじさわ・かずこ（藤澤和子）／はっとり・あつし（服部敦司）編 2009『LLブックを届ける——やさしく読める本を知的障害・自閉症のある読者へ』読書工房

ふじた・やすふみ（藤田康文）2008『もっと伝えたい——コミュニケーションの種をまく』大日本図書

ふじの・ゆたか（藤野豊）2020『強制不妊と優生保護法——"公益"に奪われたいのち』岩波書店

ふじよし・まもる（藤芳衛）2009「テストのユニバーサルデザイン」『電子情報通信学会誌』92（12）、1022-1026

ふるい・かつのり（古井克憲）2006「知的障害のある人が地域生活をするための見方とかかわり」たがき・まさくに（田垣正晋）編『障害・病いと「ふつう」のはざまで』明石書店、73-94

ふるかわ・ちかし（古川ちかし）／りん・ちゅーしゅえ（林珠雪）／かわぐち・たかゆき（川口隆行）編 2007『台湾・韓国・沖縄で日本語は何をしたのか——言語支配のもたらすもの』三元社

べっぷ・さとし（別府哲）1998「まなざしを共有することと自閉症」はたの／やまだ編『コミュニケーションという謎』ミネルヴァ書房、32-51

ほりかわ・なおよし（堀川直義）1957「新聞は読めるか」『言語生活』72、25-30

ほりかわ・さとし（堀川諭）2021「重度知的障害者に対する投票支援の積極的意義——生活史に見える保護者の思い」『社会言語学』21号、37-53

ほりかわ・さとし（堀川諭）2022「知的障害者の政治及び投票意識の実像——当事者5人の聴き取り調査から」『Core Ethics』18、149-164

ホワニシャン、アストギク 2017『草の根の優生思想——近現代日本の場合』一橋大学博士論文

ほんだ・そうし（本多創史）2022『近代日本の優生学——〈他者〉像の成立をめぐって』明石書店

ほんだ・ひろゆき（本田弘之）ほか 2017『街の公共サインを点検する——外国人にはどう見えるか』大修館書店

ほんだ・ゆき（本田由紀）2005『多元化する「能力」と日本社会』NTT出版

毎日新聞取材班 2019『強制不妊——旧優生保護法を問う』毎日新聞出版

まえだ・たくや（前田拓也）2009『介助現場の社会学——身体障害者の自立生活と介助者のリアリティ』生活書院

まきた・まさのり（蒔田備憲）2014『難病カルテ』生活書院

まきの・あや（牧野綾）編 2018『読みたいのに読めない君へ、届けマルチメディアDAISY』日本図書館協会

ましこ・ひでのり 1993「差別化装置としてのかきことば——漢字フェティシズム批判序説」『解放社会学研究』7号、136-176

ましこ・ひでのり 2002a『ことばの政治社会学』三元社

ましこ・ひでのり 2002b『日本人という自画像』三元社

ましこ・ひでのり 2003『増補新版 イデオロギーとしての「日本」』三元社

ましこ・ひでのり 2005「情報のバリアフリー」さなだ・しんじ（真田信治）／しょうじ・ひろし（庄司博史）編『事典 日本の多言語社会』岩波書店、33-35

ましこ・ひでのり 2006「言語権の社会学的意義」ましこ編『ことば／権力／差別』三元社、65-78

ましこ・ひでのり 2008『幻想としての人種／民族／国民』三元社

ましこ・ひでのり 2009「映像評『漢字テスト』がうきぼりにするイデオロギー」『社会言語学』9号、283-297

ましこ・ひでのり 2010『知の政治経済学』三元社

ましこ・ひでのり 2012「日本語漢字とリテラシー」『ことばと社会』14号、114-140

ましこ・ひでのり 2014a「『言語』と『方言』——本質主義と調査倫理をめぐる方法論的整理」しもじ／ハインリッヒ編『琉球諸語の保持を目指して』ココ出版、22-75

ましこ・ひでのり 2014b「『ニホンジンの、ニホンジンによる、ニホンジンのためのニホンゴ』という幻想」『ことばと文字』2号、110-117

ましこ・ひでのり 2015「日本語漢字のこれまで、今後——非関税障壁ないしガラパゴス化としての日本語漢字」『ことばと文字』4号、121-129

ましこ・ひでのり 2017『言語現象の知識社会学——社会現象としての言語研究のために』三元社

ましこ・ひでのり 2020a「障害学的観点からみた言語権概念の再検討と射程」『社会言語学』別冊3号、1-13

ましこ・ひでのり 2020b「現代日本における日本語・識字教育の再検討——無自覚な同化主義と排外主義という視座から」『部落解放』8月号、12-20

ましこ・ひでのり 2022「ユニバーサルデザインになりえない日本語漢字」『ことばと文字』15号、57-63

ましこ・ひでのり編 2006『ことば／権力／差別——言語権からみた情報弱者の解放』三元社

ましこ・ひでのり編 2012『ことば／権力／差別[新装版]——言語権からみた情報弱者の解放』三元社

まじま・さち（間嶋沙知）2022『見えにくい、読みにくい「困った！」を解決するデザイン』マイナビ出版

まつい・あきひこ（松井彰彦）／かわしま・さとし（川島聡）／ながせ・おさむ（長瀬修）編 2011『障害を問い直す』東洋経済新報社

まつお・しん（松尾慎）2014「情報保障とは何かを考える」いおり・いさお（庵功雄）ほか「第33回研究大会シンポジウム　言語マイノリティーへの情報保障」『社会言語科学』17(1)、147-148

まつお・しん（松尾慎）ほか 2012「だれもが参加できる公正な社会をめざして——情報保障とコミュニケーション」『社会言語科学会　第30回大会発表論文集』149ページ（社会言語科学会　第30回大会　ワークショップ1「だれもが参加できる公正な社会をめざして——情報保障とコミュニケーション」）

まつお・しん（松尾慎）／あべ・やすし　ほか 2013「社会参加のための情報保障と『わかりやすい日本語』——外国人、ろう者・難聴者、知的障害者への情報保障の個別課題と共通性」『社会言語科学』16(1)、22-38

まつざわ・かずまさ（松澤和正）2008『臨床で書く——精神科看護のエスノグラフィー』医学書院

まつの・かつみ（松野勝民）2006「医療通訳の公的制度を求めて」外国人医療・生活ネットワーク編『講座 外国人の医療と福祉——NGOの実践事例に学ぶ』移住労働者と連帯するネットワーク、57-58

まつばら・こうじ（松原好次）／やまもと・ただゆき（山本忠之）編 2012『言語と貧困——負の連鎖の中で生きる世界の言語的マイノリティ』明石書店

まつばら・さとし（松原聡）編 2017『電子書籍アクセシビリティの研究——視覚障害者等への対応からユニバーサルデザインへ』東洋大学出版会

まつもり・かりん（松森果林）2014『音のない世界と音のある世界をつなぐ——ユニバーサルデザインで世界をかえたい！』岩波書店

まぶち・ひとし（馬渕仁）編 2011『『多文化共生』は可能か——教育における挑戦』勁草書房

みうら・のぶたか（三浦信孝）／かすや・けいすけ（糟谷啓介）編 2000『言語帝国主義とは何か』

藤原書店

みずの・まきこ（水野真木子）2005「各種通訳倫理規定の内容と基本理念——会議、コミュニティー、法廷、医療通訳の倫理規定を比較して」『通訳研究』5、157-172

みずの・まきこ（水野真木子）2008『コミュニティー通訳入門』大阪教育図書

みずの・まきこ（水野真木子）2011「日本におけるコミュニティ通訳の現状と課題」さとう＝ろすべあぐ・なな（佐藤＝ロスベアグ・ナナ）編『トランスレーション・スタディーズ』みすず書房、223-246

みずの・まきこ（水野真木子）2012「コミュニティー通訳論」ふじい／みずの『新しい福祉制度とコミュニティー通訳論』文理閣、69-136

みぞうえ・ちえこ（溝上智恵子）／どんかい・さおり（呑海沙織）／わたぬき・とよあき（綿抜豊昭）編 2012『高齢社会につなぐ図書館の役割——高齢者の知的欲求と余暇を受け入れる試み』学文社

みつい・さよ（三井さよ）2010「生活をまわす／生活を拡げる——知的障害当事者の自立生活への支援から」『福祉社会学研究』7、118-139

みつい・さよ（三井さよ）2011a「決定／介入の割り切れなさ——多摩地域における知的障害当事者への支援から」『現代社会学理論研究』5、3-15

みつい・さよ（三井さよ）2011b「かかわりのなかにある支援——『個別ニーズ』という視点を超えて」『支援』1号、6-43

みつい・さよ（三井さよ）2011c「『知的障害』を関係で捉えかえす——痛みやしんどさの押しつけを回避するために」『現代思想』8月号、227-237

みつい・さよ（三井さよ）2012「支援の周辺『検証』の先に——当事者に投げかえすということ」『支援』2号、190-192

みつはし・じゅんこ（三橋順子）2006「往還するジェンダーと身体——トランスジェンダーを生きる」わしだ・きよかず（鷲田清一）編『身体をめぐるレッスン1』岩波書店、53-80

みね・まいこ（峯真依子）2018『奴隷の文学誌——声と文字の相克をたどる』青弓社

みねしげ・しん（嶺重慎）／ひろせ・こうじろう（広瀬浩二郎）編 2014『知のバリアフリー——「障害」で学びを拡げる』京都大学学術出版会

みやした・ひろし（宮下紘）2021『プライバシーという権利——個人情報はなぜ守られるべきか』岩波書店

みやじま・たかし（宮島喬）2014『外国人の子どもの教育——就学の現状と教育を受ける権利』東京大学出版会

みよし・はるき（三好春樹）2005『ウンコ・シッコの介護学』雲母書房

むらおか・けいいち（村岡啓一）1995「通訳を確保する義務の主体は誰か？ 外国人刑事事件からみえてくるもの」『季刊刑事弁護』4号、30-34

むらかみ・ほだか（村上穂高）2021「知的障害児教育における気候危機の取り組み——知的障害児の知る権利に応える授業」『京都教育大学環境教育研究年報』29、29-39

むらかみ・よしひろ（村上宣寛）2007『IQってホントは何なんだ？ 知能をめぐる神話と真実』日経BP社

むらこし・あいさく（村越愛策）2014『絵で表す言葉の世界——ピクトグラムは語る』交通新聞社

むらせ・まなぶ（村瀬学）1983『理解のおくれの本質』大和書房

むらせ・まなぶ（村瀬学）2006『自閉症』筑摩書房

むらた・じゅんいち（村田純一）編 2006『共生のための技術哲学——「ユニバーサルデザイン」という思想』未来社

むらた・まこと（村田真）ほか 2018「EPUB 教科書のための日本語組版アクセシビリティの改善」『情報処理学会研究報告アクセシビリティ（AAC）』11、1-4

むん・ぢょんそん（文鐘聲）2009「在日コリアン高齢者に対するソーシャルワーク」『ソーシャルワーク研究』35（3）、33-40

むん・ぢょんそん（文鐘聲）2012「介護老人保健施設を利用する在日コリアン高齢者の健康状態」『太成学院大学紀要』14、141-148

もうり・まさこ（毛利雅子）2011「日本の法廷における少数言語話者被疑者公判と言語等価性維持の課題」さとう＝ろすべあぐ・なな（佐藤＝ロスベアグ・ナナ）編『トランスレーション・スタディーズ』みすず書房、247-268

もちづき・ゆう（望月優）1999「図書館における障害者サービスと著作権」『現代の図書館』37（3）、136-141

もり・そうや（森壮也）1998「手話、そしてろう者の眼に映る日本語の世界」『現代思想』10 月号、142-151

もり・そうや（森壮也）1999「ろう文化と障害、障害者」いしかわ／ながせ編『障害学への招待』明石書店、159-184

もり・そうや（森壮也）2012「ICT で広がる手話の世界」『学燈』109(3)、26-29

もり・そうや（森壮也）／ささき・みちこ（佐々木倫子）編 2016『手話を言語と言うのなら』ひつじ書房

もりさき・しんじ（森崎震二）1981「図書館サービスの原点を示すもの」図書館問題研究会編『障害者と図書館』ぶどう社、3-8

モリス、J.F.／きくち・あきよし（菊池哲佳）2012「外国人住民と情報保障——外国人住民に対する情報保障 3.11 の経験から学ぶ」『社会言語科学会 第 30 回大会発表論文集』150-151（社会言語科学会 第 30 回大会 ワークショップ 1「だれもが参加できる公正な社会をめざして——情報保障とコミュニケーション」）

もりた・しげき（森田茂樹）2011「弱視者のおかれた困難な状況——大半の視覚障害者が現存視機能を活用出来なくされている現状についての報告」『社会言語学』11 号、97-102

もりもと・いくよ（森本郁代）／おおつか・ひろこ（大塚裕子）2012「誰もが参加できるワークショップをめざして」『社会言語科学会 第 30 回大会発表論文集』157 ページ（社会言語科学会 第 30 回大会 ワークショップ 1「だれもが参加できる公正な社会をめざして——情報保障とコミュニケーション」）

もりやま・のりたか（森山至貴）2017『LGBT を読みとく——クィア・スタディーズ入門』筑摩書房

もりやま・のりたか（森山至貴）2020『10 代から知っておきたい あなたを閉じこめる「ずるい言葉」』WAVE 出版

もりやま・のりたか（森山至貴）2023『10 代から知っておきたい 女性を閉じこめる「ずるい言葉」』WAVE 出版

やすだ・こういち（安田浩一）2010『ルポ 差別と貧困の外国人労働者』光文社

やすだ・としあき（安田敏朗）2009「日本語は何を媒介してきたのか」きむら／わたなべ編『媒介言語論を学ぶ人のために』世界思想社、232-252

やすだ・としあき（安田敏朗）2011『「多言語社会」という幻想』三元社

やすだ・としあき（安田敏朗）2013「『やさしい日本語』の批判的検討」いおり ほか編『「やさしい日本語」は何を目指すか』ココ出版、321-341

やすだ・としあき（安田敏朗）2016『漢字廃止の思想史』平凡社

やまうち・かおる（山内薫）1981「障害者の学習権保障と図書館」図書館問題研究会編『障害者と図書館』ぶどう社、195-231

やまうち・かおる（山内薫）2008『本と人をつなぐ図書館員——障害のある人、赤ちゃんから高齢者まで』読書工房

やまうち・かおる（山内薫）2011「公立図書館と情報保障」『社会言語学』別冊1号、21-44

やまうち・かおる（山内薫）2018「図書館利用に障害のある人へのサービス——今後の課題」『みんなの図書館』8月号、2-8

やまうち・しげお（山内繁雄）2013「宜野湾——普天間基地の騒音問題と危険性」沖縄大学地域研究所〈「復帰」40年、琉球列島の環境問題と持続可能性〉共同研究班編『琉球列島の環境問題』高文研、90-97

やまぎし・じゅんいち（山岸順一）ほか 2015『おしゃべりなコンピュータ——音声合成技術の現在と未来』丸善出版

やまぐち・としかつ（山口利勝）2003『中途失聴者と難聴者の世界——見かけは健常者、気づかれない障害者』一橋出版

やまぐち・みちひろ（山口道宏）編 2010『「申請主義」の壁！——年金・介護・生活保護をめぐって』現代書館

やまぐち・みく（山口未久）／はらだ・きよみ（原田清美）2020「重度訪問介護支給時間数の地域差に関する考察——全国の重度訪問介護事業利用者への調査より」『難病と在宅ケア』26（8）、57-60

やまぐち・みちひろ（山口道宏）／いけだ・ゆうこ（池田裕子）2010「『お上』のサジ加減で死ねるか」やまぐち編『「申請主義」の壁！』現代書館、9-65

やまざき・なおき（山崎直樹）2020「ユニバーサル・デザインの観点からcan-do能力記述文を再検討する」『関西大学外国語学部紀要』22、79-92

やまざき・のぼる（山﨑登）2023『災害情報はなぜヒットしないのか——住民の避難を進めるために』近代消防社

やました・ひとし（山下仁）2006「共生の政治と言語」うえだ／やました編『「共生」の内実』三元社、157-185

やまだ・とみあき（山田富秋）1999「障害学から見た精神障害」いしかわ／ながせ編『障害学への招待』明石書店、285-311

やまだ・はじめ（山田肇）編 2005『情報アクセシビリティ』NTT出版

やまね・みき（山根実紀）2013「在日朝鮮人女性の識字教育の構造」まつだ・もとじ（松田素二）／ちょん・ぐんしく（鄭根埴）編『コリアン・ディアスポラと東アジア社会』京都大学学術出版会、51-76

やまね・みき（山根実紀）2017『オモニがうたう竹田の子守唄——在日朝鮮人女性の学びとポスト植民地問題』インパクト出版会

やまむら・じゅんぺい（山村淳平）2010『難民への旅』現代企画室

やまむら・じゅんぺい（山村淳平）2012『移民・難民の病をふせぐ』山村淳平

やまむら・じゅんぺい（山村淳平）2014「チャーター機による大量強制送還の実態」『移民政策研究』6号、166-179

やまもと・あきこ（山本章子）／みやぎ・ひろや（宮城裕也）2022『日米地位協定の現場を行く——「基地のある街」の現実』岩波書店

やまもと・じょうじ（山本譲司）2004『獄窓記』新潮社

やまもと・じょうじ（山本譲司）2006『累犯障害者』新潮社

やまもと・まゆみ（山本真弓）編著／うすい・ひろゆき（臼井裕之）／きむら・ごろうクリストフ（木村護郎クリストフ）2004『言語的近代を超えて——〈多言語状況〉を生きるために』明石書店

ゆうき・やすひろ（結城康博）2011『日本の介護システム』岩波書店

優生手術に対する謝罪を求める会編 2018『優生保護法が犯した罪——子どもをもつことを奪われた人々の証言 増補新装版』現代書館

ユニバーサルデザイン研究会編 2008『人間工学とユニバーサルデザイン』日本工業出版

ゆん・こょんちゃ（尹健次）2001『「在日」を考える』平凡社

よいち・よしゆき（世一良幸）2010『米軍基地と環境問題』幻冬舎

よしい・ひろあき（好井裕明）編 2010『セクシュアリティの多様性と排除』明石書店

よしかわ・まさひろ（吉川雅博）2009「在宅失語症者への公的派遣サービス創設に向けて」『愛知県立大学教育福祉学部論集』58 号、67-81

よしかわ・まさひろ（吉川雅博）2010「失語症者の社会参加促進に向けた支援」『愛知県立大学教育福祉学部論集』59 号、27-33

よしかわ・まさひろ（吉川雅博）2011「失語症者のエンパワメントに向けた提案と課題」『愛知県立大学教育福祉学部論集』60 号、61-69

よしだ・しんご（吉田真悟）2023『台湾語と文字の社会言語学——記述的ダイグラフィア研究の試み』三元社

よしだ・としひろ（吉田敏浩）2012『沖縄——日本で最も戦場に近い場所』毎日新聞社

よしだ・ひとみ（吉田仁美）2012「きこえない女性の立場から情報メディアを通じて〈発信〉するということ」昭和女子大学女性文化研究所編『女性と情報』御茶の水書房、65-88

よしとみ・しづよ（吉富志津代）2008『多文化共生社会と外国人コミュニティの力』現代人文社

よしとみ・しづよ（吉富志津代）2009「地域医療における医療通訳の重要性」『移民政策研究』1 号、140-151

よしとみ・しづよ（吉富志津代）2013a『グローバル社会のコミュニティ防災——多文化共生のさきに』大阪大学出版会

よしとみ・しづよ（吉富志津代）2013b「多言語情報提供から当事者の発信する場の提供へ」『自治体国際化フォーラム』287、8-10

よしとみ・しづよ（吉富志津代）2019「多様なメディアにおける多言語化の現状と意義」『名古屋外国語大学論集』5、283-306

よしの・ゆぎ（吉野靫）2008「GID 規範からの逃走線」『現代思想』3 月号、126-137

よしの・ゆぎ（吉野靫）2020『誰かの理想を生きられはしない——とり残された者のためのトランスジェンダー史』青土社

よないやま・あきひろ（米内山明宏）2016「図書館とろう者」『図書館雑誌』3 月号、176-177

よねせ・はるこ（米勢治子）ほか編 2011『公開講座 多文化共生論』ひつじ書房

ライマー、ラス（かたやま・ようこ〔片山陽子〕訳）1995『隔絶された少女の記録』晶文社

ラトリッジ、リー W.／リチャード・ダンリー（まるはし・よしお〔丸橋良雄〕ほか訳）2002『左

利きで行こう！』北星堂書店

ラミス、C. ダグラス 2004『経済成長がなければ私たちは豊かになれないのだろうか』平凡社

リンドホルム、カミラ（Lindholm, Camilla）／ウーラ・ヴァンハタロ（Ulla Vanhatalo）(eds.). 2021 *Handbook of Easy Languages in Europe.* Berlin: Frank & Timme

レイン、ハーラン（さいとう・わたる〔斉藤渡〕訳）2018a ／ b『手話の歴史——ろう者が手話を生み、奪われ、取り戻すまで 上下』築地書館

ワート、スペンサー R.（ますだ・こういち〔増田耕一〕ほか訳）2005『温暖化の〈発見〉とは何か』みすず書房

わけ・なおみ（和気尚美）2022『越境を経験する——デンマーク公共図書館と移民サービス』松籟社

わたど・いちろう（渡戸一郎）／すずき・えりこ（鈴木江理子）／ A.P.F.S. 編 2007『在留特別許可と日本の移民政策』明石書店

わたなべ・たく（渡邉琢）2011『介助者たちは、どう生きていくのか——障害者の地域自立生活と介助という営み』生活書院

雑誌特集

移住労働者と連帯する全国ネットワーク編 2011『M‐ネット（Migrant's‐ネット）特集 移住者と東日本大震災』8・9 月号

映像情報メディア学会 2015a『映像情報メディア学会誌 特集 障がい者支援と映像』69 巻 6 号

映像情報メディア学会 2015b『映像情報メディア学会誌 特集 映像情報メディアのアクセシビリティ』69 巻 7 号

映像情報メディア学会 2019『映像情報メディア学会誌 特集 アクセシビリティサービス最前線』73 巻 6 号

解放出版社 2010『部落解放 特集 おとなの学び・識字』5 月号

解放出版社 2012『部落解放 特集「しきじ」のいまとこれから』5 月号

解放出版社 2013『部落解放 特集 識字・日本語学習運動をめぐるこれから』12 月号

解放出版社 2020『部落解放 特集 日本語・識字教育—同化主義を問う』8 月号

解放出版社 2021『部落解放 特集 夜間中学校のこれまで・いま・これから』8 月号

解放出版社 2022a『部落解放 特集 識字運動の現在から未来を開く』2 月号

解放出版社 2022b『部落解放 特集「識字・水平社 100 年宣言」をめざして』12 月号

漢字文献情報処理研究会編 2018『漢字文献情報処理研究 特集 正しい HTML と Web ユニバーサルデザイン』17 号

基礎教育保障学会 2022『基礎教育保障学研究 特集 リテラシー調査の意義と課題』6 巻

教育科学研究会編 2008『教育 特集 コミュニケーション「力」って何？』8 月号

教育と医学の会 2013『教育と医学 特集 1「読み書きが苦手な子」の理解と支援』5 月号

教育と医学の会 2020『教育と医学 特集 読み書き支援の最前線——そのメカニズムと難しさ』9・10 月号

杏林書院 2014a『保健の科学 特集 在日外国人の母子保健』4 月号

杏林書院 2014b『保健の科学 特集 医療通訳士と保健医療』12 月号

行政情報システム研究所編 2020『行政 & 情報システム 特集 デジタルデバイドから社会的包摂へ』6 月号

行政情報システム研究所編 2022『行政 & 情報システム 特集 インクルーシブなデジタル環境に向けて』12 月号

現代思想編集部編 2017『現代思想 特集「コミュ障」の時代』8 月号

現代思想編集部編 2021『現代思想 特集 ルッキズムを考える』11 月号

現代思想編集部編 2022『現代思想 特集 インターセクショナリティ』5 月号

言語編集部 1999『月刊言語 特集 緊急時コミュニケーション——命綱としてのことば』8 月号

言語編集部 2002『月刊言語 特集 言語のジェンダー・スタディーズ——ことばに潜む "性バリア" を探る』2 月号

言語編集部 2003a『月刊言語 特集 移民コミュニティの言語——変容することばとアイデンティティ』6 月号

言語編集部 2003b『月刊言語 特集 バイリンガリズムとしての手話——日本手話によるろう教育を目指して』8 月号

言語編集部 2006『月刊言語 特集 ことばのバリアフリー——情報デバイドの解消をめざして』7 月号

言語編集部 2008『月刊言語 特集 言語権とは何か——多言語時代を生きるために』2 月号

言語編集部 2009『月刊言語 特集 変容する日本のことば——言語の危機と話者の意識』7 月号

言語文化教育研究学会 2022『言語文化教育研究 特集 ディスアビリティ・インクルージョンと言語文化教育』20 号

国際人権法学会編 2018『国際人権 特集 沖縄／琉球と人権』29 号

『ことばと社会』編集委員会編 2003『ことばと社会 特集 危機言語』7 号

『ことばと社会』編集委員会編 2004『ことばと社会 特集 地域語発展のために』8 号

『ことばと社会』編集委員会編 2008『ことばと社会 特集 移民と言語（1）』11 号

『ことばと社会』編集委員会編 2010『ことばと社会 特集 移民と言語（2）』12 号

『ことばと社会』編集委員会編 2012『ことばと社会 特集 リテラシー再考』14 号

『ことばと社会』編集委員会編 2014『ことばと社会 特集 セクシュアリティ、権力、撹乱』16 号

『ことばと社会』編集委員会編 2020『ことばと社会 特集〈からだ〉のことを伝える〈ことば〉』22 号

『ことばと社会』編集委員会編 2021『ことばと社会 特集 パンデミックの社会言語学』23 号

『ことばと社会』編集委員会編 2023『ことばと社会 特集 ことばをめぐる包摂と排除』25 号

『ことばと文字』編集委員会 2015『ことばと文字 特集「やさしい日本語」の研究動向と日本語教育の新展開』4 号

『ことばと文字』編集委員会 2018a『ことばと文字 特集 日本語の読み書きに希望をつなぐために』9 号

『ことばと文字』編集委員会 2018b『ことばと文字 特集 日本語の文字と表記』10 号

『ことばと文字』編集委員会 2019『ことばと文字 特集 言語景観研究』11 号

『ことばと文字』編集委員会 2022『ことばと文字 特集 日本語漢字にまつわる事柄』15 号

『ことばと文字』編集委員会 2023『ことばと文字 特集 日本に暮らす外国人の生活とことば』16 号

自治体国際化協会 2011『自治体国際化フォーラム 特集 東日本大震災における外国人支援について』8 月号

自治体国際化協会 2012『自治体国際化フォーラム 特集 医療通訳』10 月号
自治体国際化協会 2013『自治体国際化フォーラム 特集 在住外国人に伝わる広報』9 月号
自治体国際化協会 2017a『自治体国際化フォーラム 特集 災害時における外国人支援』6 月号
自治体国際化協会 2017b『自治体国際化フォーラム 特集 医療通訳事情――東京オリンピック・パラリンピックに向けて拡大するニーズ』12 月号
自治体国際化協会 2019a『自治体国際化フォーラム 特集 外国人に対する日本語教育』5 月号
自治体国際化協会 2019b『自治体国際化フォーラム 特集 災害時の外国人住民・訪日旅行者支援―― 2018 年に発生した災害から学ぶ』9 月号
自治体国際化協会 2020『自治体国際化フォーラム 特集 多言語相談窓口の事例』12 月号
自治体国際化協会 2021『自治体国際化フォーラム 特集 外国につながる子ども支援』10 月号
自治体国際化協会 2022『自治体国際化フォーラム 特集 在住外国人への日本語教育とやさしい日本語』9 月号
シノドス『α シノドス 特集 情報のバリアフリー』180 号（2015 年 9 月 15 日）
至文堂編 2010『国文学 解釈と鑑賞 特集 危機言語としてのアイヌ語と琉球語』1 月号
社会言語科学会 2010『社会言語科学 特集 日本社会の変容と言語問題』13 巻 1 号
社会言語科学会 2013『社会言語科学 特集 ウエルフェア・リングイスティクスにつながる実践的言語・コミュニケーション研究』16 巻 1 号
社会言語科学会 2019『社会言語科学 特集 日本語と日本社会をめぐる言語政策・言語計画』22 巻 1 号
社会言語科学会 2021『社会言語科学 特集「共生」を問い直す社会言語科学』24 巻 1 号
社会言語科学会 2022『社会言語科学 特集「コロナ禍」と社会言語科学』25 巻 1 号
「社会言語学」刊行会 2011『社会言語学』別冊 1 号（「情報弱者のかかえる諸問題の発見とメディアのユニバーサル・デザインのための基礎研究」）
「社会言語学」刊行会 2016『社会言語学』別冊 2 号（「情報弱者むけユニバーサル・デザイン具体化のための基礎的研究」）
「社会言語学」刊行会 2020『社会言語学』別冊 3 号（「言語権論の展開に関する総合的研究」）
障害学研究編集委員会編 2023『障害学研究 特集 1 パンデミックにおける障害者の生』18
情報科学技術協会 2009『情報の科学と技術 特集 情報バリアフリーとしてのユニバーサル・サービス』59 巻 8 号
情報科学技術協会 2012a『情報の科学と技術 特集 情報サービスとユニバーサルデザイン』62 巻 5 号
情報科学技術協会 2012b『情報の科学と技術 特集 災害と情報』62 巻 9 号
情報科学技術協会 2014『情報の科学と技術 特集 デジタル時代の日本語』64 巻 11 号
情報科学技術協会 2015『情報の科学と技術 特集 情報をわかりやすくするデザイン』65 巻 11 号
情報科学技術協会 2017『情報の科学と技術 特集 電子書籍のいま』67 巻 1 号
情報科学技術協会 2018『情報の科学と技術 特集 情報をさがしやすくするには』68 巻 11 号
情報科学技術協会 2021a『情報の科学と技術 特集 教育現場における電子書籍の活用』71 巻 1 号
情報科学技術協会 2021b『情報の科学と技術 特集 環境問題と情報』71 巻 2 号
情報科学技術協会 2021c『情報の科学と技術 特集 色彩による情報提供』71 巻 3 号
情報科学技術協会 2021d『情報の科学と技術 特集 インターネット上に公開された個人情報

は消せるのか？』71 巻 11 号

情報科学技術協会 2022『情報の科学と技術 特集 大学における動画の活用』72 巻 2 号

情報処理学会編 2019『情報処理 特集 ディジタルタイプ——文字情報処理基盤の今とこれか
　　ら』60 巻 11 号

情報処理学会デジタルプラクティス編集委員会編 2017『デジタルプラクティス 特集 ICT と
　　ダイバーシティ社会』29 号

情報処理学会デジタルプラクティス編集委員会編 2022『デジタルプラクティス 特集 アクセ
　　シビリティのプラクティス——「誰一人取り残さない」ための情報技術』52 号

情報通信学会 2018『情報通信学会誌 特集 情報アクセシビリティの現状と今後』36 巻 1・2 号

情報通信研究機構広報部編 2019『情報通信研究機構研究報告 特集 ユニバーサルコミュニ
　　ケーション技術』68 巻 2 号

診断と治療社 2013『小児科治療 特集 グローバリゼーションの中の小児治療』76 巻 6 号

青土社 2011『現代思想 特集 東日本大震災 危機を生きる思想』5 月号

DPI（ディーピーアイ、障害者インターナショナル）日本会議事務局編 2011『DPI われら自
　　身の声 特集 震災と障害者』27 巻 1 号

DPI（ディーピーアイ、障害者インターナショナル）日本会議事務局編 2012『DPI われら自
　　身の声 特集 震災から 1 年——障害者救援活動の現在』28 巻 1 号

DPI（ディーピーアイ、障害者インターナショナル）日本会議事務局編 2013『DPI われら自
　　身の声 特集 ようやくできた差別解消法』29 巻 2 号

図書館問題研究会編 2010『みんなの図書館 特集 活用しよう！ 障害者サービス周辺情報』9
　　月号

図書館問題研究会編 2011『みんなの図書館 特集 障害者サービスは今』8 月号

図書館問題研究会編 2015『みんなの図書館 特集 障害者が図書館で働くということは』1 月号

図書館問題研究会編 2018『みんなの図書館 特集 障害者サービス最新事情』7 月号

図書館問題研究会編 2021『みんなの図書館 特集 多言語・多文化サービス』3 月号

日本印刷学会 2016『日本印刷学会誌 特集 人にやさしい印刷物』53 巻 3 号

日本 LD 学会編集委員会編 2021『LD 研究 特集 発達障害のある子どもたちのインクルーシ
　　ブ教育システムの構築』28 巻 1 号

日本看護協会 2020『看護 特集 2 外国人患者に伝わる「やさしい日本語」——高齢者・小児
　　にもわかりやすい』6 月号

日本語学会 2010『日本語の研究 特集 琉球語を見る／琉球語から見る』第 7 巻 4 号

日本語教育学会 2014『日本語教育 特集「やさしい日本語」の諸相』158 号

日本障害者リハビリテーション協会編 2006『月刊ノーマライゼーション 特集 IT 社会にお
　　ける情報バリアフリー』2 月号

日本障害者リハビリテーション協会編 2008『月刊ノーマライゼーション 特集 どこまで来た
　　放送バリアフリー』11 月号

日本障害者リハビリテーション協会編 2011a『月刊ノーマライゼーション 特集 東日本大震
　　災——被災障害者の実態と新生への提言』7 月号

日本障害者リハビリテーション協会編 2011b『月刊ノーマライゼーション 特集 ユニバーサ
　　ルデザインを考える』12 月号

日本障害者リハビリテーション協会編 2012『月刊ノーマライゼーション 特集 情報アクセス
　　とコミュニケーション保障』6 月号

日本障害者リハビリテーション協会編 2013a『月刊ノーマライゼーション 特集 東日本大震災から 2 年、新生に向けて』3 月号

日本障害者リハビリテーション協会編 2013b『月刊ノーマライゼーション 特集 障害者と選挙』7 月号

日本障害者リハビリテーション協会編 2014『月刊ノーマライゼーション 特集 障害とスマートフォンの近未来』5 月号

日本障害者リハビリテーション協会編 2015『月刊ノーマライゼーション 特集 コミュニケーション支援の最前線』10 月号

日本障害者リハビリテーション協会編 2016a『月刊ノーマライゼーション 特集 コミュニケーション支援機器』4 月号

日本障害者リハビリテーション協会編 2016b『月刊ノーマライゼーション 特集 ユニバーサルデザイン』12 月号

日本障害者リハビリテーション協会編 2016c『リハビリテーション研究 特集 障害者権利条約による手話の復権に向けて』167 号

日本障害者リハビリテーション協会編 2019『新ノーマライゼーション 特集 テクノロジーの進歩とコミュニケーション支援機器』10 月号

日本障害者リハビリテーション協会編 2020『新ノーマライゼーション 特集 電話リレーサービスに期待すること』11 月号

日本障害者リハビリテーション協会編 2021『新ノーマライゼーション 特集 みんなが使っている情報支援機器』3 月号

日本障害者リハビリテーション協会編 2022a『新ノーマライゼーション 特集 放送アクセシビリティの未来』5 月号

日本障害者リハビリテーション協会編 2022b『新ノーマライゼーション 特集 意思疎通支援を取り巻く動き』6 月号

日本図書館協会 2010『図書館雑誌 特集 著作権法改正と障害者サービス』7 月号

日本図書館協会 2011『図書館雑誌 特集 電子書籍と電子図書館』6 月号

日本図書館協会 2020『図書館雑誌 特集 読書バリアフリー法と図書館―― 一歩を踏み出す前に』4 月号

日本図書館協会 2022a『図書館雑誌 特集 電子書籍と公共図書館――非来館型サービスとしての電子図書館』5 月号

日本図書館協会 2022b『図書館雑誌 特集 認知症にやさしい図書館を目指して』8 月号

日本図書館協会現代の図書館編集委員会編 1990『現代の図書館 特集 識字・情報と図書館サービス』28 巻 1 号

日本図書館協会現代の図書館編集委員会編 2006『現代の図書館 特集 高齢者と図書館』9 月号

日本図書館協会現代の図書館編集委員会編 2011『現代の図書館 特集 図書館における全文テキストデータの可能性について』49 巻 2 号

日本図書館協会現代の図書館編集委員会編 2012『現代の図書館 特集 マイノリティサービス――社会的包摂と多様性』50 巻 3 号

日本図書館協会現代の図書館編集委員会編 2018『現代の図書館 特集 性的マイノリティへの情報サービス』12 月号

日本図書館協会現代の図書館編集委員会編 2021『現代の図書館 特集 文字・フォント・タイポグラフィ』2 月号

日本図書館研究会 1991『図書館界 特集 識字の 10 年に向けて――読む自由の確立と図書館活動』43 巻 2 号

日本評論社 2017『こころの科学 特集 "コミュ障" を超えて』191 号

日本プランニングセンター 2016『難病と在宅ケア 特集 筋神経系疾患のコミュニケーション支援の実際』2 月号

日本貿易振興機構アジア経済研究所 2015『アジ研ワールド・トレンド 特集 図書館と障害者サービス――情報アクセシビリティの向上』4 月号

日本放送協会放送技術研究所編 2014『NHK 技研 R&D 特集 聴覚障害者向け放送のバリアフリー技術』147

日本放送協会放送技術研究所編 2015『NHK 技研 R&D 特集 視覚障害者向けバリアフリー放送技術』154

日本放送協会放送技術研究所編 2019『NHK 技研 R&D 特集 ユニバーサルサービス』175

ニューメディア編 2022『ニューメディア 特集 災害時に情報弱者への ICT 支援をどうする?!』10 月号

福祉労働編集委員会 2000『季刊 福祉労働 特集 参政権のバリアフリー』88 号

福祉労働編集委員会 2001『季刊 福祉労働 特集 情報のバリアフリー』92 号

福祉労働編集委員会 2009『季刊 福祉労働 特集 情報保障・コミュニケーション支援』123 号

福祉労働編集委員会 2011a『季刊 福祉労働 特集 拡大する相談・支援事業の実相／東日本大震災障害者支援・復興支援ドキュメント（3.11 ～ 5.11）』131 号

福祉労働編集委員会 2011b『季刊 福祉労働 特集 裁判と障害者』132 号

福祉労働編集委員会 2012『季刊 福祉労働 特集 東日本大震災と障害者』135 号

福祉労働編集委員会 2020『季刊 福祉労働 特集 社会的距離（ソーシャルディスタンス）と共生』168 号

福祉労働編集委員会 2023『季刊 福祉労働 特集 1「脱施設」と言うけれど――進まない地域移行を考える 特集 2 障害と言葉、表現すること』174 号

部落解放・人権研究所 2003『月刊ヒューマンライツ 特集 これからのリテラシー――国連識字の 10 年』4 月号

部落解放・人権研究所 2011『部落解放研究 特集 全国の識字学級実態調査結果』192 号

部落解放・人権研究所 2013『部落解放研究 特集 困難を抱える若年者のリテラシーとその支援』199 号

部落解放・人権研究所 2016『部落解放研究 特集 識字・基礎教育保障の動向と課題』205 号

部落解放・人権研究所 2021『部落解放研究 特集 識字運動をめぐる「人権」対「新自由主義」』215 号

「保健医療科学」編集委員会 2017『保健医療科学 特集 地域の情報アクセシビリティ向上を目指して――「意思疎通が困難な人々」への支援』66 巻 5 号

三輪書店 2009『地域リハビリテーション 特集 コミュニケーションの代替手段』10 月号

明治書院 2004『日本語学 特集 伝え方の諸相』8 月号

明治書院 2011『日本語学 特集 医療のことば』2 月号

明治書院 2012『日本語学 特集 災害とことば』5 月号

明治書院 2013『日本語学 特集 日本の危機言語』8 月号

明治書院 2014『日本語学 特集 福祉の言語学』9 月号

立命館大学生存学研究所 2022『立命館生存学研究 特集 2 情報アクセシビリティのいまとこれから』6

さくいん

[あ行]..

アイデンティティ　19, 69, 139, 146, 147, 165, 236

安全（あんぜん）　17, 95

石川准（いしかわ・じゅん）　32, 121, 192, 202

移民（いみん）　33, 88-90, 113, 115, 116, 160, 218

医療通訳（いりょう つうやく）　102, 103, 117, 118, 122, 171, 174, 202, 203

印刷物障害（いんさつぶつ しょうがい）　130, 131, 212, 215, 222, 228

ウェブ　118, 119, 123, 130, 133, 137, 166, 169, 171, 172, 218, 220

ALS（エーエルエス）　99, 122, 155, 167

NPO（エヌピーオー）　103, 118, 162, 206

絵文字（えもじ）　92, 152

音声言語（おんせい げんご）　92-94, 96, 128,129, 212, 221

オンライン　197, 207

[か行]..

介護（かいご）　98-100, 103, 104, 121, 152, 157, 168

介護保険（かいご ほけん）　98, 101, 104

介助（かいじょ）　91, 98, 99, 104, 128, 152, 157, 171, 173, 229

ガイドヘルプ　95, 98, 101, 103, 104, 108, 121

学習権（がくしゅうけん）　88-90, 144, 153

家族的類似（かぞくてき るいじ）　5, 65, 73, 74, 141, 145, 165

カテゴリー　5, 13, 14, 16, 17, 24, 37, 94, 117, 145, 165, 234

かどや・ひでのり　42, 55, 88, 152, 172, 191

川口有美子（かわぐち・ゆみこ）　155, 167

感覚モダリティ（かんかく もだりてぃ）　92-95, 106, 121

漢字（かんじ）　42, 49, 66, 94, 96, 105, 106, 135, 136, 166, 172, 174, 179-193, 200-202, 218, 225

危機言語（きき げんご）　143, 165, 168

危険（きけん）　58, 77, 226

基地（きち）158, 159, 168, 240

規範（きはん）　14, 20, 33, 37, 111, 189

木村護郎クリストフ（きむら・ごろう くりすとふ）　40, 54, 143, 163, 172, 204, 206

木村晴美（きむら・はるみ）　21, 59, 124, 184, 206, 234

共生（きょうせい）　17, 47, 54, 116

刑務所（けいむしょ）　103, 106, 109-112, 122, 240

言語権（げんごけん）　4, 5, 39-42, 44, 47, 53-57, 60, 89, 113, 115-117, 137, 139, 142-145, 147, 152, 158, 159, 162-164, 172, 173, 175, 196, 197, 227, 234, 235

言語差別（げんご さべつ）　39, 42, 54, 55, 144, 233, 234

言語至上主義（げんご しじょうしゅぎ）　55, 142, 144

原発（げんぱつ）　118, 119, 124

権力（けんりょく）　39, 42, 50, 54, 59, 67, 71, 147, 237

公共図書館（こうきょう としょかん）　26, 75, 97, 107, 144, 163, 215, 217, 219

合理的配慮（ごうりてき はいりょ）　121, 134-136, 220, 238

高齢者（こうれいしゃ）　25, 52, 53, 83, 84, 87, 88, 104, 106,107, 122, 168, 197

古賀文子（こが・あやこ）＝打浪文子（うちなみ・あやこ）　39, 57, 168, 173

五感（ごかん）　92, 94, 95, 121, 148

個人情報保護法（こじんじょうほう ほごほう）　82, 83

コミュニケーション権（こみゅにけーしょん けん） 5, 42, 55, 57, 139, 142, 152, 157, 162-164

コミュニケーション障害（こみゅにけーしょん しょうがい） 5, 53, 65, 67, 72-74, 152

コミュニケーション能力（こみゅにけーしょん のうりょく） 110, 111, 152, 166, 237

コミュニティ 137, 151

コミュニティ通訳（こみゅにてぃ つうやく） 98, 101, 102, 108, 117, 168, 171, 174

[さ行]……………………………………………

災害（さいがい） 118, 119, 121, 123, 149, 151, 154, 206, 225, 226, 241

差別（さべつ） 6, 15, 20, 34, 55, 76, 95, 117, 118, 134, 140, 145, 147, 152, 227, 233, 234, 236, 237

在日朝鮮人（ざいにち ちょうせんじん） 83, 147, 204

ジェスチャー 59, 65, 68, 92, 204

支援技術（しえん ぎじゅつ） 63, 85, 87, 136, 148

視覚障害者読書権保障協議会（しかくしょうがいしゃ どくしょけん ほしょうきょうぎかい） 34, 80, 88

識字（しきじ） 4-6, 75-85, 87-90, 97, 105, 106, 109, 112, 127, 142, 149, 163, 165, 239

識字運動（しきじ うんどう） 75-78, 80, 88

シスジェンダー 13, 14, 33

施設（しせつ） 16, 47-49, 65, 100, 109, 173, 198, 228-230, 235

社会資源（しゃかい しげん） 144, 160, 162, 168

社会的排除（しゃかいてき はいじょ） 57, 64, 88, 108, 109, 111, 161

社会保障（しゃかい ほしょう） 88, 91, 117, 123, 197

重度訪問介護（じゅうど ほうもんかいご） 91, 98, 99, 103, 104, 121, 236

障害学（しょうがいがく） 4, 6, 20, 26, 28, 30, 32, 34, 35, 39, 41, 49, 75, 76, 78, 81, 89, 117, 148, 163, 173, 226, 235

障害者運動（しょうがいしゃ うんどう） 24,

77, 78, 118, 192, 236

障害者基本法（しょうがいしゃ きほんほう） 117

障害者権利条約（しょうがいしゃ けんりじょうやく） 118, 121, 134, 136, 149, 153, 166, 209, 218, 223, 227, 228

障害者差別解消法（しょうがいしゃ さべつかいしょうほう） 118, 134, 136, 228

障害者自立支援法（しょうがいしゃ じりつしえんほう） 91, 104, 117, 121, 166

障害者総合支援法（しょうがいしゃ そうごうしえんほう） 104, 118, 121, 167

情報保障（じょうほう ほしょう） 4, 5, 90-92, 94, 95, 97, 98, 100, 101, 104-109, 111-113, 115-122, 127, 139, 142, 144, 148, 150, 151, 153, 154, 157-159, 162-164, 166, 168, 170, 172-175, 211, 212, 214, 218, 221, 222, 225, 226, 229, 231, 241

自己責任（じこ せきにん） 91, 117, 148, 166

自治体（じちたい） 84, 97-99, 103, 117, 159, 162, 163, 167, 170, 223, 226, 230

新型コロナウイルス（しんがた ころな ういるす） 192, 207, 229, 230

人権（じんけん） 5, 40, 41, 61, 62, 64, 113, 116, 117, 123, 141-144, 150, 160, 163, 205

申請主義（しんせい しゅぎ） 84, 112, 113, 117, 123, 174

杉野昭博（すぎの・あきひろ） 25, 34, 35

すぎむら・なおみ 15, 166, 173

墨字（すみじ） 13, 82, 92-94, 107, 121, 129, 131, 187, 212

生存権（せいぞんけん） 91

性別（せいべつ） 13, 19, 29, 31, 33, 37, 55

騒音（そうおん） 158, 159, 162, 168, 240

ソーシャルワーク 91, 98, 112, 160

[た行]……………………………………………

第一言語（だいいち げんご） 22, 49, 105, 114, 127, 168, 200, 203, 208

代読（だいどく） 80, 82, 88, 89, 104, 134, 135,

154, 158, 169, 237

代筆（だいひつ）　80, 82, 88, 89, 104, 134, 135, 158, 169-171

対面朗読（たいめん ろうどく）　26, 79, 80, 86, 132

多言語（たげんご）　83, 95, 118, 119, 123, 137, 150, 162, 197, 207, 208, 211, 226

他者化（たしゃか）　14, 33, 109, 233

脱施設（だつしせつ）　48, 122, 173

立岩真也（たていわ・しんや）　52, 155, 167

田中克彦（たなか・かつひこ）　39, 45

多文化（たぶんか）　114, 116, 118, 119, 123, 160, 174, 208

知的障害（ちてき しょうがい）　16, 21, 29, 41, 42, 46, 48-52, 58, 65, 109, 110, 149, 150, 154, 166, 225, 236, 237, 240

知能検査（ちのう けんさ）　52, 53, 59

通訳（つうやく）　62, 102, 111, 114, 124, 128, 137, 142, 148, 169, 204, 207, 208, 212

点字（てんじ）　13, 79, 86, 92-95, 105-107, 121, 129-131, 133-136, 154, 179, 182-184, 193, 211, 212, 239

電子テキスト（でんし てきすと）　130, 131, 136, 211

読書権（どくしょけん）　85, 89, 142, 165

読書権保障協議会（どくしょけん ほしょうきょうぎかい）　34, 80, 88, 104, 158

トランスジェンダー　13, 20, 21, 33, 36, 37, 227, 236

[な行]・・

難聴者（なんちょうしゃ）　14, 23, 60, 94, 98, 105, 121, 129, 153, 168

難民（なんみん）　113-115, 123

日本語教育（にほんご きょういく）　113, 115, 116, 123, 196, 200, 201, 208, 239

日本語表記（にほんご ひょうき）　105, 106, 115, 179, 181, 186, 191

入院（にゅういん）　98, 99, 102, 106, 108, 121,

202, 236

入国管理政策（にゅうこくかんり せいさく）　113, 115, 116

認知症（にんちしょう）　52, 53, 63, 98, 100, 109, 197, 199

寝たきり（ねたきり）　26, 100, 101, 106

能力主義（のうりょくしゅぎ）　49, 56, 233, 235

[は行]・・

パターナリズム　102, 109

発達障害（はったつ しょうがい）　14, 15, 85, 89, 120, 167, 220

バリアフリー　19, 25, 35, 49, 77, 89, 100, 109, 116, 123, 127, 132, 153, 154, 163, 170, 179, 180, 186, 188-192, 195, 212, 221, 238

東日本大震災（ひがしにほん だいしんさい）　82, 92, 118-120, 150, 165, 166

ピクトグラム　92, 152, 204, 221, 222

非識字（ひしきじ）　77, 78, 88, 105, 106, 109, 112, 181, 201

左利き（ひだりきき）　29, 30, 36

貧困（ひんこん）　88, 90, 109, 140, 162

プライバシー　82, 117, 149, 150, 239

文化人類学（ぶんか じんるいがく）　63, 64, 66, 73

分類（ぶんるい）　4, 13, 14, 17, 35, 74, 94, 95, 145

ボランティア　89, 101, 133, 151, 227

[ま行]・・

ましこ・ひでのり　41, 165, 168, 172, 191, 192, 227

マルチメディア・デイジー　96, 97, 121, 163, 191, 214-216, 218, 220, 223

見守り（みまもり）　68, 74, 103, 104, 151

民主主義（みんしゅしゅぎ）　6, 16, 128, 148, 158, 159, 174, 175

無徴（むちょう）　13, 14, 94, 117

盲人（もうじん）　14, 41, 105, 181, 182

盲ろう者（もうろうしゃ）　106, 129, 153-155, 167, 212, 221

文字盤（もじばん）　99, 100, 122, 154, 155

モダリティ　121

[や行]……………………………………………

やさしい日本語（やさしい にほんご）　98, 118, 119, 121, 163, 195, 206, 222, 225, 226

山内薫（やまうち・かおる）　26, 79, 107, 217, 219

有徴（ゆうちょう）　13, 94, 117

ユニバーサルサービス　97, 98

ユニバーサルデザイン　4, 5, 19, 31, 34, 35, 37, 39, 53, 56-58, 60, 86, 88-90, 97, 117, 118, 121, 123, 127-130, 132, 134, 136, 149, 152, 163-165, 168, 173, 237, 238

よみあげソフト　93, 131, 132, 190, 191

読み書き（よみかき）　78, 83, 87, 88, 104, 107, 154, 158, 179, 180, 188, 200, 208, 239

よりそいホットライン　161, 162

[ら行]……………………………………………

リライト　80

倫理（りんり）　44, 46, 72, 117, 157, 165

ろう者（ろうしゃ）　14, 21-25, 41, 88, 90, 94, 98, 105, 124, 153, 168, 173, 184-186, 200, 205, 207, 234, 240

ろう文化宣言（ろうぶんか せんげん）　21-25, 59, 60, 234

[わ行]……………………………………………

分かち書き（わかちがき）　105, 180, 183, 186, 190-193

渡邉琢（わたなべ・たく）　98, 103, 173

本書のテキストデータを提供いたします

　本書をご購入いただいた方のうち、視覚障害、肢体不自由などの理由で書字への
アクセスが困難な方に本書のテキストデータを提供いたします。希望される方は、
以下の方法にしたがってお申し込みください。

◎データの提供形式＝CD-R、メールによるファイル添付（メールアドレスをお知ら
せください）。

◎データの提供形式・お名前・ご住所を明記した用紙、返信用封筒、下の引換券（コ
ピー不可）および 200 円切手（メールによるファイル添付をご希望の場合不要）を
同封のうえ弊社までお送りください。

●本書内容の複製は点訳・音訳データなど視覚障害の方のための利用に限り認めま
す。内容の改変や流用、転載、その他営利を目的とした利用はお断りします。

◎あて先
〒160-0008
東京都新宿区三栄町 17-2 木原ビル 303
生活書院編集部　テキストデータ係

執筆者略歴

あべ・やすし

　1980 年岡山市うまれ。京都市在住。2002 年に山口県立大学の国際文化学部を卒業。2004 年に韓国テグ大学大学院特殊教育学科の修士課程を修了（文学修士）。
　現在、日本自立生活センター常勤介助者。

　著書に、『識字の社会言語学』生活書院、2010 年（かどや・ひでのりとの共編）、『ことば／権力／差別 新装版』三元社、2012 年（分担執筆）、『「やさしい日本語」は何を目指すか』ココ出版、2013 年（分担執筆）、『マイノリティの社会参加』くろしお出版、2014 年（分担執筆）、『〈やさしい日本語〉と多文化共生』ココ出版、2019 年（分担執筆）、『観光言語を考える』くろしお出版、2020 年（分担執筆）がある。
　論文に、「日本語表記の再検討」『社会言語学』10 号、2010 年、「金融機関の窓口における代読・代筆について」『社会言語学』13 号、2013 年、「日本の選挙制度における投票自書主義の問題」『社会言語学』21 号、2021 年、「ことばの かたちを ひとに あわせる――時代の変化と日本語表記」『ことばと文字』15 号、2022 年などがある。

　ウェブサイト：http://hituzinosanpo.sakura.ne.jp
　電子メール：abeyasusi@gmail.com

増補新版　ことばのバリアフリー
情報保障とコミュニケーションの障害学

発　　行――――2023 年 10 月 10 日　増補新版第 1 刷発行
著　　者――――あべ・やすし
発行者――――髙橋　淳
発行所――――株式会社　生活書院
　　　　　　　〒 160-0008
　　　　　　　東京都新宿区四谷三栄町 6-5 木原ビル 303
　　　　　　　Ｔ Ｅ Ｌ 03-3226-1203
　　　　　　　Ｆ Ａ Ｘ 03-3226-1204
　　　　　　　振替 00170-0-649766
　　　　　　　http://www.seikatsushoin.com
印刷・製本――株式会社シナノ

Printed in Japan
2023 © Abe Yasusi　　ISBN 978-4-86500-160-0

知的障害のある人たちと「ことば」 ──「わかりやすさ」と情報保障・合理的配慮

打浪文子【著】　　　　　　　　　　　A5 判並製　160 頁　本体 1800 円

「ことばができる」ことに価値があるという文化や社会的風潮に対し問いを投げかけ、社会全体で共有できる「わかりやすさ」の必要性を明らかにすることを通じて、知的障害のある人たちの多様な表現と共にあることのできる社会のあり方を考える！

ろう教育と「ことば」の社会言語学 ──手話・英語・日本語リテラシー

中島武史【著】　　　　　　　　　　　A5 判並製　304 頁　本体 3000 円

マイノリティとしてのろう児が抱える不利益構造を新たな角度から抽出し、「ことば」＝「日本語（国語）」という言語観と多言語社会への不寛容を批判する中から、誰もが「ことば」や「情報」から疎外／排除されない社会の形を展望しようとする、障害学的社会言語学の成果！

障害のある先生たち ──「障害」と「教員」が交錯する場所で

羽田野真帆、照山絢子、松波めぐみ【編著】　　A5 判並製　264 頁　本体 2500 円

見えにくい存在である「障害のある先生」について知るためのきっかけとなること、そして、「障害のある先生」についてのイメージや語られ方を解きほぐすこと。「障害のある先生」を多様性に拓く中から「教員という職業」そのものもとらえ返す！

日本手話とろう教育 ──日本語能力主義をこえて

クァク・ジョンナン【著】　　　　　　　A5 判並製　192 頁　本体 2500 円

ろう文化宣言から龍の子学園、そして明晴学園へ。日本手話と日本語の読み書きによるバイリンガルろう教育の展開を詳述。日本手話によるろう教育を一つの選択肢としてひろげることだけでなく、多言語社会日本のありかた自体を問い直すことを目指した必読の書。

しゃべれない生き方とは何か

天畠大輔【著】　　　　　　　　　　A5 判並製　392 頁　本体 3000 円

「発話困難な重度身体障がい者」の自己決定概念とはいかなるものか？世界で一番？かもしれない身体障がいの重い研究者、天畠大輔が、自らを事例としてそのプロセスその難しさを詳細に描き出し、自己決定という概念そのものに潜む矛盾を問う渾身の書！

日本手話と日本語対応手話（手指日本語）──間にある「深い谷」

木村晴美【著】　　　　　　　　　　A5 判並製　162 頁　本体 1500 円

似て非なる日本手話と日本語対応手話（手指日本語）。手話とそうでないものを並べることのおかしさを明かす。解説編の第 1 部と、著者自身の写真表現を使用した豊富な例文を使った実例編の第 2 部で構成。手話話者、手話を学ぶ人、言語に関心をもつすべての人の必読書。

日本手話とろう文化──ろう者はストレンジャー

木村晴美【著】　　　　　　　　　　A5 判並製　296 頁　本体 1800 円

なぜ日本語と日本手話は全く違う言語なのか、なぜ日本語対応手話じゃだめなのか、なぜろうの子どもたちに日本手話での教育を保障してと訴えているのかなどなど、ときにはユーモアを交え、ときには怒りをこめて語りかける。これを読まずしてろう文化は語れない！

手話の社会学──教育現場への手話導入における当事者性をめぐって

金澤貴之【著】　　　　　　　　　　A5 判並製　392 頁　本体 2800 円

「手話を教育現場に導入してほしい」と望んできた当事者の主張は、なぜ聾教育の現場に反映されてこなかったのか？教育現場における手話の導入をめぐる意思決定のパワーポリティクスに焦点をあて、聾者にとっての手話の存否に関わる本質的問題に迫る。